선거와 복지국가

선거와 복지국가

권혁용

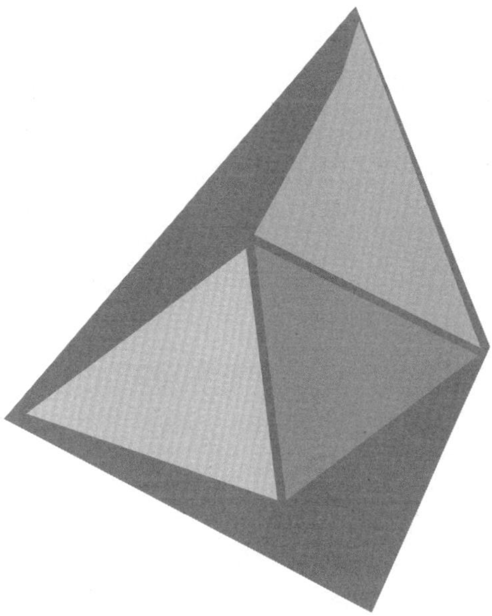

KOREA
UNIVERSITY
PRESS
고려대학교
출판문화원

책머리에

이 책은 선거와 복지국가에 관한 연구결과들을 모아 엮은 것이다. 책의 1부는 비교정치경제 학문분야의 연구동향과 지성사를 다룬 글로 구성되어 있다. 비교정치경제 분야의 연구자들이 현실적으로 중요하고 지적으로 흥미로운 주제들을 어떤 연구전략을 통해서 접근해왔는지를 시기적으로 구분하여 논의하고 있다. 이 분야에 대해 지적 관심을 갖는 독자들에게 흥미로운 출발점이 될 것이라 생각한다.

책의 2부는 복지국가의 수요 측면에 관한 글들로 구성되어 있다. 누가, 왜, 언제 복지국가를 원하는가라는 질문에 대해 살펴보고 분석한 글들이다. 2장은 노동조합이 복지국가에 대한 개인의 태도와 선호에 어떤 영향을 미치는가를 경험적으로 분석한 글이다. 3장은 거시경제 상황이 시민들의 정책무드에 영향을 미치기 때문에 시민의 복지태도가 거시경제적 상황에 따라 변화할 수 있다는 점을 주장한다. 4장은 주택소유가 복지태도에 미치는 효과에 대해 분석한 글이다. 5장은 불평등과 정부 및 정치제도에 대한 신뢰의 관계를 분석한 글이다. 2부에 포함된 글들이 공통적으로 강조하는 것은 시민들의 복지국가 선호가 고정적인 것이 아니라는 점이다. 선호는 형성되고 재형성되며 변화한다. 선호가 어떠한 제도적 기제를 통해 결집되고 종합되는지의 결과가 정책으로 이어진다. 정책은 거꾸로 개인의 선호에 영향을 미친다. 이러한 복합적인 구조를 생각할 때, 복지국가에 대한 지지와 수요에 관한 연구는 더 체계적인 탐구와 분석을 필요로 한다.

책의 3부는 선거와 복지국가에 관한 글들을 모았다. 6장은 세계화라는 구조적 환경의 변화가 국내 선거정치에 어떤 영향을 미칠 것인가에 관한 글이다. 약간 무모한 듯한 논의이지만 새롭게 읽혔으면 한다. 6장의 논의를 더 발전시키고 싶은 생각이다. 7장은 한국 선거에 대한 경험적 분석을 통해 실업문제에 대한 두려움과 우려가 선거정치에 어떤 효과를 갖는지를 탐구한 글이다. 실업과 고용불안 등 우리 삶에 직접적으로 다가오는 두려움이 투표장에서 투표자의 선택을 어떻게 변화시킬 것인지를 분석한 글이다. 8장은 한국 선거정치에서 소득불평등의 증가로 인해 유권자들이 소득에 바탕한 투표선택을 하게 되었는지의 경향을 분석한 글이다. 9장은 복지국가 발전에서 누가 집권하는가가 중요한가라는 질문을 제기하는 글이다.

***

이 책은 선거정치와 복지국가라는 주제로 묶을 수 있는 기출간 논문들과 미출간 논문의 일부를 모아 수정, 보완해 편집한 것이다. 책의 1장은 비교정치경제 분야의 연구들이 어떤 주제를 어떤 연구전략을 갖고 접근해 왔는지를 살펴본 연구 지성사의 성격을 갖는 글이다. 2장은《한국정당학회보》12권1호(2013), 3장은《국가전략》15권 3호(2009), 4장은《한국정치학회보》51집 1호(2017), 5장은 *Social Science Journal* vol. 53, no. 3(2016), 6장은《한국정치학회보》42집 2호(2008), 7장은 *Party Politics* vol.16, no. 4(2010), 8장은《한국정치학회보》50집 5호(2016), 9장은《한국정치학회보》44집 1호(2010)에 게재된 논문을 수정, 보완한 것임을 밝힌다. 3장은 이승희, 4장은 김항기, 5장은 지은주 교수, 그리고 8장은 이현경과의 공동작업의 결과로 학술지에 게재된 것이었다. 논문의 공저자들에게 이 자리를 빌어 감사한다. 이 책에 포함된 논문작업을 하면서 많은 선후배 동료 연구자들의 날카로운 논평과 건설적 제안을 받았고, 그 수혜를 입었다. 한국복지국가연구회의 강명세, 마인섭, 안재흥, 김영순, 양재진, 권순미, 조영재, 은민수, 노정호, 강우진, 임유진 교수, 그리고 불평등과 민주주의라는 주제로 몇년째 공동연구 작업을 함께 하고 있는 SSK 팀 멤버들과, 선배와 동료연구자로서 아낌없는 조언과 격려를 주시는 김병곤, 백준기, 신상범, 조찬수 교수께 감사드린다. 그리고 영문으로 발표되었던 5장과 7장의 논문을 번역하는 수고를 해 준 고려대학교 대학원 정치외교학과의 한서빈에게 깊은 고마움을 전한다. 이 책에 포함된 연구들을 진행하면서, 그리고 이 책을 엮으면서 많은 지적 자극과 도전을 받았다. 연구세계의 매력적인 부분이다. 또 책의 편집을 맡아 수고해 주신 고려대학교 출판문화원 편집실 여러분께도 감사드린다. 이 책은 한국연구재단의 한국사회과학연구사업(SSK)의 지원을 받았음을 밝힌다(NRF-2014S1A3A2044032).

차례

책머리에 5

1부 비교정치경제 연구 동향

1장 비교정치경제 13

2부 누가 복지국가를 원하는가?

2장 노동조합과 복지국가 선호 53

3장 누가 언제 재분배정책을 지지하는가? 72

4장 부동산과 복지국가 99

5장 불평등과 신뢰 130

3부 선거정치와 복지국가

6장 세계화와 선거 157

7장 실업문제와 투표자 선택 184

8장 한국의 불평등과 정치선호 계층화 207

9장 누가 집권하는가는 중요한가? 233

찾아보기 262

1부 비교정치경제 연구 동향

1. 비교정치경제
연구주제와 접근법

I. 서론

이 장에서는 비교정치경제(comparative political economy) 연구 분야를 소개한다. 비교정치경제는 정치학의 한 세부 분야이다. 정치와 경제의 연관성에 초점을 두고 분석한다. 여기에서 인과관계의 방향은 두 가지이다. 하나는 정치적, 제도적 요인들이 경제정책 선택과 그 결과에 어떤 영향을 미치는가의 문제이다. 다른 하나는 경제상황의 상태와 변화가 정치적 결과에 어떤 효과를 갖는가의 문제이다. 인과관계의 방향은 연구의 관심주제와 연구 질문에 따라 다르게 설정된다. 그러나 우리가 살아가는 사회와 역사의 현실은 정치와 경제 두 영역이 상호작용하면서 서로에게 영향을 미칠 것이다.

비교정치경제 분야에 대한 소개는 사실 매우 다양한 방식으로 전개될 수 있다. 여기에서는 비교정치경제가 무엇인가와 어떤 것이 비교정치경제 연구가 아닌가에 대한 논의를 다음 절에서 제시한다. 이어서 비교정치경제 연구 동향을 소개한다. 시기별로 어떠한 현실적 중요성을 갖는 주제들을 다뤄왔는지와 어떤 연구전략을 활용하여 연구주제에 대한 해답을 찾아왔는지에 초점을 두고 소개할 것이다. 여기에서 다루는 문헌들은 주로 서구 선진민주주의 국가들을 대상으로 한 연구들에 국한한다. 신생민주주의 국가나 저발전 국가들의 정치경제에 관한 문헌들에 대한 검토는 제외하는데, 그 이유는 그 자체로 방대한 문헌들이고 별도의 논의를 필요로 하기 때문이다.

II. 비교정치경제 분야

정치학은 크게 정치사상(political thoughts), 비교정치(comparative politics), 그리고 국제관계(international relations)로 구분된다. 흥미로운 사실은 정치사상과 국제관계 분야가 연구하는 실질적 내용이 세부 분야의 명칭을 결정지은 반면에, 비교정치는 연구방법이 분야의 이름을 결정했다는 점이다. 정치사상은 인류가 기록을 남긴 이래 사상가와 철학자들이 정치적인 것(the political)에 대해 고민하고 언급한 내용들을 다룬다. 국제관계는 분야의 명칭 그대로 국가 간 관계를 탐구한다. 그런데 비교정치는 비교를 공부하는 것이 아니라, 비교방법(comparative method)을 활용하여 개인, 사회세력, 정치제도, 국가의 상호작용에 관해 하나의 국가 혹은 여러 국가 비교를 통해 사회와 역사에 관해 분석하는 분야이다. 비교정치경제는 비교정치의 세부 연구 분야라 할 수 있다.

그러나 이러한 구분은 기실 학문세계의 편의상 나눈 것이다. 우리가 살아가는 현실세계는 학문세계의 사람들이 원하는 만큼 서로 구획되어서 전개되지 않는다. 우리의 사회와 역사를 제대로 바라보기 위해서는 유기적이고 종합적인 시각이 필요할 것이다. 왜냐하면 현실세계가 그렇게 만들어지고 복합적으로 얽혀 있기 때문이다.

이러한 점은 비교정치 분야 내 세부 연구 분야에 대해서도 그대로 적용된다. 비교정치 분야를 전통적 접근방식에 따라 국가별, 지역별로 나누는 방법이 있다. 이에 따르면, 한국정치, 미국정치, 유럽정치, 남미정치, 중국정치 등의 구분이다. 다른 구분 방법은 주제별 구분이다. 연구대상이 되는 국가, 지역에 상관없이 연구 주제에 따라 구분하는 것이다. 크게 정치행태(political behavior), 정치제도(political institutions), 그리고 정치경제(political economy)로 나눌 수 있다. 정치행태 분야는 개인 혹은 집단의 정치 선호와 선택을 탐구한다. 예를 들면 다음과 같은 연구 주제들을 다룬다: 누가 왜 투표하고 왜 다른 사람은 투표하지 않는가? 누가 왜 좌파정당을 지지하고, 다른 사람은 왜 우파정당을 지지하는가? 누가 재분배정책을 지지하고, 누가 반대하는가? 어떤 요인들이 자유무역을 선호하게 만드는가? 누가 왜 촛불집회에 참석하고, 누가 왜 불참했는가? 개인의 행복을 결정짓는 정치적 요인은 무엇인가? 누가 어떤 상황에서 정부와 정치제도를 신뢰하게 되는가? 정치제도 분야는 정치제도가 여러 정치적 결과에 어떤 영향을 미치는지 연구하는 분야이다. 선거제도, 권력구조(즉 입법부와 행정부의 관계), 정당, 의회, 사법부 체계 등의 정치조직 및 제도가 어떤 방식으로 서로 연계되어 있으며, 그러한 연계구조가 갖는 효과를 탐색한다. 정치경제 분야는 정치와 경제의 접점(intersection)을 분석하는데, 정치적인 요인이 경제정책 결과에 미치는 영향과 경제적 상황이 정치적 선택과 결과에 대해 갖는 효과를 대상으로 한다. 노동시장, 노동시장제도, 불평등, 복지국가, 경제수행업적, 경제정책 선택 등에 초점을 둔다.

그런데 앞에서도 언급했듯이 현실 사회와 역사는 다소 자의적일 수도 있는 학문적 구획과 달리, 여러 차원의 현상들이 상호 복합적으로 맞물려서 전개된다. 예컨대, 유권자의 투표선택은 경제상황의 변화에 따라 영향을 받기도 한다. 현직 정부의 경제정책 운용의 무능력함과 실패로 인해 경제상황이 급속히 나빠졌다면, 유권자는 선거에서 집권당 후보에게 한 표를 행사하지 않을 인센티브가 강하다. 마찬가지로, 발전된 복지국가를 갖고 있는 선진 민주주의 국가들은 공통적으로 비례대표제 선거제도를 갖고 있다는 것은 어쩌면 우연의 일치가 아닐 수 있다. 이렇듯 복합적으로 전개되는 현실 세계를 학문적으로 정확히 분석하기 위해서는, 자의적인 학문적 구획을 뛰어넘는 연구가 필수불가결하다. 앞에서 언급한 정치행태 연구와 정치경제 연구를 결합해야만 경제상황 변화에 따른 유권자 선택을 정확히 이해할 수 있을 것이다. 정치제도와 정치경제 연구를 결합해야 비례대표제 선거제도와 발전된 복지국가의 관계를 명확하게 알 수 있을 것이다. 유권자/시민/정치인 등 행위자들은 다양한 제도의 유인과 제약 아래서 다른 인센티브를 갖고 전략적 선택을 하게 될 것이고, 그 결과 정책의 다양한 결과로 이어지기 때문이다. 거꾸로 특정 정책의 결과, 그 정책이 행위자들의 선호를 (재)형성하는 효과를 갖기도 한다. 비교정치경제 연구 분야는 이러한 현실세계의 복합성을 이해하기 위해 점점 학문적 세부 분야의 구획을 뛰어넘는 연구들을 진행해 왔다.

III. 비교정치경제 연구 동향

이 절에서는 비교정치경제 분야의 연구 동향을 시기적으로 논의한다. 초점을 어떤 연구 주제를 어떠한 연구전략과 방법을 통해 탐구해 왔는지에 맞추고 진행한다. 학문적 탐구로서의 비교정치경제의 기원을 어느 시점으로 하는가는 논쟁의 여지가 있다. 존 로크(John Locke)의 노동에 관한 이론이나, 아담 스미스(Adam Smith)의 시장과 정부의 관계에 관한 언술들, 칼 마르크스(Karl Marx)의 노동, 시장, 자본주의를 파헤친 정치경제학 논의, 또는 칼 폴라니(Karl Polanyi)의 자본주의 시장경제에 대한 제도적, 사회적 대응에 관한 논의 등으로부터 비교정치경제 분야에 대한 논의를 시작할 수 있다. 더 멀리는 플라톤(Plato)의 제도와 부패에 관한 논의 등 고대 사상가들에 비교정치경제의 기원을 둘 수도 있을 것이다. 그런데 여기에서는 자본주의의 황금기(The Golden Age of Capitalism)라 불리는 2차 세계대전 이후부터 1970년대 초반 오일 쇼크 이전까지의 시기로부터 논의를 시작한다.

1. 자본주의의 황금기: 1960년대

모든 자본주의 정치경제가 같다는 생각을 흔히 갖게 되지만 실상 자본주의 정치경제는 다양한 특징과 패턴을 갖는다. 이러한 아이디어에 따라 자본주의의 다양한 유형과 특성에 대한 연구가 진행되어 왔다. 앤드류 숀필드(Andrew Shonfield)의 1965년 저서《현대자본주의》(*Modern Capitalism*)는 그 시초가 되는 것으로 주목할 만하다. 숀필드의 아이디어는 현대 자본주의 정치경제는 하나의 유형으로 존재하는 것이 아니라 실은 여러 유형이 있다는 것이다. 자본주의의 다양성을 지적한 것이다. 이 저서에서 숀필드는 선진 자본주의 국가들을 대상으로 하여 유형화를 제시하는데, 그에 따르면 선진 자본주의 정치경제는 영미형 자본주의와 (유럽)대륙형 자본주의로 구분할 수 있다는 것이다. 지금의 시점에서 보면 너무나 당연한 구분처럼 보이지만, 숀필드의 유형화는 자본주의의 다양성에 대한 유형화의 선구적 시도였다. 정부와 시장의 관계, 즉 시장에 대한 정부개입의 정도에 따라 구분한 것이다.

그런데 숀필드의 유형화가 선구적 시도로서 중요한 의미를 갖지만, 약점이 있다. 우선 숀필드의 연구가 분석적으로 인과관계를 밝히는 작업이라기보다는 매우 서술적(descriptive)이라는 점이다. 영미형 자본주의는 이러저러한 특징을 갖고, 대륙형 자본주의는 다른 특징을 갖는다는 식의 서술이 주된 내용을 이룬다. 이것은 숀필드의 유형화를 이끈 명확한 이론적 준거와 기준이 없기 때문이다. 다시 말해, 이론적 기준없이 유형화를 제시했기 때문에, 왜, 어떠한 이유로 두 유형이 존재하는지에 대한 물음에 대해 숀필드는 사후설명적(post-hoc)인 대답만을 들려줄 뿐이다. 심지어 숀필드의 사후설명적인 대답은 주로 문화적 요소로 귀속된다. 여기에서 우리는 문화적 요소가 중요한 원인이 될 수 없다는 이야기를 하는 것이 아니다. 사회과학 이론으로 설명하지 않거나 설명할 수 없는 경우에 마치 최후의 보루로서 문화적 요소를 드는 경우를 가리킨다. 어쩌면 중요한 원인이 될 수 있는 문화를 잔여적(residual) 범주로 만드는 일이다.

이러한 몇 가지 약점에도 불구하고, 숀필드의 자본주의 정치경제 유형화는 모든 자본주의가 똑같은 것은 아니라는 새로운 시각을 제시하고 유형화를 시도했다는 점에서 선구적이었다고 말할 수 있다.

2. 오일 쇼크와 외부 충격: 1970년대

2차 세계대전 이후부터 시작된 자본주의의 황금기는 1973년 오일 쇼크를 계기로 하여 급격한 종언을 고하게 된다. 그런데 선진자본주의 국가들이 오일 쇼크에 대처하는 정책 대응은 국가마다 다르게 나타났다. 미국과 영국 등은 보호무역을 비롯한 다양한 보호주의 정책으로 선회하였고, 프랑스와 일본 등 국가의 시장개입이 강한 나라들은 정부가 산업구조를 전환하는 구조조정을 이끌면서 변화하는 환경에 대처하였다. 반면에 유럽의 강소국들은 사회경제적 행위자들의 계급타협과 협력적 조정, 그리고 정부의 소득정책, 복지정책, 공공부문 정책 등 관대한 사회적 보상(social compensation)을 통해 세계경제의 변화에 대응하였다.

오일 쇼크라는 공통의 외부적 충격에 대해 국가마다 다른 정책적 대응을 하는 현상을 무엇으로 설명할 것인가? 이 시기에 공통의 충격과 정책 대응의 다양성에 대한 설명을 시도한 연구 중 가장 영향력 있는 것은 피터 카첸슈타인(Peter Katzenstein 1978)이 편집한 《권력과 풍요 사이》(*Between Power and Plenty*)이다. 선진 자본주의 국가들의 정책 대응의 다양성을 주제로 했다는 점에서 카첸슈타인 편저는 숀필드의 저서와 유사한 아이디어로부터 시작한다. 그러나 카첸슈타인 편저에 참여한 학자들은 공통적으로 문화적 요소에 바탕한 자본주의 다양성 접근에 대해 비판적이다. 이들은 대안적으로 제도주의적(institutionalist) 접근법을 취한다. 한 국가의 제도적 배열의 차이와 다양성이 정책대응의 다양성으로 이어졌다는 주장이다. 여기에서 말하는 제도는 국가구조, 국가-사회 관계, 정치제도 등을 포괄적으로 지칭한다. 이러한 제도적 설명틀을 구성하는 데 있어서 자본주의 사회에서 국가란 무엇인가 하는 다양한 자본주의 국가이론을 네오마르크스주의(Neo-Marxism)와 네오베버주의(Neo-Weberianism)의 두 전통으로부터 차용한다. 1960년대 중반부터 네오마르크스주의 전통에서 자본주의 사회에서 국가의 역할과 기능에 대한 다양한 논의들이 전개되어 왔다. 다양한 논의들을 한 문단으로 요약하는 것은 분명히 부정의를 행하는 것이긴 하지만, 그러한 위험을 무릅쓰고 단순화하자면, 자본주의 사회에서 국가는 자본과 자본가의 이윤축적과 지배계급의 정당성을 위해 기능한다. 반면에 1970년대 초반 이후 활발히 진행된 네오베버주의 전통의 국가이론은 국가기구와 그 담당자들이 사회경제적 세력으로부터 독립적인 고유한 목표와 이익을 형성하고 추진한다는 점에서 사회경제적 세력, 특히 자본가와 지배계급의 영향력을 강조한 네오마르크스주의와 차별적이다. 이러한 두 전통의 국가이론을 비판적으로 차용(critical borrowing)하여 제도의 하나로서 국가의 역할과 기능을 강조한다. 카첸슈타인 편저에 일관되게 흐르는 질문은 국가는 사회세력의 이익으로부터 얼마나 자율적인가이다.

카첸슈타인 편저에 제시된 제도주의적 설명이 가정하는 것은 동일한 외부적 충격이다. 외부적 충격이 동일했는데 정치제도의 배열이 국가마다 다르고 따라서 정책대응의 차이로 이어졌다는 주장이다. 과연 오일 쇼크라는 외부적 충격이 모든 선진 자본주의 국가들에게 동일하거나 비슷했는가? 국가들의 부존자원의 차이라든가 정책 프로파일 등에 따라 외부적 충격의 효과는 다르게 필터링될 수도 있다. 만일 '동일한 외부적 충격'이라는 가정이 무너진다면, 카첸슈타인 편저가 갖는 매력적인 연구디자인(동일 충격 — 다양한 대응)은 붕괴된다. 그럴 경우, 국가마다 다르게 나타난 다양한 정책대응이 서로 다른 정치제도의 배열 때문인지 아니면 서로 다른 외부충격 효과 때문인지 판별하기 쉽지 않다.

1970년대 오일쇼크와 자본주의 황금기의 종언이 닥치는 와중에 선진자본주의 국가들 중에서 가장 좋은 경제수행 업적을 보인 나라들은 유럽의 강소국들이다. 유럽의 강소국들은 어쩌면 당연하게도 이 시기 비교정치경제 학자들과 언론매체 모두에게 세계의 롤모델이 되었다.

3. 자본주의 황금기의 종언: 1980년대

1980년대는 미국과 영국을 중심으로 신자유주의가 확산되는 시기였다. 자본주의 황금기의 종언은 재정긴축과 시장활성화의 담론이 확산되는 환경을 만들었다. 비교정치경제 연구의 지성사적으로 이 시기는 1970년대와 달리 네오마르크스주의와 네오베버주의 등 추상적 논의들과의 결별을 고하는 시기였다. 추상적 개념과 사회중심적 시각, 그리고 국가중심적 시각 모두로부터 거리를 두면서 개념의 추상수준을 낮춘 연구들이 등장하기 시작했다. 예컨대, '국가의 경제개입'이라는 추상적 표현대신에 '정부의 시장규제'라는 덜 추상적인 표현들이 사용되기 시작했다. 그러나 동시에 1960년대 이후 지속적으로 이어진 자본주의의 다양성 아이디어가 계승되어 새로운 연구들이 발표되었다.

숀필드의 저서를 '1세대 자본주의의 다양성 논의'라고 한다면, 이 시기에 발표된 중요한 저작들은 '2세대 자본주의의 다양성 논의'라고 표현할 수 있다. 존 자이스만(John Zysman 1984), 피터 카첸슈타인(Katzenstein 1985), 피터 홀(Peter Hall 1986), 피터 구르비치(Peter Gourevitch 1986), 피터 랭(Peter Lange 1984) 등이 영향력 있는 저작들을 발표했다. 앞에서 이야기한 카첸슈타인의 1978년 편저와 비슷한 아이디어를 갖는데, 1980년대 저작들의 공통점은 선진자본주의 국가의 경제정책 대응과 결과의 다양성을 분석한다는 점, 그리고 제도와 사회연합(social coalitions)에 초점을 두어 설명한다는 점이다.

자이스만의 저서는 정부와 금융기관, 그리고 기업의 관계가 어떻게 형성되어 있는가가 각 국가의 경제수행업적, 특히 실업률과 인플레이션에 영향을 미친다는 주장을 제시한다(Zysman 1984). 카첸슈타인의 저서(Katzenstein 1985)는 2차 세계대전부터 1980년대 초까지 유럽 강소국들의 사례분석을 통해 유럽 강소국들에서 내수시장의 규모가 작기 때문에 세계시장에 의존할 수밖에 없는 국제적 자유화(international liberalization)와 소득정책, 소득분배의 상대적 평등성, 고용과 투자의 안정화, 관대한 복지국가 등의 국내적 보상체계(domestic compensation)가 연결되어있다는 특성이 발견된다는 점을 보여준다. 세계시장에 의존해야만 하는 상황에서 불가피하게 초래되는 투자와 고용의 불안정성을 상쇄할 수 있는 정책적 대응을 할 수 있었던 것은 세 가지의 제도적 매개장치가 존재했기 때문이다. 첫째는 경제개방(economic openness)에 대한 사회적 합의이다, 둘째는 민주적 코포라티즘(democratic corporatism)이다. 노동과 자본이 중앙화되고 집중화된 이익집단구조를 갖고, 정상조직의 대표들이 전국수준의 임금협상체계를 통해 의사결정에 다다른다. 의사결정내용은 권위 있게 하부 조직들에게 전달되며 대부분의 노동자 및 기업에 적용된다. 지속적이고 공식적, 비공식적 협상을 통해 의사결정에 이르게 되는데 서로에 대한 사회적 파트너십이 규범으로 확산되어 있다. 자발적인 임금인상 요구 자제(wage restraint)를 통해 수출부문 기업/산업의 가격경쟁력을 상승시키고 기업은 이윤을 재생산에 투자하여 생산활동이 활발해져서 실업의 위험이 감소하게 되고 국민경제가 활성화되는 패턴이 형성된다. 임금인상 자제와 실업감소의 정치적 교환인 것이다. 세 번째는 비례대표제와 다당제라는 구조, 그리고 '수용의 정치'(politics of accommodation; Lijphart 1984)라고 표현되듯이 타협과 통합의 정치문화이다. 이러한 세 가지 제도적 조건이 형성되어 있었기 때문에 국제적 자유화와 국내적 보상체계의 연결이라는 '내장된 자유주의'(embedded liberalism)가 유럽 강소국에서 발견되는 것이다.

홀의 저서(Hall 1986)는 제도주의적 시각에서 영국, 프랑스, 독일(통일 이전의 서독) 사례분석을 통해 제도적 배열의 차이가 경제정책의 다양성으로 이어진다는 주장을 제시한다. 홀은 국가구조, 노동조직, 자본조직, 세계경제

내 위치, 그리고 정치제도의 다섯 가지 제도가 어떻게 연관되어 있는지가 중요하다고 주장한다. 홀에게 제도는 법, 공식 조직, 규칙, 운영원리, 규범 등을 포괄하는 폭넓은 개념이다. 영국의 경우 중앙은행의 독립성이 상대적으로 낮은데 중앙은행과 재무성이 긴밀하게 협의를 통해 통화정책을 수립한다. 이는 통화정책에 정치적 인센티브가 개입할 개연성이 크다는 점을 의미한다. 즉 재선을 위해 통화팽창이 필요하다고 판단하는 집권당의 요구를 중앙은행이 수용하는 경우, 이른바 정치적 경기순환 패턴이 발견될 수 있다. 영국의 관료제는 최소주의적인 반면에, 프랑스의 관료제는 국민경제를 이끄는 리더십을 갖는 주체로 작동하고 관료의 집단적 엘리트 의식이 매우 강하다. 따라서 정부의 적극적 시장개입을 통해 산업구조를 전환시키고 조정하는 역할을 해왔다. 분절화되고 탈중앙화, 탈집중화된 노동조직은 정책결정에서 큰 영향력을 행사하지 못했다. 독일의 경우는 중앙은행의 독립성이 매우 강하다. 이를 바탕으로 인플레이션 억제와 재정건전성에 중점을 둔 경제정책을 실시해왔다. 노동조직과 고용주 조직이 조정된 임금협상과 인플레이션을 억제하는 독립된 독일 중앙은행(Bundesbank)의 상호작용이 거시경제에 긍정적 효과를 가져왔다는 것이다.

피터 구르비치(Peter Gourevitch 1986)의 연구는 경제가 침체하고 보호무역이 확대되는 시기에 사회연합이 어떠한 모습으로 형성되는지에 따라 다른 경제정책으로 이어졌다는 주장을 제시한다. 경제적 불황과 위기의 시기에 사회연합(social coalitions)의 국가 간 다양성에 주목한 것이다. 반면에 피터 랭(Peter Lange 1984)의 연구는 선구적으로 게임이론을 활용하여 노동조합의 인센티브 구조와 전략적 선택을 보여준 것이다. 랭의 연구는 당시 제도주의적 접근과 역사적 사례분석이 중심을 이루던 비교정치경제 연구 분야에서 보기 드물게 방법론적 개인주의(methodological individualism)를 활용하여 행위자들의 전략적 상호작용을 탐구한 매우 신선한 것이었다.

1980년대 들어 유럽 강소국들의 경제수행업적이 하강 국면에 접어들면서 이 시기 모델이 되었던 나라들은 독일과 일본이었다. 독일의 조직화되고 조정된 정치경제체제에 대한 관심, 그리고 일본의 장기적 헌신과 상호 신뢰에 바탕한 생산체제에 대한 관심이 증폭된 시기였다.

4. 변화의 시기: 1990년대

1990년대 비교정치경제 연구들의 주된 동기가 된 것은 변화하는 세계였다. 사실 정치학 또는 사회과학이 변화하는 현실세계에 관심을 갖고 분석하며 대안에 대한 함의를 제시하는 것은 매우 당연하고 자연스러운 일이다. 그런데 1990년대에 비교정치경제 연구자들의 학문적 관심을 불러일으킨 현실세계의 변화는 세계화와 제도변화였다.

무역개방과 자본의 자유로운 이동으로 특징지을 수 있는 경제적 세계화가 1980년대 이후 급속하게 진행되었다. 특히 자본이동에 대한 국가들의 규제가 철폐되기 시작하면서 국경을 넘나드는 자본의 이동성이 가져올 정치경제적 효과에 대한 관심이 증폭하였다. 국제화(internationalization) 개념이 여전히 국가를 주체로 두고 국가 간 관계의 확대를 의미한 것이라면, 세계화(globalization) 개념에서는 국가가 반드시 주체일 필요는 없다. 비교정치경제 분야에서 주로 제기한 질문들을 하나로 단순화하자면 다음과 같다: 세계화는 국내정치에 어떤 영향을 미칠 것인가?(Keohane and Milner 1996). 여기에는 앞에서 언급한 카첸슈타인의 1978년 편저를 관통하는 핵심 아이디어가 숨어있다. 즉 세계화라는 동일한 외부적 환경의 변화가 국내 정치제도의 배열 및 사회연합을 거쳐 어떠한 정책적 대응과 변화로 이어질 것인가 에 대한 질문이라는 점이다. '공통된 충격과 다양한 대응'을 매개하는 것은 국내 정치제도 및 사회세력의 관계이다.

예를 들어, 약한 노동과 우파정부의 조합이 시장메커니즘과 효율성원칙에 따른 정책들을 실시한 결과 좋은 경제수행업적을 나타내는 것뿐만 아니라 포괄적이고 잘 조직화된 노동과 좌파정부 당파성이 상호작용할 때에도 좋은 경제수행업적을 보인다는 주장(Alvarez et al. 1991)이 세계화가 진행된 상황에서도 유효한 것일까라는 질문을 던지게 된다. 이 질문에 대한 제프리 개럿(Geoffrey Garrett 1998)의 답은 그렇다 이다. 세계화에 따른 경제적 불안정이 유권자들의 사회보호에 대한 요구를 증대시키고, 좌파정부와 강한 노동의 상호작용이 임금인상 자제-세계시장에서의 경쟁력 증가-기업이윤 확대-생산 재투자 활성화-국민경제 활성화-낮은 실업률-공공부문 및 사회인프라에 대한 사회투자-공교육 확대를 통한 인적자원 개발-경제성장 등의 선순환 구조를 가져오기 때문에 세계화 시대에도 강한 노동-좌파정부 결합의 긍정적 효과를 기대할 수 있다는 것이다(Garrett 1998). 세계화가 자본의 자유로운 이동에 따른 이탈협박(exit threat) 때문에 증세가 어렵고 복지국가 축소로 이어질 것이라는 이른바 '바닥으로의 질주'(race to the bottom) 논의에 반해, 개럿 식의 접근에 따르면, 세계화가 복지국가에 미치는 영향은 사회세력의 힘과 제도적 조건에 따라 다르게 나타날 것이다.

비교정치경제 연구자들이 주목했던 1990년대 제도변화는 노동시장개혁, 노동조합조직률 하락과 임금협상체계의 변화였다. 노동시장 유연화가 다양한 형태의 비정규직 노동을 양산하기 시작했다. 또한 1980년대 중반이후 노동조합 조직률은 겐트(Ghent) 시스템(실업보험급여 관리를 노동조합이 담당하는 시스템)을 갖는 노르웨이, 스웨덴, 핀란드, 덴마크, 벨기에를 제외하고는 모든 선진 자본주의 국가에서 급속하게 하락하였다. 더욱이 전국수준의 임금협상체계를 갖고 있던 많은 나라들에서 이 시스템이 붕괴되어 산별수준의 임금협상체계로 변화하였다. 노동시장제도의 변화들이 초래하는 정치경제적 함의는 매우 지대하다. 이에 따라 1990년대 연구들이 다음과 같은 질문들을 제기하였다: 노동시장제도의 변화가 얼마나 중요한가? 제도변화는 점진적인가, 아니면 급격하게 나타나는가? 제도가 행위자의 인센티브구조와 행동선택에 미치는 영향은 무엇인가? 정치가 제도변화를 어떤 방식으로 추동하는가?

1980년대 모델이 되었던 독일은 1989년 이후 통일의 여파로 경제성장이 침체되었고, 일본은 1990년대 초 버블경제가 붕괴하면서 장기적인 경기침체 국면에 접어들었다. 1990년대 모델이 되었던 나라는 다름 아닌 미국이었다.

IV. 2000년 이후 비교정치경제 연구의 흐름

이 절에서는 2000년 이후 최근까지의 비교정치경제 연구를 소개한다. 여기에서는 연구주제에 초점을 두고 각각의 주제에 대해 논의하는 방식으로 진행한다.

1. 자본주의 다양성의 미시적 기초

피터 홀과 데이비드 소스키스(David Soskice)가 2001년에 펴낸《자본주의의 다양성》(*Varieties of Capitalism*)이 이후 비교정치경제 분야에 미친 영향은 매우 크다. 선진자본주의 국가들의 정치경제 체제의 유형화 시도의 지적 전통에 위치지을 수 있는 연구이다. 여기에서 저자들은 미국, 영국 등의 자유시장경제(Liberal Market Economies, LMEs)와 독일, 북유럽 국가 등이 포함되는 조정시장경제(Coordinated Market Economies, CMEs)의 두 가지 균형점을 제시한다.

자본주의의 다양성 논의의 특징은 다음과 같다. 첫째, 이전 시기 유형화와 달리, 이론적 기반이 되는 미시적 기초(microfoundations)를 제시한다. 행위자들의 선호와 선택, 그리고 제도적 유인과 제약을 고려하면서 행위자들이 비시장적 제도를 통해 조정(coordination)하는지(CMEs), 또는 시장메커니즘에 따라 자기이익을 추구한 결과 마치 서로 조정한 것과 같은 결과로 이어지는지(LMEs)에 따라 유형화가 이루어졌다. 둘째, 비교정치경제 연구에서 논의된 주된 행위자가 이제까지 노동 또는 정부(집권당)이었던 반면에, 자본주의의 다양성 논의에서 주역이 되는 행위자는 고용주(employer) 또는 기업(firm)이다. 분석 초점의 변화가 이후에 새로운 주장과 논의로 이어진다. 예컨대, 복지국가 발전을 적극적으로 원했고 추진했던 집단이 고용주라는 주장 등이 그것이다. 물론, 고용주들은 자신과 기업의 경제적 이익을 위해 복지국가 확대를 원했던 것이지 노동과의 집단적 연대감이라든가 이념적 소신 때문에 그러한 것은 아니다.

셋째, 기술유형의 중요성을 강조했다. 다른 부문으로 쉽게 전이될 수 있는 일반기술(general skill)인지 아니면 특정 기업이나 산업부문에만 적용될 수 있는 특정기술(specific skill)인지의 구분이 중요하다. 자유시장경제의 경우 대체로 일반기술에 바탕한 생산레짐(production regime)이고, 조정시장경제는 숙련도 높은 특정 기술을 필요로 하는 생산레짐이다. 고용주의 입장에서는 숙련도 높은 특정기술을 갖는 노동 공급이 지속적으로 이루어지는 것이 필수적인데, 노동자의 입장에서는 특정기술을 연마하기로 결정하기에는 그에 따른 위험도가 매우 크다. 즉 실업의 경우에 그가 지닌 기술이 다른 산업부문에 활용되기 어렵기 때문에 실업에 대한 위험이 큰 것이다. 이러한 상황에서 안정적으로 특정기술을 지닌 고숙련 노동을 공급받을 필요가 있는 고용주가 임금보호, 고용보호, 그리고 실업보호 등을 제공할 인센티브가 있다(Estevez-Abe et al. 2001). 이로부터 복지국가 확대에 고용주가 적극적 주창자로서 이해되는 것이다. 이러한 시각에서 볼 때 복지국가는 특정기술에 대한 사회적 보험체계로 이해된다. 넷째, 제도적 상보성(institutional complementarities)을 강조한다. 제도적 상보성이란 기업재무, 기업지배구조, 노자관계, 직업훈련체계, 그리고 기업 간 관계 등 중요한 제도 중 한 제도의 효과는 다른 제도와 연동되어 있다는 아이디어이다.

자본주의의 다양성 논의는 새로운 시각을 제시했다는 점에서 이후에 많은 논쟁을 촉발하였다. 논의가 정태적(static)이어서 변화와 변동에 대한 이해를 제공하지 못한다는 점, 정치적인 요인이 결여되어 있다는 점에서 다소 무정치적(apolitical)이라는 점, 고용주와 노동자 등 행위자들의 선호와 선택은 생산레짐의 필요성에 의해서 결정된다는 점에서 논의가 다소 기능주의적(functionalist) 설명이라는 점 등이 제시되어 왔다.

자본주의의 다양성에 대한 미시적 기초를 제공하는데 커다란 기여를 한 학자는 소스키스이다. 이러한 점에서 경제학자인 소스키스가 비교정치경제 분야에 기여한 바는 결코 작지 않다. 이후 토븐 아이버슨(Torben Iversen) 등과의 여러 공동작업을 통해 자본주의 다양성의 역사적 기원(Iversen and Soskice 2009), 기술유형과 복지선호(Iversen and Soskice 2001; Rehm et al. 2006), 선거제도와 재분배(Iversen and Soskice 2006; Cusack et al. 2009), 노동시장 이중화와 계급연합의 정치경제(Iversen and Soskice 2015), 노동조합과 복지선호(Iversen and Soskice 2015) 등에 대해 영향력 있는 연구들을 발표해왔다.

2. 비교복지국가 연구

2000년대 들어 활성화된 연구주제 중 하나는 비교복지국가(comparative welfare state) 연구이다. 복지국가에 대한 비교연구는 이전 시기에도 연구가 축적되어 왔던 것이 사실이다. 그러나 1990년 사회학자인 요스타 에스핑-앤더슨(Gosta Esping-Andersen 1990)의 《복지자본주의의 세 가지 세계》(*Three Worlds of Welfare Capitalism*) 출간이 가져온 영향은 지대하다. 에스핑-앤더슨은 탈상품화(decommodification)와 사회계층화(social stratification)라는 두 가지 기준을 갖고 복지국가레짐의 유형을 자유주의 복지국가레짐, 보수주의(또는 기독교민주주의) 복지국가레짐, 그리고 사회민주주의 복지국가레짐으로 구분하였다.

탈상품화는 개인 및 가구가 자발적 또는 비자발적으로 노동시장에 참여하지 않고도 사회적으로 인정받을 만한 생활수준을 영위할 수 있는 정도로 정의된다. 실업보험의 수급권 범위, 소득대체율, 그리고 수급기간으로 측정된다. 수급권이 보편적일수록, 소득대체율이 높을수록, 그리고 수급기간이 안정적으로 길수록 탈상품화 정도는 높다. 세 복지국가레짐 중에서 사회민주주의 복지국가레짐이 가장 높고, 보수주의 복지국가레짐이 중간 정도, 그리고 자유주의 복지국가레짐이 탈상품화 정도가 가장 낮다. 세 복지국가레짐이 바탕하고 있는 복지국가의 아이디어의 차이를 이해하는 것이 중요하다. 자유주의 복지국가레짐의 아이디어는 극빈층 및 시장실패자에 대한 구제이다. 보수주의 복지국가레짐의 아이디어는 기존 직군별, 성별 위계질서의 유지를 위한 복지국가 기능이다. 사회민주주의 복지국가레짐은 보편주의의 아이디어를 기반으로 한다. 복지정책의 프로파일에서 자유주의 복지국가레짐은 사회부조(social assistance), 보수주의 복지국가레짐은 사회보험(social insurance), 그리고 사회민주주의 복지국가레짐은 사회서비스(social service)를 강조한다. 이러한 점에서 자유주의 복지국가레짐의 사회정책은 소득에 따른 계층화를 확대하는 결과로 이어진다. 보수주의 복지국가레짐은 직군별 계층화가 확대되는 반면에, 사회민주주의 복지국가레짐은 보편주의의 아이디어에 바탕하기 때문에 복지국가가 소득평등과 젠더평등에 기여한다.

에스핑-앤더슨은 조직노동과 노동을 대표하는 좌파정당의 정치적 동원화가 클수록 복지국가 발전으로 이어진다는 월터 코르피(Walter Korpi 1983)의 권력자원이론(power resource theory)을 수정하여 노동계급과 중간계급(2차 세계대전 이전의 농민과 2차 대전 이후의 화이트칼라 노동자 등 신중간계급)의 정치연합이 복지국가 발전의 원인이라는 주장을 제시하였다. 그런데 1990년 저서에서 역사적 사례분석을 통해 이러한 주장이 명확하게 검증되었는지는 불분명해 보인다. 그보다는 이론적 주장으로 제시되었을 뿐이라 보는 것이 더 정확할 것이다. 그럼에도 불구하고, 이전 시기에 잔여적 복지국가와 제도적 복지국가의 두 가지 유형화가 통설로 존재했던 상황에서 에스핑-앤더슨의 세 가지 세계 유형화가 기여한 바는 매우 크다.

비교복지국가 연구들은 복지국가 확대에 대한 설명과 1980년대 이후 진행되거나 논의된 복지국가 축소 및 재편에 대한 설명이 동일한 요인을 통해 이루어져야 하는지 아니면 다른 요인으로 설명되어야 하는 것인지에 대해 논쟁이 이루어졌다. 예를 들어, 노동과 좌파정당의 정치적 동원화가 강한 경우에 복지국가 확대가 이루어진 것이라면, 복지국가 축소와 재편은 노동의 힘이 약해지고('노동조합조직률의 하락') 좌파정부의 당파적 프로그램이 약해지거나('요즘 사회민주당은 예전 사회민주당보다 덜 진보적이다') 아니면 당파적 프로그램을 추진할 수 없는 외부적, 내부적 제약이 강해져서('세계화의 제약과 경제침체의 지속')이어야 할 것이다. 또한 정부당파성이 사회지출에 미치는 영향력이 세계화 이전 시기와 이후 시기에 다르게 나타는지에 대한 논쟁도 진행되어 왔다. 좌파정부의 영향력은 예전만 못한가? 세계화 시대에도 누가 집권하는가는 중요한가? 우파정부가 집권한 경우 복지국가 축소는 일어나는가? 등의 연구 문제를 제기하면서 다양한 이론적, 경험적 발견들을 발표해왔다(cf. Allan and Scruggs 2004; Korpi and Palme 2003; Kwon and Pontusson 2010; Pierson 2006).

3. 분배와 재분배

1980년대 비교정치경제 연구들이 관심있게 설명하려 했던 현상이 국가 간 거시경제 수행업적의 편차였던 반면에, 2000년대에 설명해야 할 현상은 분배와 재분배의 이슈였다. 임금 및 소득불평등의 국가 간 차이를 무엇으로 설명할 수 있는가, 그리고 왜 어떤 나라는 다른 나라에 비해 더 재분배를 많이 하는가라는 주제를 본격적으로 탐구하기 시작했다. 분배와 재분배 문제는 사실 노동시장과 복지국가의 접점(intersection)을 분석해야 하는 이슈이다. 이에 따라 자연스럽게 노동시장 및 노동시장제도에 관한 연구와 복지국가에 대한 연구들이 결합되면서 연구들이 축적되기 시작했다.

이러한 이슈에 대한 연구들은 크게 다음과 같이 나눌 수 있다. 첫째, 임금 및 소득불평등의 정치적, 제도적 원인에 대한 연구이다. 둘째, 임금 및 소득불평등의 정치적, 사회적 결과에 관한 연구이다. 셋째, 불평등과 재분배에 관한 수요 측면의 연구이다. 즉, 누가 재분배 및 사회정책을 원하는가에 관한 연구이다. 넷째, 재분배의 정치적, 경제적 결정요인에 관한 연구이다. 이러한 네 가지 연구주제들은 각각 독자적으로, 또는 서로 복합적으로 연구 질문과 주장을 발전시키면서 분배와 재분배의 정치경제에 관한 우리의 이해를 확장시켜왔다.

우선 임금 및 소득불평등의 정치적, 제도적 결정요인에 관한 연구들은 주로 상위 10% 정규직 노동자의 임금과 하위 10% 정규직 노동자의 임금의 비율(90-10 비율)로 측정한 임금불평등(wage inequality) 수준의 국가 간 차이를 설명하려 했다. 노르웨이나 스웨덴 등 북유럽 국가들이 낮은 임금불평등 수준을 보여주고 미국과 캐나다 등이 가장 높은 임금불평등 수준을 보여준다. 이에 대한 시도들은 마이클 월러스틴(Michael Wallerstein 1999)과 다비드 루에다와 요나스 폰투손(David Rueda and Jonas Pontusson 2000)의 연구이다. 이 연구들에 따르면 세전(pre-tax and pre-transfer) 임금불평등 수준에 가장 강력한 영향을 미치는 요인은 노동시장제도, 즉 임금협상수준이 얼마나 중앙화/전국화되었는가이다. 노동과 자본 모두 전국수준의 정상조직의 대표들이 임금협상을 진행하고 협상결과가 높은 수준의 단체협상적용률을 갖는 국가에서 임금불평등 정도가 상대적으로 낮은 것으로 발견되었다. 이 외에도 노조조직률, 공공부문 고용률, 그리고 여성의 노동시장참여율이 영향을 미치는 것으로 보고되었다. 그런데, 연구들에서 사용하는 90-10 비율 자료가 정규직 노동자만을 대상으로 하는데, 최근 들어 노동시장 이중화가 심화되면서 비정규직 노동자 비율이 급증하는 상황에서 이 자료의 적합성에 대한 의문이 제기되고 있다. 또한 90-10 비율 자료가 1970년대 이후부터 측정된 것이기 때문에 그 이전 시기를 포괄하지 못하고 있다는 점을 지적할 수 있다. 설명해야 할 현상을 세후 임금 혹은 소득불평등이라고 한다면, 정부정책의 중요성이 부각된다. 다시 말해 집권정당의 당파성이 강한 영향력을 행사하는 것으로 나타난다. 좌파정부하에서 불평등이 감소하고, 우파정부에서 증가하는 것을 보여주는 연구들이 많이 제시되었다. 그러나, 약 1세기에 걸친 장기 자료(상위 1%의 소득비율)를 활용한 연구에 따르면, 정부당파성 효과는 발견되지 않고 노조조직률의 강한 효과를 발견하게 된다(Stasavage and Scheve 2009).

둘째, 불평등의 정치적, 사회적 결과에 대한 연구들이다. 이 주제에 속하는 연구들이 설명하고자 하는 현상들은 매우 다양하다. 높은 수준의 소득불평등이 낮은 대인신뢰 및 정치신뢰(Rothstein and Uslaner 2005), 낮은 수준의 정치참여(Solt 2008), 저소득층이 정치적으로 과소대표되는 문제(Bartels 2008), 낮은 수준의 행복 또는 삶의 만족도 등으로 이어진다는 점이 발견되었다. 기회불평등으로부터 비롯되는 소득불평등은 그 자체로서 분배정의 규범과 배치되는 것이기 때문에 중요한 사회적 이슈가 된다. 나아가서 소득불평등이 초래하는 다양한 차원의 부정적 효과들 때문에 불평등 문제는 시급하게 다뤄져야 할 이슈다.

셋째, 재분배정책 또는 복지정책의 수요측면 연구이다(권혁용 2017). 누가 왜 복지국가를 원하는가? 어떤 요인들이 재분배 및 사회정책에 관한 선호를 결정하는가? 시민의 복지 및 재분배 선호에 관한 연구는 최근 하나의 성장산업(growth industry)으로 등장하였다. 매우 방대한 문헌들이 축적되어 왔고 최근에 지속적으로 새로운 이론적 주장과 경험적 발견들이 발표되고 있다. 간단하게 연구내용들을 정리하는 일을 쉽지 않다. 그럼에 불구하고 정리하자면, 하나의 출발점으로 소득과 재분배 선호의 관계가 있고, 실업위험과 재분배 선호가 다른 하나이다. 다시 말해 저소득층일수록 재분배 정책과 복지정책을 선호할 것이다. 불평등과 재분배 연구의 출발점이 되는 멜처-리차드 모델(Meltzer-Richard 1981)은 평균소득보다 낮은 유권자는 높은 수준의 재분배를 원할 것인데 소득불평등의 증가는 다수제 선거에서 결정적인 투표자인 중위투표자(median voter)의 소득을 평균소득 이하로 점점 더 떨어뜨리기 때문에 더 높은 수준의 재분배로 이어질 것이라는 이론적 예측을 제시한다.

이와 다른 맥락의 연구들은 객관적, 주관적 실업위험이 높을수록 재분배를 원할 것이라는 주장을 펼친다. 실업위험은 기업 또는 산업특정기술을 지닐수록(Iversen and Soskice 2001), 상대적 실업률이 높은 직업군에 속할수록(Rehm 2016) 높다. 소득과 실업위험의 상관관계가 중요하다는 연구도 있다. 필립 렘 등(Rehm et al. 2012)의 연구에 따르면, 재분배나 사회정책의 확대를 위한 대중 지지 형성에 유리한 구조는 소득과 위험의 상관관계나 낮은 상황에서 형성된다. 저소득층 중에 위험도가 낮은 집단이 많고 고소득층 중에 고위험군이 많을수록 소득과 위험이 상호교차(cross-cutting)하는 구조를 갖는다. 이런 조건에서 사회정책 확대를 위한 폭넓은 친복지 연합이 형성될 가능성이 높다.

대중의 요구에 관한 분석들로부터 파생되는 경험적 퍼즐은 다양하다. 첫째, 왜 어떤 저소득층은, 경제적 이익에 반해서, 재분배를 지지하지 않는가? 둘째, 왜 어떤 고소득층은 재분배를 지지하는가? 셋째, 어떤 조건에서 중위투표자가 친복지 선호를 갖게 되며 어떤 상황에서 반복지 태도를 보이는가? 넷째, 소득이나 위험이 재분배 및 사회정책 선호에 미치는 영향은 어떤 제도적 거시적 맥락에 의해 다르게 나타나는가?

이론적 예측이나 통설과 달리 저소득층이 재분배를 지지하지 않는 이유에 대한 연구는 많은 경우 비물질적 요인들의 영향을 강조해왔다. 국가정체성이 강한 저소득층일수록 계급정체성보다는 국가정체성에 바탕하여 정책 선호가 형성되어 재분배를 덜 지지한다는 주장이 있다(Shayo 2009). 노동조합원이 아닌 저소득층의 경우 노동조합원인 저소득층보다 객관적인 경제적 이해관계에 대한 정확한 정보를 제공받고 그에 따라 선호를 형성하지 못하기 때문에 재분배 지지가 상대적으로 낮다는 연구가 발표되었다(Mosimann and Pontusson 2017). 래리 바텔스(Larry Bartels)가 언급했던 '계몽되지 않은 자기이익'(unenlightened self-interest)을 추구하게 되는 것이다. 또는 개인의 정치적 당파성이 정책 사안에 대한 입장을 어떻게 정할 것인지를 안내하는 당파적 지침(partisan cue)을 매개로 하여 재분배 선호를 형성할지도 모른다. 보수정당을 지지하는 저소득층이 재분배를 지지하지 않는 경우다. 우리나라의 경우 보수정당을 지지하는 TK지역의 저소득층 노인의 반복지 태도를 떠올리면 될 것이다.

그렇다면 왜 어떤 고소득층은 재분배정책을 지지할까? 더 많은 세금을 부담하더라도 더 많은 재분배가 필요하다고 생각하는 고소득층의 동기는 무엇일까? 한 연구에 따르면, 특히 불평등 정도가 높은 사회에서 고소득층이 공정한 분배정의의 규범을 따라 재분배를 원한다는 것이다(Finserras 2009). 불평등 수준이 높은 환경에서 범죄에 대한 두려움이 고소득층으로 하여금 재분배를 지지하게 만든다는 연구도 발표되었다(Rueda and Stegmueller 2016). 그런데 여기에서 인종/에쓰닉 동질성 여부가 중요할 수 있다. 한 국가 내의 소수 에쓰닉 집단이 저소득층에 집중되어 있을 때 다수 에쓰닉 집단이 더 많은 세금을 부담해서 재분배와 사회정책의 주된 수혜계층이 피부와 언어, 종교가 다른 소수 집단이라면 중산층과 고소득층은 재분배를 지지하지 않을 가능성이 높다(Gilens 2012). 이러한 논리가 어느 책 제목처럼 '왜 미국인들은 복지국가를 증오하는가?'에 대한 하나의 설명이 된다.

선거정치에서 결정적 투표자로 알려진 중위투표자는 언제 친복지 태도를 갖고 어떤 상황에서 반복지 태도를 나타내는가? 중위투표자가 포함된 중간계층이 저소득층과 소득수준의 거리가 가까운지 아니면 고소득층과 더 가까운지에 따라 사회적 친화성(social affinity)이 다르게 나타나기 때문에 소득분포와 불평등의 구조가 중요하다는 연구가 있다(Lupu and Pontusson 2011). 중산층의 소득과 저소득층의 거리가 중산층과 고소득층의 거리보다

짧을 때 중위투표자는 저소득층과 사회적 친화성을 키우게 되며 재분배 선호를 갖게 된다는 것이다. 반면에 사회적 거리(social distance)라는 사회심리학적 메커니즘이 아니라 노동시장 분절화(labor market segregation)가 저숙련-저소득-소수집단과 고숙련-중산층이상-다수집단으로 구조화된 경우, 중위투표자가 재분배에 반대한다는 주장을 제시한 연구도 발표되었다(Alt and Iversen 2017).

민주주의 사회에서는 개인 또는 집단의 선호가 형성, 표출되고, 선거제도에 따라 다양한 과정인 '선호의 집합화' 과정을 거쳐 정책 산출로 이어진다. 그런데 정책환류효과(policy feedback effect)가 있다. 즉 재분배나 사회정책이 거꾸로 선호에 영향을 미칠 수 있다. 시민이 느끼는 실업 위험이 실업보험 선호에 미치는 영향은 그 나라의 고용보호 수준이 어느 정도냐에 따라 다르게 나타날 것이라는 주장이 제시되었다(Gingrich and Ansell 2013). 즉 고용보호 수준이 높은 나라의 시민들에게는 위험이 실업보험 지지에 미치는 영향이 고용보호 수준이 낮은 나라의 시민들에 비해, 상대적으로 작게 나타났다. 이렇듯 소득이나 위험이 재분배 및 사회정책 선호에 미치는 영향의 정도가 기존 사회정책 프로그램이나 소득불평등 정도 등 국가 수준의 맥락에 따라 다르게 나타난다는 점이 연구되어 왔다.

4. 정치적 불평등

소득불평등은 정치적 불평등과 연결되는가? 이에 대한 답은 의심의 여지없이 '그렇다'이다. 여기에서 정치적 불평등은 크게 정치참여의 불평등과 정치적 대표의 불평등으로 구분된다(권혁용 2017).

우선 정치참여의 불평등은 증가하는 소득불평등이 투표참여에 나타나는 소득계층별 편향(income bias in voting)을 심화시키는지의 여부에 관한 연구들을 촉발시켰다. 가난한 유권자들은 중산층이나 부자 유권자에 비해 투표를 덜 한다. 시간이 부족하거나 민주사회의 시민적 덕목을 키울 여건이 안되었거나 정치사회가 저소득층의 이익을 대변하지 못한다고 느끼고 정치사회로부터 소외되어 있다고 생각하기 때문일 수도 있다. 문제는 소득불평등이 증가하면서 저소득층이 상대적 박탈감에 대한 분노를 투표를 통해 표출하는가이다. 대체로 대립적인 가설들이 제시되었다(Leighley and Nagler 2014; Solt 2008). 불평등 증가에 따른 상대적 박탈감의 심화가 저소득층의 투표참여 증가로 이어질 것이라는 가설이 있는가 하면, 오히려 정치적 소외감을 더 강화시켜 투표참여를 이전보다 더 감소시킬 것이라는 가설이 있다. 또는 소득불평등의 증가와 저소득층의 투표참여 사이에는 아무런 상관관계가 존재하지 않는다는 주장도 있다. 그런데 소득불평등과 정치참여의 계층적 편향과 관련하여, 불평등은 고소득층의 투표참여에 어떤 영향을 미치는지에 대한 연구는 상대적으로 부족한 것이 사실이다.

소득불평등이 증가하면서 유권자들이 이전에 비해 자신의 소득/계층적 이해에 바탕한 투표선택을 한다는 주장이 제시되었다(McCarty et al. 2006). 미국 자료에 대한 분석을 통해서 저소득층의 공화당 지지율과 고소득층의 공화당 지지율 사이의 비율을 살펴봤을 때 불평등의 증가가 정치선호의 계층화 현상을 더 심화시킨다는 점을 보여주었다. 우리나라에서 불평등이 증가하는 데 저소득층의 정당지지나 투표선택이 소득에 따른 계층화 현상을 나타내는지 살펴보는 것은 의미가 있을 것이다.

그런데 정치참여의 불평등은 정치적 대표(political representation)의 불평등과 연결되어 있다. 선거승리와 집권을 목적으로 하는 집단인 정당이 잘 투표하지 않는 저소득층을 대표할 선거정치적 인센티브는 적기 때문이다. 바텔스의 연구에 따르면, 미국정치에서 공화당이건 민주당이건 저소득층의 이해와 요구에 대해서 '너무할 정도로 반응하지 않는다'는 점이 발견된다(Bartels 2008). 반대로 중산층이나 고소득층의 요구에 대해서는 두 정당 모두 두 계층의 요구를(특히 고소득층의 요구를) 반영한 입법 활동을 보여준다. 저소득층의 이해관계와 요구는 묵살되는 반면에, 다른 소득계층의 요구는 정치적으로 대표되는 편향이 발견되는 것이다. 소득불평등이 증가하면 할수록 이러한 대표의 계층적 편향 또한 심화되는 것으로 알려져 있다. 이러한 패턴은 민주주의 원칙의 측면에서 볼 때 매우 심각한 것이다. 로버트 달(Robert Dahl 1971)에 따르면, 민주주의는 '정부가 정치적으로 평등하다고 간주되는 시민들의 요구에 대하여 지속적으로 반응하는 것'이다. 그러나 저소득층 시민은 고소득층 시민에 비해 정치적으로 평등하게 대표되지 못하는 것이 현실이다.

악순환 구조에 빠져 있는 것처럼 보인다. 우파정부의 감세정책과 복지정책 축소 등의 결과 세후 소득불평등이 심해졌고, 소득불평등은 저소득층의 정치참여와 정치적 대표를 더 감소시킨다. 덜 투표하는 저소득층은 더 열심히 투표하는 고소득층에 비해 훨씬 더 정치적으로 대표되지 못하고 요구를 묵살당한다. 데이비드 버틀러(David Butler 2014)는 현장실험 방법을 활용해서 정치인들이 소득과 학력이 높은 시민들을 대표하는 메커니즘을 밝혔다. 앞에서 말한 소득계층 간 다양한 자원의 불균등한 배분이 중요하지만, 거기에 덧붙여서 정치인 자신의 가치지향과 정책입장이 고소득층과 고학력층의 그것에 치우친 편향성이 존재한다는 것이다. 니콜라스 칸스(Nicholas Carnes)와 노암 루푸(Noam Lupu)는 유권자들이 화이트칼라 계층 후보자에 비해 노동자출신 후보자를 선호하지 않는다는 점을 보여주면서 노동자출신 후보자가 과소대표되는 문제를 제기한다. 형식적 대표의 불평등이 발견되는데, 여기에 유권자의 선호가 하나의 메커니즘으로 작동한다는 것이다(Carnes and Lupu 2016). 미국을 포함한 선진민주주의 국가뿐만 아니라 남미국가인 아르헨티나 서베이 자료에 대한 분석을 통해서도 동일한 경험적 결과를 보고하고 있다. 칸스는 이러한 현상을 '화이트칼라 정부'(white collar government)라고 부른 바 있다(Carnes 2015).

5. 정치제도, 선거정치, 그리고 정치경제의 융합

최근 비교정치경제 연구들의 특징 중 하나는 정치제도, 정치행태, 선거정치, 그리고 정치경제 영역의 접점에 초점을 둔 연구들이 활발하게 이루어져왔고 축적되었다는 점이다. 이전 시기에 비해 훨씬 더 세부 분야 간 융합이 눈에 띄게 두드러진 것이다.

로날드 로가우스키(Ronald Rogowski)는 선거제도가 경제정책 결과에 미치는 영향에 대해 연구해왔다. 예컨대, 다수제 선거제도는 비례대표제에 비해서 소비자중심의 선거전략을 펼칠 인센티브가 매우 강하기 때문에 집권당이 소비자물가지수 안정을 추구하게 된다는 주장을 제시한 바 있다(Chang et al. 2010). 낮은 인플레이션의 원인을 (우파)정부당파성에서 찾는 정부당파성 이론(partisanship theory)과 달리 선거제도로부터 찾는 것이다. 조지 체벨리스(George Tsebelis 2002)는 거부권행사자(veto player) 이론을 제시하는데, 거부권행사자의 수가 많은 정치제도를 갖는 나라들의 경우 경제정책의 지속성이 발견되고 변화의 가능성이 작다는 주장을 제시하였다. 로가우스키의 연구와 유사하게 제도를 갖고 경제정책 결과를 설명하는 접근을 제시하고 있다.

이와 유사한 맥락에서, 아이버슨과 소스키스(Iversen and Soskice 2006)는 선거제도의 차이가 정당연합의 동학에 영향을 미치고, 그 결과 누가 집권하는가가 정해지며 따라서 재분배 정책의 차이로 이어진다는 인과관계를 주장하였다. 비례대표제에서 선거후 연립정부 구성의 동학에서 중도좌파정부의 집권가능성이 높고 결국 더 많은 재분배를 한다는 주장이다. 또한 분권화된 정치체제의 사례와 중앙집권적인 체제 사례에 대한 비교를 통해 불평등이 재분배정책에 미치는 영향이 분권화에 의해 어떻게 매개되는지에 대한 연구도 발표되었다(Beramendi 2012).

크리스토퍼 앤더슨(Christopher Anderson)은 오랫동안 경제투표와 정치행태 등에 관한 연구를 진행해왔는데, 그의 저작들은 스스로 명명한 대로

'행태정치경제'(behavioral political economy)라 표현할 수 있다. 예를 들어, 누가 왜 더 고용불안을 느끼는가에 대한 연구 등이 포함될 수 있다(Anderson and Pontusson 2007).

필립 렘(Phillip Rehm 2016)의 연구는 실업의 위험이 어떻게 정책선호로 이어지는가에 집중한다. 정치경제적 요인으로 정치행태를 설명하는 접근이라 이해할 수 있다. 개인이 소유한 기술유형이나 직업군의 실업위험 정도가 높을수록 재분배정책이나 사회보호정책에 대한 지지가 높다. 그의 연구가 제시하는 바는 대중지지가 높을수록 복지국가 발전이 높을 것이라는 함의이다. 정치경제적 요인으로 정치행태를 설명한다는 점에서 유사한 다른 연구는, 2008년 대침체기(Great Recession)에 실직을 당한 공화당원이 민주당이 추진하는 복지확대 정책을 지지하지만, 다시 일자리를 구한 이후에는 도로 공화당 정책선호를 갖는다는 선호변화의 패턴을 발견하였다(Margalit 2013).

6. 노동시장 이중화, 교육과 주택 문제

최근 들어 활발하게 연구되는 주제는 다양하지만, 여기에서는 노동시장 이중화(labor market dualism)와 재분배정책으로서의 교육정책과 주택정책에 대한 연구를 소개한다.

안정적인 고용계약을 맺는 정규직 노동자들('노동시장 내부자')과 불안정한 고용계약을 맺는 다양한 형태의 비정규직 노동자와 실업자, 구직자 등('노동시장 외부자')으로 구분되는 노동시장 이중화는 현재 모든 나라들에서 중요한 이슈로 대두되었다. '이중화의 시대'(The Age of Dualism)라 부를 만하다. 노동시장 내부자와 외부자는 고용안정의 측면에서, 임금수준에서, 그리고 사회보호 정도에서 커다란 차이를 보인다(Emmenegger et al. 2012). 정치학에서 노동시장 이중화의 정치적 함의를 제기한 선도적 연구는 루에다(Rueda 2005; 2007)의 저작들이다. 루에다는 노동시장 내부자들은 고용보호를 선호하고 외부자들은 실업보호를 선호하는데, 이념적, 조직적으로 노동조합과 긴밀하게 연계되어 있는 사회민주당은 외부자의 이익 대신에 내부자의 이익을 반영한 정책을 펼친다는 주장을 제시한다. 그로부터 노동시장 외부자는 정치적으로 보수정당을 지지할 것이라는 함의를 도출한다. 루에다의 연구는 노동시장 이중화의 정치적 결과에 대한 논의를 제시했다는 점에서 큰 영향을 미쳤다. 그러나 노동시장 외부자들의 정치적 지지가 과연 보수정당을 향할 것인가의 문제, 그리고 사회민주당이 선거정치적으로 항상 지속적으로 내부자편향적인 정책프로그램을 제시할 수 있을까의 문제가 대두된다.

노동시장 외부자들의 정치행태에 관한 연구들이 최근 활발하게 진행되어왔다(Emmenegger et al. 2015; Marx 2016). 노동시장 외부자들은 내부자들에 비해 더 많은 재분배를 지지하거나 사회정책의 확대를 지지하는 것으로 보고되었다. 외부자들의 투표선택은 정당체계의 지형에 따라(즉 선택메뉴에 따라) 다르게 나타날 것이다. 이념적으로 협소한 정치지형과 정당체계를 갖는 나라의 노동시장 외부자들은 기권할 가능성이 큰 반면에, 다양한 정책지향을 갖는 폭넓은 정당체계를 갖는 국가의 외부자들은 주요 좌파정당보다 더 왼쪽에 위치한 친복지, 친재분배 정당을 지지한다는 것이다(Emmenegger et al. 2015). 그렇다면 노동시장 이중화가 심화되는 환경에서 사회민주당의 정치적 운명은 어떻게 될 것인가? 요하네스 린드발과 루에다(Lindvall and Rueda 2014)의 2000-2010년 시기 스웨덴 선거 분석은 사회민주당이 외부자에 관한 정책프로그램을 제시하지 않았던 모든 선거에서 패배한 반면에, 한 차례 사회민주당이 선거에서 승리한 경우는 외부자에 대한 프로그램을 주요공약으로 제시했던 경우라는 점을 밝혔다. 노동시장 이중화의 심화는 사회민주당이 더 이상 외부자들을 외면할 수 없다는 점을 여실히 보여주는 분석이라 하겠다.

재분배정책으로서의 교육 그리고 주택정책에 관한 연구는 벤 앤젤(Ben Ansell 2010)의 연구들에서 잘 나타난다. 앤젤은 정부당파성에 따라 고등교육정책의 차이가 나타난다는 주장을 제시하는데, 좌파정부가 상대적으로 평등한 고등교육정책을 추진하는 반면에, 우파정부는 엘리트 중심의 고등교육정책을 펼친다는 점을 보여준다. 흥미로운 것은 엘리트 중심의 고등교육정책이 시행되는 곳에서 주택시장 가격의 편차는 해당 거주지가 제공하는 교육 수준과 연동된다는 점이다(Gingrich and Ansell 2014). 또한 마리우스 부제마이어(Marius Busemeyer 2016)는 교육정책의 차이는 그 나라의 생산레짐이 필요로 하는 기술유형과 연결되어 있다는 주장을 제시한다. 그의 연구는 자본주의의 다양성 접근에서 분석한 교육정책 연구라 할 수 있을 것이다. 핵심은 노동시장과 교육정책이 연동되어 있다는 것이다.

노동시장 이중화의 문제나 교육정책, 주택정책 이슈는 우리 사회에 중요한 이슈들이라는 점에서, 이러한 연구들이 우리에게 던지는 질문이나 함의는 크다.

7. 장기, 역사적 데이터 분석

최근 비교정치경제뿐만 아니라 정치학내에서 두드러지게 관찰되는 특징 중 하나는 장기적 시각에서 논의를 전개하고 이에 대한 검증을 계량화된 역사자료를 활용하여 통계적으로 분석한 연구들이 많이 등장했다는 점이다. 비교정치경제 연구에서 토마 피케티(Thomas Piketty)와 에드워드 사에즈(Edward Saez)의 불평등 측정 자료의 축적이 던진 의미가 컸던 것으로 보인다. OECD 국가의 불평등 자료가 1970년대 초부터 존재했던 반면에, 피케티와 사에즈의 상위소득층의 소득점유율에 바탕한 불평등 자료는 20세기 한 세기 동안의 자료이다. 자료의 제약 때문에 분석하지 못했던 20세기 초반과 중반을 분석대상으로 포함하여 경험적 분석을 할 수 있게 되었다.

직접적으로 피케티와 사에즈의 자료를 활용한 연구로는 데이비드 스타새비지와 케네스 쉬비(David Stasavage and Kenneth Scheve 2009)의 연구를 예로 들 수 있다. 스타새비지와 쉬비는 1세기에 걸친 상위 1% 소득층의 소득점유율의 국가 간 및 시기별 차이를 설명할 수 있는 것은 세계대전과 노동조합조직률이라는 점을 보여준다. 또한 쉬비와 스타새비지는 상속세와 증여세 데이터셋을 만들어서 분석하였는데, 20세기 동안 선진자본주의 국가들에 나타난 상속세 및 증여세의 급속한 인상은 세계대전 시기 징병제를 실시하게 되고 대부분 저소득층 출신 청년들이 징집되어 전쟁터로 나가는데 대한 고소득층의 희생부담의 필요성이라는 차원에서 이루어진 것이며, 이 효과는 참정권 확대 효과보다 더 크고 유의미한 것으로 나타났다(Scheve and Stasavage 2012).

그렇다면 20세기 이전 시기들의 불평등은 어떻게 측정할 수 있을까? 이에 대한 하나의 새로운 시도는 카를레스 보슈와 프란세스 로젠블러스(Carles Boix and Frances Rosenbluth 2014)가 제시한 골격의 불평등(inequality of bones)이다. 한 공동체 내에서 동일한 인종적, 종족적 배경을 갖는다고 전제하면, 고소득층일수록 저소득층에 비해 골격이 발달했을 것이라고 생각할 수 있다.

앤젤과 린드발(Ansell and Lindvall 2013)은 초등교육제도의 국가 간 차이를 근대 국가형성 시기의 사회균열 및 정치균열의 구조로 설명한다. 이러한 주장에 대한 경험적 증거는 계량화된 역사 데이터를 활용한 통계적 분석으로부터 제시된다.

이외에도 수많은 최근 연구들은 장기적 역사 데이터를 활용한 통계적 분석을 제시하고 있다. 단기적 분석 시기를 뛰어넘어 장기적 시각에서 분석할 때 어떤 현상을 적확하게 설명할 수 있는 요인들의 영향력의 차이가 뚜렷이 발견되는 경우가 있다. 이러한 과정을 통해 우리의 사회과학적 설명을 수정하고 보완하고 세련화시킬 수 있을 것이다. 이는 최근 컴퓨팅 파워의 발달과 디지털화된 역사자료를 쉽게 계량적으로 분석할 수 있는 통계 프로그램의 진화에 힘입은 바 크다.

8. 경제학자들의 침입

마가렛 레비(Margaret Levi 2000)는 2000년에 발표한 논문에서 '비교정치학의 경제학적 전환'(economic turn in comparative politics)에 대해 언급한 바 있다. 2000년대 들어 비교정치경제 분야에서 뚜렷하게 나타나는 현상 중 하나는 경제학자들의 침입이다. 경제정책의 결과를 설명하는데 있어 제도주의 경제학에서 관심을 두는 제도 중의 하나는 선거제도이다. 선거제도가 정당의 인센티브구조와 선거전략에 영향을 미치고, 경제정책을 만들고 시행하는 것은 집권당(정부)이기 때문이다. 토스턴 퍼슨과 귀도 타벨리니(Torsten Persson and Guido Tabellini 2000; 2003)의 두 저서는 실증정치경제(positive political economy)라고 부를 수 있는 학문분야의 텍스트와 같은 성격을 갖는다. 이론적 소개를 다룬 2000년 책과 경험적 증거들을 제시하는 2003년 책은 실증정치경제에 대한 중요한 텍스트로서 활용할 수 있다.

대런 아세모글루와 제임스 로빈슨(Daron Acemoglu and James Robinson 2005)의 저서는 제목부터 야심차다. 중세봉건시대에서 자본주의로 이행하는 과정에서 주조된 특징과 사회연합의 특성으로부터 독재와 민주주의의 역사적 기원을 찾았던 배링턴 무어(Barrington Moore)의 1966년《독재와 민주주의의 사회적 기원》(*Social Origins of Dictatorship and Democracy*)이 있다. 역사사회학 고전 중의 하나이며 많은 사람들을 정치학의 세계로 뛰어들게 만든 책이다. 여기에 대하여, 아세모글루와 로빈슨의 2005년 책 제목은《독재와 민주주의의 경제적 기원》(*Economic Origins of Dictatorship and Democracy*)이다. 저자들은 소득불평등이 중간 수준일 때 낮은 수준이나 높은 수준일 때보다 민주주의로의 전환가능성이 가장 높다는 주장을 제시한다.

아세모글루와 로빈슨의 주장은 불평등과 민주주의로의 이행에 관한 논쟁의 한 축을 이룬다. 보슈는 불평등 정도가 낮을 때 민주주의로의 이행 가능성이 높다고 주장했다(Boix 2003). 소득불평등 정도가 낮을 때 저소득층의 요구에 대하여 억압하는 데 드는 비용보다 세금을 더 거두어서 재분배하는 비용이 덜 들기 때문에 저소득층의 재분배 요구를 수용하게 되고, 그것이 민주주의로의 이행으로 이어진다는 논리이다. 반대로, 앤셀과 사무엘스(Ansell and Samuels 2015)는 불평등 정도가 높을 때 엘리트들 간 전략적 상호작용의 결과 민주주의로의 이행이 발생한다는 논리를 제시한다. 결국 논쟁에서 민주주의로의 이행에 우호적인 조건이 소득불평등이 낮은 수준인지, 높은 수준인지, 아니면 중간 정도의 수준인지에 대하여 학자들 간에 다른 경쟁적인 이론적 주장이 제시되어 온 것이다.

경제학은 형식모형 수립을 통해 논리적 정교함과 분석적 엄밀성을 강조한다. 행위자들의 전략적 상호작용에 대한 정확한 이해를 바탕으로 하여 미시적 기초를 제시하는 데 장점이 있다. 그러한 방법론적 장점을 갖고 비교정치경제 분야에서 학술적 기여를 축적하고 있다. 최근에는 행동경제학(behavioral economics) 분야의 통찰들(사회적 정체성, 시기와 이타주의 등 타인을 고려한 선호 등)을 활용한 연구들도 발표되고 있다.

9. 방법론적 전환

비교정치경제 분야의 연구들이 활용하는 연구방법들은 이전 시기보다 훨씬 다양해졌고 방법적 전환(methodological transformation)이라 부를 만한 현상이 발견된다. 첫째, 서술적(descriptive) 연구로부터 분석적(analytical) 연구로의 전환이다. 왜, 어떤 메커니즘을 통해 하나의 요인이 다른 현상으로 이어지는가 에 관한 인과관계에 대한 강조가 두드러진다. 인과관계를 분석적 엄밀성(analytical rigor)을 갖고 제시하는 데 있어서 형식모형(formal model)이 강점을 갖는다는 점은 앞에서 언급한 바 있다. 많은 연구들이 형식모형을 통해 인과관계의 메커니즘을 제시하고 그로부터 검증 가능한 가설을 도출하는 전략을 취해왔다.

둘째, 단일 사례에 대한 심층적 연구나 비교사례연구가 많았던 이전 시기에 비해 최근 연구들의 다수가 통계적 분석을 활용한다는 점이다. 최근 연구들은 통계적 분석과 사례연구를 결합한다던가 아니면 엄밀한 통계분석을 수행하는 경우가 많다. 통계분석을 통해 경험적 발견의 외적 타당성(external validity)을 높여서 경험적 일반화를 수립하려 한다.

셋째, 인과관계에 대해 강조하고, 인과추론(causal inference)의 엄밀성을 추구한다. 인과추론은 우리가 관찰하는 자료에 바탕한 인과관계 이해를 갖고 우리가 관찰하지 못하는 모집단에 대해 인과관계에 대해 이해하는 것을 말한다. 정확한 인과추론을 하기 위해 최근 들어 다양한 형태의 실험(experiments) 방법을 활용한 연구들이 발표되었다. 랩실험뿐만 아니라 현장실험과 서베이실험 등 실험 방법이 갖는 강점인 인과관계의 내적 타당성과 동시에 외적 타당성을 높이려는 방법들이 수행되었다. 통계적 분석방법 또한 관찰자료를 갖고 정확한 인과추론을 하기 위한 방법들[매칭, 이중차분법(difference-in-differences), 회귀불연속설계(regression-discontinuity design)]이 제시되었고 다양한 정치학 영역에 적용되어 연구되었다. 이와 함께, 최근 들어 모델 중심의 접근으로부터 디자인 중심의 접근(design-based approach)을 강조해왔다(Dunning 2012). 현실세계가 제공하는 맥락을 이해하고, 그로부터 인과추론을 가장 잘 할 수 있는 연구디자인을 통해 연구의 인과관계와 추론의 엄밀성을 추구하자는 아이디어이다.

V. 결론

이 장에서는 비교정치경제 연구들이 시기적으로 어떤 연구 주제를 중심으로 진행되어왔는지를 소개했다. 시기마다 현실세계에서 중요한 이슈들과 학문적 연구 주제는 매우 높은 수준의 조응성을 보인다. 이는 사회과학 연구에서 당연한 것이다. 현실세계의 변화를 정확히 이해하고 분석하는 문제의식에서 연구가 진행되는 경우가 많다. 이론과 실천, 그리고 학문과 현실의 조응은 중요하다.

비교정치경제 분야의 실질적 연구내용들은 해당 시기 가장 중요한 현실적 이슈들을 반영한 경우가 많다. 방법론적으로 더 정확하게 엄밀한 인과추론을 하는 연구들이 최근 급증했다. 많은 흥미로운 학문적 논쟁들이 전개되어왔고, 역사와 사회에 대한 정확한 이해를 위해 필요한 이론적 렌즈를 제공해왔다.

참고문헌

권혁용. 2017. 〈불평등과 재분배 선호〉. 미출간 원고. 고려대학교.

Acemoglu, Daron, and James Robinson. 2005. *Economic Origins of Dictatorship and Democracy*. New York: Cambridge University Press.

Alt, James, and Torben Iversen. 2017. "Inequality, Labor Market Segmentation, and Preferences for Redistribution." *American Journal of Political Science* 61(1): 21-36.

Alvarez, Michael, Geoffrey Garrett, and Peter Lange. 1991. "Government Partisanship, Labor Organization and Macroeconomic Performance." *American Political Science Review* 85: 539-556.

Anderson, Christopher, and Jonas Pontusson. 2007. "Workers, Worries and Welfare States: Social Protection and Job Insecurity in 15 OECD Countries." *European Journal of Political Research* 46(2): 211–35.

Ansell, Ben. 2010. *From the Ballot to the Blackboard*. New York: Cambridge University Press.

Ansell, Ben. 2014. "The Political Economy of Ownership: Housing Markets and the Welfare State." *American Political Science Review*. 108(2): 383-402.

Ansell, Ben, and David Samuels. 2015. *Inequality and Democratization: An Elite-Competition Approach*. New York: Cambridge University Press.

Bartels, Larry. 2008. *Unequal Democracy*. New York: Russel Sage Foundation.

Beramendi, Pablo. 2012. *The Political Geography of Inequality: Regions and Redistribution*. New York: Cambridge University Press.

Boix, Carles. 2003. *Democracy and Redistribution*. New York: Cambridge University Press.

Boix, Carles, and Frances Rosenbluth. 2014. "Bones of Contention: The Political Economy of Height Inequality." *American Political Science Review* 108(1): 1-22.

Busemeyer, Marius. 2014. *Skills and Inequality: Partisan Politics and the Political Economy of Education Reforms in Western Welfare States*. New York: Cambridge University Press.

Butler, David. 2014. *Representing the Advantaged*. New York: Cambridge University Press.

Carnes, Nicholas. 2015. *White Collar Government*. Chicago: University of Chicago Press.

Carnes, Nicholas, and Noam Lupu. 2016. "Do Voters Dislike Working-Class Candidates? Voter Biases and the Descriptive Underrepresentation of the Working Class." *American Political Science Review* 110(4): 832-844.

Chang, Eric, Mark Kayser, Drew Linzer, and Ronald Rogowski. 2010. *Electoral Systems and the Balance of Consumer-Producer Power*. New York: Cambridge University Press.

Dahl, Robert A. 1971. *Polyarchy*. New Haven: Yale University Press.

Dunning, Thad. 2012. *Natural Experiments in the Social Sciences: A Design-Based Approach*. New York: Cambridge University Press.

Emmenegger, Patrick, Sijla Hausermann, Bruno Palier, and Martin Seeleib-Kaiser. (eds.) 2012. *The Age of Dualization: The Changing Face of Inequality in Deindustrializing Societies*. Oxford: Oxford University Press.

Emmenegger, Patrick, Paul Marx, and D. Schraff. 2015. "Labour Market Disadvantage, Political Orientations and Voting: How Adverse Labour Market Experiences Translate into Electoral Behaviour." *Socio-Economic Review* 13(2): 189-213.

Esping-Andersen, Gosta. 1990. *Three Worlds of Welfare Capitalism*. Princeton: Princeton University Press.

Estevez-Abe, Margarita, Torben Iversen, and David Soskice. 2001. "Social Protection and the Formation of Skills." in Peter Hall and David Soskice (eds.). *Varieties of Capitalism*. Oxford: Oxford University Press.

Finserras, Henning. 2009. "Income Inequality and Demand for Redistribution." *Scandinavian Political Studies* 32(1): 94-119.

Garrett, Geoffrey. 1998. *Partisan Politics in the Global Economy*. New York: Cambridge University Press.

Gilens, Martin. 2012. *Affluence and Influence: Economic Inequality and Political Power in America*. Princeton: Princeton University Press.

Gingrich, Jane, and Ben Ansell. 2012. "Preferences in Context: Micro Preferences, Macro-Contexts and the Demand for Social Policy." *Comparative Political Studies* 45(12): 1624-1654.

Gingrich, Jane, and Ben Ansell. 2014. "Sorting for Schools: Housing, Education, and Inequality." *Socio-Economic Review* 12(2): 329-351.

Gourevitch. Peter. 1986. *Politics in Hard Times: Comparative Responses in Economic Crises*.

Oxford: Oxford University Press.

Hall, Peter. 1986. *Governing the Economy: The Politics of State Intervention in Britain and France*. Oxford: Oxford University Press.

Hall, Peter, and David Soskice. (eds.). 2001. *Varieties of Capitalism*. Oxford: Oxford University Press.

Iversen, Torben, and David Soskice. 2001. "An Asset Theory of Social Policy Preferences." *American Political Science Review* 95(4): 875-893.

Iversen, Torben, and David Soskice. 2006. "Electoral Institutions and the Politics of Coalitions: Why Some Democracies Redistribute More than Others." *American Political Science Review* 100(2): 165-182.

Iversen, Torben, and David Soskice. 2009. "Distribution and Redistribution: The Shadow of the Nineteenth Century." *World Politics* 61(3): 438-486.

Iversen, Torben, and David Soskice. 2015a. "Democratic Limits to Redistribution: Inclusionary versus Exclusionary Coalitions in the Knowledge Economy." *World Politics* 67(2): 185-225.

Iversen, Torben, and David Soskice. 2015b. "Information, Inequality and Mass Polarization." *Comparative Political Studies* 48(13): 1781-1813.

Katzenstein, Peter. (ed.). 1978. *Between Power and Plenty: Foreign Economic Policies of Advanced Industrial States*. Madison: University of Wisconsin Press.

Katzenstein, Peter. 1985. *Small States in World Markets: Industrial Policy in Europe*. Ithaca, NY: Cornell University Press.

Keohane, Robert, and Helen Milner. 1996. *Internationalization and Domestic Politics*. Princeton: Princeton University Press.

Korpi, Walter. 1983. *The Democratic Class Struggle*. Londgon: Routledge Kegan & Paul.

Korpi, Walter, and Joakim Palme. 2003. "New Politics and Class Politics in the Context of Austerity and Globalization: Welfare State Regress in 18 Countries, 1975-95." *American Political Science Review* 97(3): 425-446.

Kwon, Hyeok Yong, and Jonas Pontusson. 2010. "Globalization, Labour Power, and Partisan Politics Revisited." *Socio-Economic Review* 8(2): 251-281.

Lange, Peter. 1984. "Unions, Workers and Wage Regulation in Advanced Industrial Democracies: The Rational Bases of Consent." in John Goldthorpe (ed.). *Order and Conflict in Contemporary Capitalism*. Oxford: Oxford University Press,

Leighley, Jane, and Jonathan Nagler. 2014. *Who Votes Now?* Princeton, NJ: Princeton University Press.

Levi, Margaret. 2000. "The Economic Turn in Comparative Politics." *Comparative Political Studies* 33(6-7): 822-844.

Lindvall, Johannes, and David Rueda. 2014. "The Insider-Outsider Dilemma." *British Journal of Political Science* 44(2): 460-475.

Lupu, Noam, and Jonas Pontusson. 2011. "The Structure of Inequality and the Politics of Redistribution." *American Political Science Review* 105(2): 316-336.

Margalit, Yotam. 2013. "Explaining Social Policy Preferences: Evidence from the Great Recession." *American Political Science Review* 107(1): 80-103.

Marx, Paul. 2016. "The Insider-Outsider Divide and Economic Voting: Testing a New Theory with German Electoral Data." *Socio-Economic Review* 14(1): 97-118.

McCarty, Nolan, Keith T. Poole, and Howard Rosenthal. 2006. *Polarized America*. Cambridge, MA: The MIT Press.

Meltzer, Allan, and Scott Richard. 1981. "A Rational Theory of the Size of Government." *Journal of Political Economy* 89: 914-927.

Mosimann, Nadja, and Jonas Pontusson. 2017. "Enlightenment and Solidarity: National Union Movements, Distributive Norms, and the Union Effect on the Support for Redistribution." *World Politics*, forthcoming.

Persson, Torsten, and Guido Tabellini. 2000. *Political Economics: Explaining Economic Policy*. Cambridge, MA: The MIT Press.

Persson, Torsten, and Guido Tabellini. 2003. *The Economic Effects of Constitution*. Cambridge, MA: The MIT Press.

Pierson, Paul. 1996. "New Politics of the Welfare State." *World Politics* 48(2): 143-179.

Rehm, Philip. 2016. *Risk Inequality and Welfare States*. New York: Cambridge University Press.

Rehm, Philip, Jacob Hacker, and Mark Schlesinger. 2012. "Insecure Alliances: Risk, Inequality, and Support for the Welfare State." *American Political Science Review* 107(1): 386-406.

Rothstein, Bo, and Eric M. Uslaner. 2005. "All for All: Equality, Corruption, and Social Trust." *World Politics* 58(1): 41-72.

Rueda, David. 2005. "Insider-Outsider Politics in Industrialized Democracies: The Challenge to Social Democratic Parties." *American Political Science Review* 99(1): 61-74.

Rueda, David. 2007. *Social Democracy Inside Out*. Oxford: Oxford University Press.

Rueda, David, and Jonas Pontusson. 2000. "Wage Inequality and Varieties of Capitalism." *World Politics* 52: 350-383.

Rueda, David, and Daniel Stegmueller. 2016. "The Externalities of Inequality: Fear of Crime and Preferences for Redistribution in Western Europe." *American Journal of Political Science* 60(2): 472-489.

Scheve, Kenneth, and David Stasavage. 2012. "Democracy, War, and Wealth: Lessons from

Two Centuries of Inheritance Taxation." *American Political Science Review* 106(1): 81-102.

Shayo, Moses. 2009. "A Model of Social Identity with an Application to Political Economy: Nation, Class, and Redistribution." *American Political Science Review* 103(2): 147-174.

Shonfield, Andrew. 1965. *Modern Capitalism: The Changing Balance of Public and Private Power*. Oxford: Oxford University Press.

Solt, Frederick. 2008. "Economic Inequality and Democratic Political Engagement." *American Journal of Political Science* 52(1): 48-60.

Stasavage, David, and Kenneth Scheve. 2009. "Institutions, Partisanship, and Inequality in the Long Run." *World Politics* 61(2): 215-253.

Tsebelis, George. 2002. *Veto Players: How Political Institutions Work*. Princeton: Princeton University Press.

Wallerstein, Michael. 1999. "Wage-Setting Institutions and Pay Inequality in Advanced Industrial Societies." *American Journal of Political Science* 43: 649-680.

Zysman, John. 1984. *Governments, Markets, and Growth: Financial Systems and Politics of Industrial Change*. Ithaca, NY: Cornell University Press.

2부 누가 복지국가를 원하는가?

2. 노동조합과 복지국가 선호

I. 서론

선진민주주의 국가들의 통계수치를 보면, 노동조합조직률이 높은 나라들은 제도화되고 보편적인 복지국가를 갖고 있다. 반대로, 노동자의 조직화 정도가 낮은 나라들은 작은 복지국가를 갖고 있다. OECD 국가의 노동조합 조직률을 GDP 대비 사회복지지출 정도 또는 복지국가의 관대성 정도를 측정한 자료와 함께 살펴보아도 이러한 상관관계는 여실히 나타낸다. 80%를 넘나드는 노조조직률을 보이는 노르딕 국가들이 에스핑-앤더슨(Esping-Andersen 1990)이 말하는 사회민주주의적 복지국가를 갖는 반면에, 20%이하의 노조조직률을 보이는 영미권 국가들은 자유주의적인 작은 복지국가를 갖는다. 노동조합조직률의 높고 낮음이 복지국가의 크기뿐만 아니라 복지국가를 지탱하는 철학과 아이디어, 그리고 제도의 차이와 연관성을 갖는 것이다.

권력자원이론(power resource theory)은 노동계급 동원화(working class mobilization)가 사회복지의 공적 공급, 더 정확히 말하자면 공공복지체계가 소득과 노동시장 위험을 재분배하는 정도를 결정짓는 중요한 요인이라고 주장한다. 권력자원이론의 핵심적인 이론적 예측은 노동자(혹은 임금소득자)가 잘 조직화되고 정치영역에서 잘 대표되는 나라가 더 크고 더 재분배적인 복지국가를 갖게 될 것이라는 점이다. 권력자원이론은 서구 선진민주주의 국가들의 복지국가에 관한 연구에서 가장 중요한 분석틀 중의 하나이다. 그러나 이 이론적 전통에서 상대적으로 명확히 밝혀지지 않은 것은 수요 측면의 논의이다. 즉, 노동, 특히 노동조합에 가입한 노동자들이 복지정책과 재분배정책에 대한 선호를 더 많이 나타내는가의 문제이다.

사회정책 선호를 설명하는 기존 연구들은 종교와 교육수준, 소득수준 등을 주요 설명변수로 제시해 왔다(이승희, 권혁용 2009). 최근 연구는 열성적으로 종교 활동에 참여하는 사람들은 실업, 퇴직, 질병 등에 직면하였을 경우 종교가 사회보험의 심리적 그리고 물질적 대안으로 기능하기 때문에 국가의 재분배정책에 대해 낮은 선호를 보이게 된다고 주장한다(Scheve and Stasavage 2006). 한편 다른 조건이 같다면 유권자의 교육수준이 높아질수록 재분배에 대한 낮은 선호를 보인다는 주장이 있다(Alesina and La Ferrara 2005). 또한 소득수준을 중심으로 개인의 재분배정책에 대한 선호를 연구한 학자들(Meltzer and Richard 1981)은 개인의 소득수준과 재분배에 대한 정책 선호는 기본적으로 부(-)의 관계를 보인다는 점을 지적하였다. 하지만 저소득 계층에 속하는 개인이라도 사회정책에 대해 부정적 선호를 표출할 수 있다는 것을 지적한 연구(Benabou and Ok 2001)도 있다. 자신 혹은 자신의 자식들의 소득수준이 상향 조정될 수 있을 것이라는 미래에 대한 전망은 그 전망이 실현되었을 상황 하에서 재분배적 정부 정책으로 인해 그들이 받게 될 피해를 예상하게 하여 중위 소득수준 이하의 유권자라할지라도 정부의 재분배적 정책에 반대하게 만든다는 것이다. 다른 한편 인종과 국민자긍심 등 사회적 정체성(social identity)에 따라 저소득층이 반드시 사회정책을 지지하지 않을 수도 있다는 연구들이 최근 들어 축적되어 왔다(Gilens 1999; Shayo 2009). 한편 쿠삭 등(Cusack et al. 2008)은 노동시장에서의 개인의 위치에 주목하여, 실업으로 인해 실질적 소득수준이 낮아지거나 실업의 위협을 강하게 느낄수록 정부의 재분배정책에 대한 지지를 적극적으로 표출한다고 주장하였다. 노동자의 기술의 특성에 주목한 연구(Iversen and Soskice 2001)는 일반기술(general skill)을 소유한 사람들에 비해 기업별 혹은 산업별 특수기술(specific skill)을 갖고 있는 숙련노동자들이 실업의 경우 소득의 하락폭이 매우 크고 재취업이 쉽지 않기 때문에 재분배정책에 대해 높은 선호를 보이는 경향이 있다는 점을 제시하였다.

흥미로운 것은 국가수준에서는 노동의 동원화와 복지국가의 관계에 관한 논의는 풍부한 반면에, 사회정책 선호에 미치는 노동조합(원) 효과에 관한 개인수준의 연구는 찾아보기 어렵다는 점이다. 이러한 맥락에서 이 장은 분석의 초점을 개인 수준(individual-level)에 두고 다음과 같은 질문을 제기한다. 노동조합 조직률과 복지국가의 크기 사이에 상관관계가 존재한다면, 개인 수준에서 노동조합에 가입한 노동자일수록 그렇지 않은 사람들에 비해 복지국가 및 재분배 정책에 대한 선호가 강한가? 즉, 복지국가에 대한 개인의 수요 측면에 초점을 두고, 특히 노동조합(원) 효과를 분석한다. 이 장은 서구 선진민주주의 국가에서 노동조합(원)이 사회정책에 관한 선호에 미치는 영향에 대해 경험적으로 분석한다. 선진민주주의 국가의 교차국가(cross-national) 서베이 자료를 사용하여, 노동조합원이 사회서비스의 공적 공급과 재분배에 관한 선호에 미치는 영향을 분석한다.[1] 이 경험적 분석의 핵심적 발견은 사회정책선호에 영향을 미칠 수 있는 다른 변수들을 고려한 이후에도, 노동조합원일수록 친복지 및 친재분배 정책 선호를 갖는다는 것이다. 따라서 이 장의 학문적 기여는 권력자원이론이 제시하는 노동-복지국가의 연계성에 대한 하나의 미시적 기초(microfoundation)를 경험적으로 보여준다는 점에 있다.

이 장은 다음과 같이 구성된다. 다음 절에서는 노동조합과 복지국가의 사

1 분석에 포함된 9개 국가는 다음과 같다. 캐나다, 프랑스, 독일, 아일랜드, 일본, 노르웨이, 스웨덴, 영국, 미국이다. 이 나라들이 포함된 이유는 순전히 ISSP 자료에 포함된 선진민주주의 국가이기 때문이다.

회정책에 관한 이론적 논의를 권력자원이론의 시각에서 전개한다. 3절에서 경험적 분석에 사용된 변수의 조작화 및 통계적 추정 모델을 소개하고, 4절에서 분석의 결과를 제시하고 이를 해석한다. 5절은 결론으로 장내용을 요약하고 분석이 제시하는 함의 및 차후 연구 과제를 제시한다.

II. 권력자원이론과 사회정책 선호

1. 권력자원이론

월터 코르피(Walter Korpi 1983)의 표현을 빌자면, 권력자원이론은 사회복지의 공적 공급을 "민주적 계급투쟁"(democratic class struggle)의 대상으로 간주한다. 사회복지의 공적 공급은 개인들을 시장의 위험으로부터 보호하고 소득, 그리고 더 폭넓게는 소비의 기회 및 교육의 기회를 재분배한다. 권력자원이론 전통의 학자들이 주장하듯이(e.g., Korpi and Palme 1998), 소득손실을 겪는 개인과 가구를 보호하기 위해 고안된 사회보험 프로그램조차도 실상 중요한 재분배의 역할을 한다. 왜냐하면 실업, 상해, 장애보험에 의해 보호되는 개인 및 가구들에 비해 저소득층 개인 및 가구들이 훨씬 더 시장의 위험에 노출되어 있기 때문이다. 이러한 점에서, 탈상품화(decommodification)를 재분배(redistribution)와 같은 것으로 이해하는 것은 별로 의미가 없다. 사회복지의 공적 공급은 일반적으로 고용에 의존하는 사람들에게 혜택이 된다. 구체적으로 말하자면, 소득수준과 교육수준이 낮은 임금노동자에게 혜택이 돌아간다. 에스핑-앤더슨(Esping-Andersen 1990)이 명확하게 밝혔듯이, 재분배의 정도는 사회복지 프로그램의 특정한 구성(수급권, 수급기간, 복지혜택이 시장소득에 연계되는 정도 등등)에 따라 달라진다.

코르피(Korpi 2006)에 따르면, 권력자원이론은 선진 자본주의 국가가 두 개의 기본적인 "계급"으로 구성되어 있는 것으로 간주한다. 이 두 계급의 하나는 "고용주와 경제적으로 부유한 집단"이고, 다른 하나는 "주로 노동력에 의존하는 피고용인"이다. 권력자원이론은 이 두 계급간의 세력균형이 사회복지를 공적으로 공급하는 정도와 공공복지체계가 위험과 소득을 재분배하는 정도를 결정짓는 주요 요인이라 주장한다. 그렇다면, 무엇이 두 계급간의 세력균형을 결정짓는가? 코르피는 고용주와 경제적으로 부유한 집단이 자본주의 사회에서 피고용인에 비해 구조적 우위를 누리지만, 이러한 구조적 우위의 정도는 시기별로 그리고 국가별로 차이가 존재한다고 주장한다(Korpi 2006). 이러한 차이는 자본주의 발전의 다양한 시기에서 인적 자본(human capital)의 중요성을 일부 반영하는 것이다. 더 중요하게는, 임금노동자(피고용인)들이 그들의 분산된 권력자원을 집중화하기 위한 집합행동에 참여하여 고용주의 구조적 우위를 상쇄할 수 있는 정도에 따라 차이가 난다. 따라서 권력자원이론은 복지국가의 발전을 노동계급 동원화의 표현이라고 간주하기도 한다(cf. Shalev 1983).

코르피의 초기 권력자원이론은 노동계급 동원화의 주요 행위자로서 노동조합의 역할을 특히 강조하였다(Korpi 1978). 그런데 코르피의 이후 저술(Korpi 1983)은 선거영역에서 노동자의 동원화(투표참여)가 더 중요한 역할을 한다고 주장한다. 보다 최근에는 정당이 서로 다른 계급을 대표한다는 아이디어가 권력자원이론에서 점점 더 중요한 내용으로 자리 잡고 있다(Korpi and Palme 2003). 코르피뿐만 아니라 많은 권력자원이론 학자들도 노동계급 동원화의 주요 행위자를 노동조합이 아니라 좌파정당으로 대치하기도 하였다(Huber and Stephens 2001).

2. 노동조합과 사회정책 선호

권력자원이론의 핵심적인 이론적 예측은 노동자(혹은 임금소득자)가 잘 조직화되고 정치영역에서 잘 대표되는 나라가 더 크고 더 재분배적인 복지국가를 갖게 될 것이라는 점이다. 권력자원이론은 서구 선진민주주의 국가들의 복지국가에 관한 연구에서 가장 중요한 분석틀 중의 하나이다. 그러나 이 이론적 전통에서 상대적으로 명확히 밝혀지지 않은 것은 개인수준에서 수요 측면의 논의이다. 즉, 노동계급, 특히 노동조합에 가입한 노동자들이 복지정책과 재분배정책에 대한 선호를 더 많이 나타내는가의 문제이다.

노동조합이 개인의 사회정책 선호에 미치는 영향은 두 가지 메커니즘으로 제시될 수 있다. 하나는 권력의 논리이고, 다른 하나는 이익의 논리이다. 이를 구체적으로 살펴보면 다음과 같다. 우선 권력의 논리(logic of power)이다. 노동조합 조직률의 증가가 복지국가 확대에 영향을 미칠 것이라는 이론적 예측은 권력자원이론의 단순한 두 계급 모델과 연관되어 있다. 권력자원이론의 시각은 임금노동자가 재분배와 노동시장 위험으로부터의 사회보험에 대한 동일한 이해관계를 갖는 다소 동질적인 계급으로 구성된 것으로 본다. 노동조합 조직화는 이러한 계급이 공적 복지 제공에 반대하는 계급에 대항하여 그들의 권력을 확대하면서 공공정책의 결과에 영향력을 행사할 수 있는 능력을 증가시킨다. 다시 말해, 노동조합 조직화는 근본적으로 권력에 관한 것이다. 권력자원이론의 시각에서 볼 때, 노동조합원은 노동조합에 가입하지 않은 다른 응답자들보다 더 복지국가에 지지를 보낼 것으로 예측할 수 있다. 왜냐하면 탈상품화와 재분배에 객관적 이해관계를 갖는 인구집단들이 노동조합에 가입한 것으로 보기 때문이다. 노동조합은 이러한 노동자들의 권력을 신장시킨다. 그러나 노동조합 조직화 자체가 그들의 선호를 변화시키지는 않는다. 이러한 "권력의 논리"가 맞는다면, 우리는 노동조합원일수록 그렇지 않은 사람들에 비해 사회정책에 대한 선호가 높을 것이라 예측할 수 있다.

이러한 해석에 대비되는 다른 해석은 복지국가가 다른 임금노동자보다 일부 임금노동자에게 더 많은 혜택을 제공한다는 것이다. 노동의 계급적 동질성이 아니라 다양한 이질성(heterogeneity)에 초점을 둔다. 이로부터 이익의 논리(logic of interest)가 도출된다. 저숙련 노동자는 고숙련 노동자보다 훨씬 더 많이 실업의 위험에 노출되어 있다. 소득분배의 하층에 있는 임금노동자 가구는 소득분배의 상층에 있는 임금노동자 가구보다 더 많은 혜택을 재분배 정책을 통해 받는다. 이러한 점을 고려할 때, 사회복지 지출과 재분배에 대한 정책 선호는 하나의 연속선상에 위치한 것으로 생각하는 것이 더 합당한 것으로 보인다. 여기에서 노동조합이 누구의 이익을 대표하는가 하는 질문이 도출된다. 단순화시켜 말하자면, 노조조직률이 증가할수록 노동조합들이 노동시장 위험으로부터 덜 노출되어 있고 소득재분배 정책에 의해 얻을 것이 적은 노동자 집단을 더 많이 포함하게 될 것이라 생각할 수 있다. 달리 표현하면, 노조조직률이 증가할수록 중위 노동조합원의 사회정책 선호는 중위투표자의 그것에 수렴하게 될 것이다. 또한 노동조합 조직화는 사회 전체에 대해 일종의 헤게모니 효과(hegemonic effect: Huber and Stephens 2001)를 갖게 된다. 따라서 정치적 논쟁을 더 복지국가지향적인 방향으로 변화시키고 장기적으로는 그 사회에서 수용할 수 있는 '정당한' 소득격차와 '적절한' 정부의 역할에 대한 사회적 규범을 변화시키기도 한다(Benabou and Tirole 2006). 다양한 이익의 이질성을 강조하는 "이익의 논리"가 맞는다면, 사회정책 선호에 미치는 노동조합원 효과는 복지국가 및 재분배정책에 의해 얻을 것이 더 많은 노동조합원과 그로부터 잃을 것이 더 많은 노동조합원의 이익이 서로 상쇄되어 나타날 가능성이 크다.

현실세계에서는 권력의 논리와 이익의 논리의 상호작용이 노조조직률과 복지정책 사이의 상관관계를 복잡하게 만든다고 볼 수 있다. 개인수준에서 노동조합이 정책 선호에 미치는 영향은 동질적인 객관적 이익을 인지한 행위자들이 집합행동을 통해 권력자원 확대를 목적으로 하는 조직화와 동원화의 메커니즘을 통해서 발현되는가('권력의 논리')? 아니면 이질적인 이해관계를 갖는 행위자들이 노동조합 조직화와 동원화를 통하여 사회구성원들의 '정당한 몫'(fair share)에 대한 규범적이며 주관적 인지의 변화 메커니즘을 통해서 나타나는가('이익의 논리')? 물론 이러한 메커니즘에 대한 검증은 쉽지 않다.[2] 다음 절에서 우리는 노동조합이 개인의 사회정책 선호에 미치는 영향을 분석한다.

III. 경험적 분석

1. 사회정책 선호에 대한 측정

2006년 *International Social Survey Program: Role of Government IV* 자료는 복지국가에 대한 지지와 관련된 유용한 문항들을 포함하고 있다. 특히 두 가지 문항이 이 분석에 적합하다. 하나의 문항은 "만일 정부가 감세와 사회서비스에 대한 지출 확대 사이에 선택해야 한다면, 당신은 정부가 무엇을 선택해야 한다고 생각하십니까? (여기서 감세는 소득세, 소비세 등등 모든 세금에 대한 감소를 의미합니다)" 이 문항에 대한 답은 다음의 두 가지로 제시된다. (1) 사회서비스에 대한 지출을 감소하더라도 감세해야 한다, (2) 증세하더라도 사회서비스에 대한 지출을 확대해야 한다. 이 문항은 사회서비스 지출 확대의 결과, 즉 증세에 대해 명확하게 밝히고 응답자의 의견을 묻는다는 장점이 있다. 응답자들이 조세와 사회서비스 사이의 상반관계(trade-off)를 분명히 제시받고 있는 것이다. 이 연구의 경험적 분석을 위해 응답자가 사회서비스 지출을 확대해야 한다고 답한 경우는 1, 그렇지 않은 경우는 0으로 코딩하였다.

다른 하나의 문항은 소득재분배에 관한 것이다. "다음 진술에 관한 당신의 의견은 무엇입니까: 고소득층과 저소득층의 소득 격차를 줄이는 것은 정부의 책임이다. (1) 매우 동의, (2) 동의, (3) 동의도 반대도 아님, (4) 반대,

2 이론적 예측에 대한 정확한 검증을 위해서는 응답자의 기술숙련도에 따른 이질성을 측정할 수 있는 문항이 필요할 것이다. 불행히도 이러한 문항이 존재하지 않아 이질성에 대한 고려가 경험적 분석에 반영되지 못했다.

〈그림 1〉 노조조직률과 사회정책선호

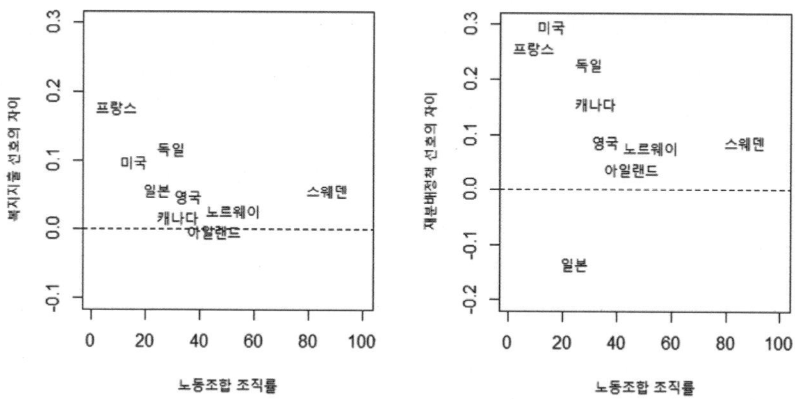

주: x-축은 노조조직률이며, y-축은 노조원과 모든 응답자들의 평균 사회정책선호의 차이를 가리킨다. 왼쪽 패널은 사회복지지출에 대한 선호, 오른쪽 패널은 재분배정책에 대한 선호의 평균 차이이다. 양수의 값은 노동조합원이 다른 모든 응답자들에 비해 더 사회정책선호가 높다는 것을 나타낸다. 데이터는 *ISSP: Role of Government IV*. 노조조직률 자료는 2001-2005 시기의 평균 조직률이다.

(5) 매우 반대." 아래 분석에서 더 높은 수치가 재분배에 대한 선호를 나타내는 것으로 하기 위해서 (1)~(5)의 응답을 뒤집어서 (5)가 매우 동의를 가리키는 것으로 재코딩하였다.

이 분석의 관심은 노동조합 조직원이 그렇지 않은 응답자에 비해 사회서비스에 대한 정부지출과 재분배정책을 더 지지하는가이다. 더 체계적인 경험적 분석으로 진행하기 이전에, 노동조합과 사회정책 선호의 상관관계를 보자. 〈그림 1〉은 국가수준에서 취합된 서베이 응답 평균과 노조조직률 간의 상관관계를 나타낸 것이다. 〈그림 1〉의 왼쪽 패널의 수직축은 노동조합원과 (노동조합원을 포함한) 모든 응답자의 사회서비스에 대한 정부지출에 대한 평균지지의 차이를 가리키며, 오른쪽 패널의 수직축은 재분배정책에 대한 두 집단의 평균 지지의 차이를 나타낸다. 〈그림 1〉에서 발견할 수 있듯이, 두 예외적인 경우(아일랜드의 사회서비스 지출에 대한 지지의 차이와 일본의 재분배정책 지지의 차이)를 제외하고, 노동조합원 집단은 모든 응답자 집단에 비해 평균적으로 사회지출과 재분배에 대해 더 많은 지지를 보인다. 더욱이,

일본을 제외하고, 노동조합원 집단의 사회정책 선호의 차별성은 노조조직률이 증가함에 따라 감소하는 경향이 있음을 알 수 있다.

선거경쟁의 논리와 연결시켜보면, 〈그림 1〉의 요점은 다음과 같다. 선거에서 승리하기를 원하지만 노동조합과 특별한 유대가 없는 정당은 중위투표자의 선호에 사회정책 공약을 연계시킬 것이라 기대할 수 있다. 노조조직률이 증가할수록 그 정당은 노조조직원의 선호에 호소할 인센티브가 존재할 것이다. 반대로 선거승리를 원하고 노동조합과 이념적, 조직적 연계를 갖는 좌파정당은 노조조직률이 증가하면 할수록 핵심지지계층을 대표할 것인가 아니면 중위투표자의 선호를 대표할 것인가의 딜레마가 완화되거나 사라질 것이다.

2. 독립변수

이 장의 경험적 분석은 다음의 두 가지 질문을 제기한다. 첫째, 노동조합원들은 노동조합에 가입하지 않은 사람들에 비해 차별적인 사회정책 선호를 갖는가? 둘째, 노동조합조직률이 그 나라 시민들의 복지국가 지지에 영향을 미치는가? 이러한 질문에 답하기 위해, 분석은 응답자가 노동조합에 가입한 경우 1로, 그렇지 않은 경우 0으로 코딩한 노동조합원 여부 변수를 포함한다. 또한 국가수준에서 노조조직률을 분석모형에 포함한다. 노동조합원 여부 및 노조조직률이 사회서비스 지출 확대에 대한 선호 및 재분배에 대한 선호에 미치는 영향을 체계적으로 분석하기 위해서는 복지국가의 사회정책에 대한 개인의 태도 및 선호에 영향을 미칠 수 있는 다른 요인들도 함께 고려해야만 한다. 경험적 분석은 이러한 다른 요인들을 분석모형에 포함시킨다.

우선 응답자가 공공부문에 고용된 사람인지를 나타내는 더미변수를 포함시킨다. 공공부문에 고용되어 일하는 사람일수록 복지국가에 대한 지지가 분명히 나타날 것이다(+). 특히 사회서비스 지출 확대에 대한 선호가 뚜렷할 것이라 예측한다. 이는 공공부문의 예산 및 임금 중에 많은 부분이 사회서비스 부문의 예산 및 임금과 중복되기 때문이다. 둘째, 응답자의 소득을 포함한다. 소득은 4가지 범주로 제시되는데, 수치가 높을수록 고소득 집단에 속한다. 권력자원이론의 시각에서 보면, 소득은 복지국가에 대한 지지와 부의 관계를 나타낼 것이고, 특히 재분배정책에 대한 지지 여부에서 더 강한 부의 관계를 보일 것이라고 예측할 수 있다(-). 또한 연령(실제 연령으로 측정), 여성 더미변수, 그리고 실업자 더미변수를 포함시킨다. 노년층, 여성, 실업자일수록 더 복지국가에 의존하기 때문에 이 변수들은 복지국가에 대한 지지와 정의 관계를 나타낼 것으로 예측할 수 있다(+).

권력자원이론의 시각에서 볼 때, 노동조합원은 노동조합에 가입하지 않은 다른 응답자들보다 더 복지국가에 지지를 보낼 것으로 예측할 수 있다(+). 왜냐하면 탈상품화와 재분배에 객관적 이해관계를 갖는 인구집단들이 노동조합에 가입한 것으로 보기 때문이다. 노동조합은 이러한 노동자들의 권력을 신장시킨다. 그러나 노동조합 조직화 자체가 그들의 선호를 변화시키지는 않는다. 이러한 입장에서 볼 때, 복지국가 지지에 영향을 미치는 개인적 특성을 함께 고려한다면, 위의 〈그림 1〉에 제시된 노동조합원과 복지국가지지 사이의 상관관계가 사라질 것이라 예측할 수 있다. 반대로, 권력자원이론에 대한 다른 해석을 따르면, 노동조합 조직화는 사회 전체에 대해 일종의 헤게모니 효과(hegemonic effect)를 갖게 된다. 따라서 정치적 논쟁을 더 복지국가지향적인 방향으로 변화시키고 장기적으로는 그 사회에서 수용할 수 있는 '정당한' 소득격차와 '적절한' 정부의 역할에 대한 사회적 규범을 변화시키기도 한다. 이러한 주장은 노동조합 조직화와 복지국가 지지 사이에 정의 상관관계를 암시한다.

노동조합원과 노동조합조직화의 영향을 더 정확하게 추정하기 위해 1~5의 스케일로 측정된 응답자의 이념을 모델에 포함한다. 1은 가장 우파적, 5는 가장 좌파적인 이념을 가리킨다. 좌파적 이념을 갖는 사람일수록 복지국가와 재분배정책을 더 지지할 것이다. 이념 변수는 노동조합과 노동조합조직화의 영향이 혹시 이념의 영향과 혼재되어 나타난 것인지를 가늠하기 위해 포함시킨다.

국가변수로 좌파 헤게모니를 포함시킨다. 이 변수는 각 국가의 1945-2005년 기간 정부당파성의 평균 수치로 측정한다. 좌파정당의 오랜 집권이 정치의 무게중심을 왼쪽으로 기울게 만든다는 논리(Huber and Stephens 2001)를 반영하기 위하여 이 변수를 포함시킨다. 이러한 논리의 시각에서는, 2차 대전 이후부터 지속적인 좌파정당의 집권과 2006년 시점의 시민의 복지국가와 재분배정책에 대한 선호 사이에 정의 관계가 있다고 예측할 수 있다(+).

3. 분석모형

이 분석은 개인수준의 변수와 국가수준의 변수를 함께 포함하고 있기 때문에, 데이터의 다수준 구조를 고려하여 진행하여야 한다(Steenbergen and Jones 2002). 따라서 다수준 회귀분석모형(multi-level regression model)을 활용한다. 이 장의 경험적 분석은 사회정책 선호에 관한 범주형 응답을 선형 예측요인(linear predictor)을 갖는 일반선형혼합모형(generalized linear mixed model)을 통해 진행한다(Raudenbush and Bryk 2002).

$$y_{i,j} = \beta_o + \sum_{p=1}^{P} \alpha_p X_{p,i,j} + \sum_{q=1}^{Q} \beta_q Z_{q,j} + \eta_{i,j} + \eta_j$$

여기에서 X는 개인수준의 변수, Z는 국가수준 변수, β_o는 상수, η_j는 국가 j의 임의효과, $\eta_{i,j}$는 국가 j에 살고 있는 개인 i의 임의효과를 나타낸다.

사회서비스 지출 선호에 관한 이항적 응답은 로짓 링크를 사용한 일반선형혼합모형(GLMM), 그리고 재분배 선호에 관한 순차적 응답은 순차프로빗 링크를 사용한 일반선형혼합모형을 분석하였다.

IV. 분석 결과

개인의 사회정책 선호에 노동조합(원) 효과와 노조조직률 효과가 존재하는가? 〈표 1〉은 개인의 사회정책 선호에 영향을 미치는 요인들을 분석한 결과를 보여준다. 모형 [1]과 [2]는 종속변수가 사회서비스 지출에 관한 선호

〈표 1〉 노동조합과 사회정책선호

	사회복지지출		재분배	
	[1]	[2]	[3]	[4]
개인수준				
노동조합원	0.493**	0.310*	0.267**	0.176*
	(0.156)	(0.154)	(0.078)	(0.079)
소득	-0.097*	-0.044	-0.165**	-0.145**
	(0.049)	(0.051)	(0.023)	(0.023)
연령	0.005*	0.007*	0.002	0.003*
	(0.002)	(0.002)	(0.001)	(0.001)
여성	0.254**	0.253**	0.149**	0.147**
	(0.068)	(0.071)	(0.034)	(0.034)
공공부문	0.368**	0.251**	0.151**	0.089*
	(0.088)	(0.091)	(0.044)	(0.044)
실업자	0.540**	0.416*	0.266**	0.206*
	(0.082)	(0.192)	(0.093)	(0.093)
이념		0.780**		0.363**
		(0.043)		(0.019)
국가수준				
노조조직률	0.004	0.008	-0.001	-0.002
	(0.012)	(0.013)	(0.003)	(0.003)
좌파헤게모니	-0.289	-0.460	0.095	0.067
	(0.310)	(0.336)	(0.101)	(0.107)
상수	-0.548	-3.295**		
	(0.553)	(0.608)		
임의효과의 분산	0.417*	0.492*	0.097**	0.112**
	(0.202)	(0.240)	(0.026)	(0.029)
개인수	4101	4101	4101	4101
국가수	9	9	9	9
Log-likelihood	-2602.96	-2416.91	-6238.87	-6060.25

주: 모형 [1]과 [2]는 일반선형모형(GLM) 분석틀에서 로짓 링크를 사용한 혼합효과모형을 분석한 것이고, 모형 [3]과 [4]는 순차프로빗 링크를 사용한 혼합효과모형을 분석한 것이다. 모형 [3]과 [4]의 절단값(cutpoint)은 생략하였다. * p〈.05, ** p〈.01.

이고, 모형 [3]과 [4]는 종속변수가 재분배정책에 대한 선호이다. 임의효과(random effect)를 보면, 개인 및 국가수준의 고정효과(fixed effect)를 고려하고 난 후에도 국가수준의 편차요인이 유의미한 것으로 나타남을 알 수 있다. 이는 분석모형에 포함된 개인 및 국가수준의 변수들이 개인의 정책선호의 편차를 모두 설명할 수 있는 것이 아니라는 점을 제시한다.

개인수준의 변수들은 예측된 방향의 영향을 나타냈으며, 거의 대부분 통계적으로 유의미한 것으로 분석되었다. 노동조합원 효과에 대한 논의를 잠시 보류하고 논의하자면, 공공부문에서 일하는 응답자들은 사적 부문 응답자들에 비해 사회서비스에 대한 정부지출을 더 지지하는 것으로 나타났다. 그 효과의 정도는 상대적으로 미약하지만, 재분배 정책에 대한 지지도 공공부문 응답자가 사적 부문 응답자에 비해 높은 것으로 나타났다. 저소득층 응답자는 다른 응답자에 비해 재분배 정책을 더 선호하는 것으로 분석되었으며, 사회서비스 지출에 대한 선호는 재분배정책 선호보다는 다소 약한 것으로 나타났다. 그런데 개인의 이념 변수를 모델에 포함시켰을 때, 사회서비스 지출에 대한 지지에 미치는 소득효과는 통계적으로 유의미하지 않은 것으로 분석되었다. 이론적 예측에 부합하게, 노년층, 여성, 그리고 실업자들은 다른 유형에 속하는 응답자보다 복지지출 확대에 대한 지지가 더 높은 것으로 나타났다. 이러한 인구학적 변수의 영향력은 재분배정책에 대한 지지보다 복지지출에 대한 지지에 있어 더 강력한 것으로 분석되었다.

노동조합원은 비가입자에 비해 복지지출 확대에 대한 지지가 더 높고, 재분배 정책에 대한 지지 또한 더 높은 것으로 분석되었다. 이러한 노동조합 효과에 대해서는 다음의 두 가지 해석이 가능할 것이다. 첫째, 노동조합원이 된다는 것이 개인들이 그들의 이익과 이해관계를 인지하는 방식을 변화시킬 수 있다. 동일한 직업과 숙련도, 그리고 동일한 소득을 갖는 두 노동자가 있다고 가정하자. 한 명은 노동조합에 가입하였고, 다른 한 명은 가입하지 않은 상태이다. 이러한 상황에서, 노동조합원은 그의 고용안정과 상대적

소득을 더 증대시키기 위한 집단적, 공적 수단을 강구하게 될 가능성이 크다. 두 번째 해석은 노동조합원이라는 점이 우리의 경험적 분석모형에 포함되지 않은 어떤 객관적 특성(직업군, 숙련도 등)을 나타내는 하나의 대리변수(proxy)일 수도 있다. 이 두 가지 가능한 해석 가운데 어느 것이 더 합당한 것인지를 판별하는 하나의 거친 방법은 개인의 이념변수를 분석모형에 포함시키는 것이다. 분석 결과가 제시하는 것은, 이념변수를 포함시켜 분석하였을 때 노동조합원 효과가 약 1/3 정도 감소한다는 사실이다. 이 나머지 1/3은 노동조합원이라는 사실과 밀접하게 연관되어 있으나 우리가 관찰하지 못한 개인수준의 특성의 영향이라 할 수 있다.

〈표 1〉에 제시된 분석결과는 노동조합이 구성원들의 이념적 세계관에 영향을 미친다는 점을 제시하고 있다. 그러나 노동조합 조직률이 복지국가에 대한 그 나라 시민의 집합적 선호에 통계적으로 유의미한 영향력을 갖지는 않는 것으로 나타났다. 오랜 좌파정당 집권의 역사 또한 통계적으로 유의미한 영향력을 보이지 않았다.

사회정책 선호에 미치는 노동조합(원) 효과의 실질적 영향력을 파악하기 위해서 〈표 2〉에서 시뮬레이션을 통해 예측된 확률을 제시한다. 〈표 1〉의 모형 [1]의 분석결과를 바탕으로 해서, 중위수준의 노조조직률과 좌파 헤게모니를 갖는 나라에 살고 있고 현재 사적 부문에서 일하고 있는 중위연령 남성의 복지국가확대 및 재분배정책에 대한 선호를 예측한다. 위의 특성을 갖는 동일한 개인이 노동조합원일 경우에 사회서비스에 대한 지출 확대를 지지할 확률은 0.54인 반면에, 노동조합에 가입하지 않은 경우에 확률은 0.41로 감소한다. 동일한 가정에서 재분배 정책에 대한 선호는 노동조합에 가입하지 않은 경우, 재분배 지지의 선호(매우 찬성과 찬성을 합한)를 나타낼 확률이 0.44인 반면에, 노동조합원인 경우에 지지 확률이 0.56으로 증가하였다. 이러한 노동조합(원) 효과는 95퍼센트 신뢰수준에서 통계적으로 유의미한 것으로 나타났다. 〈표 2〉는 사회정책 선호에 미치는 노동조합(원) 효과가 통계

〈표 2〉 사회정책선호의 예측확률

	비노조원	노조원	노조원 효과
사회복지지출 선호	0.41	0.54	0.13
	(0.39, 0.43)	(0.47, 0.60)	(0.06, 0.19)
재분배정책 선호			
(1) 매우 반대	0.16	0.09	-0.07
	(0.14, 0.18)	(0.07, 0.12)	(-0.09, -0.04)
(2) 반대	0.22	0.17	-0.05
	(0.20, 0.23)	(0.16, 0.19)	(-0.07, -0.03)
(3) 반대도 찬성도 아님	0.19	0.18	-0.01
	(0.18, 0.20)	(0.16, 0.19)	(-0.03, -0.01)
(4) 찬성	0.27	0.30	0.03
	(0.25, 0.28)	(0.28, 0.32)	(0.02, 0.05)
(5) 매우 찬성	0.17	0.26	0.09
	(0.15, 0.18)	(0.22, 0.31)	(0.05, 0.15)

주: 사회복지지출에 대한 선호와 재분배정책에 대한 선호의 예측확률. 괄호안의 숫자는 95% 신뢰구간. 시뮬레이션은 〈표 1〉의 모형 [1]과 [3]의 분석결과를 바탕으로 한 것이다. 예측확률은 중위수준의 노조조직률과 좌파 헤게모니를 갖는 나라의 사적부문에 고용되어 있는 남성노동자의 예측 선호를 가리킨다.

적으로도 실질적으로도 유의미하다는 것을 제시한다.

V. 결론

이 장은 노동조합원이 다른 시민들보다 더 복지국가에 대한 높은 지지를 보인다는 것을 경험적으로 분석하였다. 사회정책 선호에 미치는 노동조합(원) 효과는 노동조합원들이 상대적으로 저소득층 및 다양한 형태의 노동시장 위험에 더 많이 노출되어 있는 사회경제적 계층으로부터 충원되기 때문이다. 동시에 노동조합이 임금노동자들의 객관적 이익과 이해관계를 주관적으로 인지하는 방식을 변화시키기 때문이기도 하다. 그런데 국가수준에서 노조조직률은 시민들의 복지국가 선호에 아무런 영향을 미치지 않는 것으로 분석되었다. 즉, 노동조합이 복지국가에 대한 지지에 영향을 미치는 방식은 높은 수준의 노동조합 조직률을 통해서가 아니라 노동조합 구성원들에 대한 인지적 영향을 통하는 것으로 보인다.

이 분석은 차후 연구과제들을 제시한다. 최근 들어, 정치경제 문헌들은 재분배 선호에 관한 많은 이론적, 경험적 연구결과들을 축적해 왔다. '공정성'(fairness) 또는 '신념'(belief)의 개념과 규범이 재분배 정책에 관한 선호에 영향을 미친다는 연구들이 존재한다(Alesina and Angeletos 2004; Benabou and Tirole 2006). 또한 많은 연구들이 다양한 유형의 사회적 정체성(social identity)이 어떠한 방식으로 소득이나 계급 정체성과 상호작용하여 재분배 정책에 대한 선호를 형성하는가를 분석하였다(Dahlberg et al. 2011; Fong 2001; Lindqvist and Ostling 2008; Klor and Shayo 2010; Kulin and Svallfors 2010: Luttmer 2001; Shayo 2009). 소득불평등, 복지국가, 그리고 에쓰닉 다양성 등의 맥락적 요인들이 개인의 재분배 정책에 대한 선호에 영향을 미친다는 연구들도 제시되었다(Alesina and Glaeser 2004; Finseraas 2008; Georgiadis et al 2010; Kenworthy and McCall 2008; Svallfors 2003). 이러한 최근 연구결과들을 반영하여, 노동조합 효과가 다양한 정체성과 신념, 그리고 맥락적 요인들과 어떠한 방식으로 상호작용하면서 사회정책에 대한 선호를 형성하거나 변화시키는지에 대해 추후 연구가 필요하다.

참고문헌

이승희 · 권혁용. 2009. 〈누가 언제 재분배정책을 선호하는가? 한국의 거시경제 상황과 정책무드〉. 《국가전략》 15(3): 147-173.

Alesina, Alberto, and G. M. Angeletos. 2004. "Fairness and Redistribution." *American Economic Review* 95: 960-980.

Alesina, Alberto, and Edward Glaeser. 2004. *Fighting Poverty in the US and Europe*. Oxford: Oxford University Press.

Benabou, Roland and Efe Ok. 2001. "Social Mobility and the Demand for Redistribution: The POUM hypotheis." *The Quarterly Journal of Economics* 116(2): 447-487.

Benabou, R., and Jean Tirole. 2006. "Belief in a Just World and Redistributive Politics." *The Quarterly Journal of Economics* 121: 699-746.

Cusack, Thomas, Thomas Iversen, and Philipp Rehm. 2008. "Economic Shocks, Inequality, and Popular Support for Redistribution." In *Democracy, Inequality, and Representation: A Comparative Perspective*. (Eds.) Pablo Beramendi and Christopher J. Anderson. New York: Russell Sage Foundation.

Dahlberg, Matz, Karin Edmark, and Helene Lundqvist. 2011. "Ethnic Diversity and Preferences for Redistribution." Mimeo, Department of Economics, Uppsala University.

Esping-Andersen, Gøsta. 1990. *The Three Worlds of Welfare Capitalism*. Princeton: Princeton University Press.

Finseraas, Henning. 2008. "Income Inequality and Demand for Redistribution: A Multilevel Analysis of European Public Opinion." *Scandinavian Political Studies* 32(1): 94-119.

Fong, Christina. 2001. "Social Preferences, Self-Interest, and the Demand for Redistribution." *Journal of Public Economics* 82: 225-246.

Georgiadis, Andreas, and Alan Manning. 2012. "Spend It Like Beckham? Inequality and Redistribution in the UK, 1983-2004." *Public Choice* 151: 537-563.

Gilens, Martin. 1999. *Why Americans Hate Welfare*. Chicago: University of Chicago Press.

Huber, Evelyne, and John Stephens. 2001. *Development and Crisis of the Welfare State*. Chicago: University of Chicago Press.

Iversen, Torben and David Soskice. 2001. "An Asset Theory of Social Policy Preference." *American Political Science Review* 95(4): 875-893.

Kenworthy, Lane, and Leslie McCall. 2008. "Inequality, Public Opinion, and Redistribution." *Socio-Economic Review* 6: 35-68.

Meltzer, A and S. Richard. 1981. "A Rational Theory of the Size of Government." *Journal of Political Economy* 89: 914-927.

Klor, Esteban F., and Moses Shayo. 2010. "Social Identity and Preferences over Redistribution." *Journal of Public Economics* 94: 269-278.

Korpi, Walter. 1978. *The Working Class in Welfare Capitalism: Work, Unions, and Politics in Sweden*. London: Routledge and Kegan Paul.

Korpi, Walter. 1983. *The Democratic Class Struggle*. London: Routledge and Kegan Paul.

Korpi, Walter, and Joakim Palme. 2003. "New Politics and Class Politics in the Context of Austerity and Globalization." *American Political Science Review* 97: 425-446.

Kulin, Joakim, and Stefan Svallfors. 2010. "Class, Values and Attitude towards Redistribution." Mimeo, Department of Sociology, Umea University, Sweden.

Lindqvist, Erik, and Robert Ostling. 2008. "Identity and Redistribution." Working paper,

Research Institute of Industrial Economics, Stockholm, Sweden.

Luttmer, Erzo. 2001. "Group Loyalty and the Taste for Redistribution." *Journal of Political Economy* 10: 500-528.

Raudenbush, S.W. and Bryk, A.S. 2002. *Hierarchical Linear Models: Applications and Data Analysis Methods*. Thousand Oak, CA: Sage.

Scheve, Kenneth and David Stasavage. 2006. "Religion and Preference for Social Insurance." *Quarterly Journal of Political Science* 1: 255-286.

Shalev, Michael. 1983. "The Social Democratic Model and Beyond: Two Generations of Comparative Research on the Welfare State." *Comparative Social Research* 6: 315-351.

Shayo, Moses. 2009. "A Model of Social Identity with an Application to Political Economy: Nation, Class and Redistribution." *American Political Science Review* 103: 147-174.

Steenbergen, Marco R., and Bradford S. Jones. 2002. "Modeling Multilevel Data Structure." *American Journal of Political Science* 46(1): 218-237.

Svallors, Stefan. 2003. "Welfare Regimes and Welfare Opinions: A Comparison of Eight Western Countries." *Social Indicators Research* 64: 495-520.

3. 누가 언제 재분배 정책을 지지하는가?

한국의 거시경제 상황과 정책무드

I. 서론

무엇이 재분배정책에 대한 공공선호(public preferences)를 결정하는가? 이 장은 한국에서 정부의 재분배정책에 대한 대중의 선호를 추동하는 요인을 탐색한다. 특히 이 장은 객관적인 거시경제 상황과 그에 대한 주관적 인식이 재분배정책에 대한 공공선호에 미치는 영향에 초점을 맞춘다. 대중은 거시경제 상황이 나쁠 때 소득불평등과 실업문제의 해결에 대한 국가의 책임을 강조하지만 경제가 호황일 때는 가계경제의 책임을 스스로에게 돌리고 이와 관련한 정부의 제한된 역할을 원한다는 것은 그간 하나의 통설로 받아들여져 왔다(Cutright 1965; Wilensky 1975; Blekesaune and Quadagno 2003; Blekesaune 2007).

그러나 일부 학자들은(Alt 1979; Durr 1993; Stevenson 2001) 다양한 경험적 연구의 결과를 바탕으로 위의 통설에 대해 의문을 제기한다. 즉 개인은 자신이 부담하는 세금이 그들뿐 아니라 다른 사회구성원들을 위해서도 지출된다는 사실을 잘 알고 있기 때문에 국가의 경제 상황이 악화되면 자신의 사적 이익을 더 고려하며, 따라서 정부 정책에 대한 공공여론 혹은 정책무드(policy mood: Stimson 1991, 1999)가 보수주의적(conservative) 편향으로 움직인다는 것이다. 그러나 반대로 경제성장률이 상승하여 국가 경제가 호황을 이루고 가계소득이 증가하면 개인들은 재화에 상대적으로 낮은 가치를 부여하기 때문에 많은 지출을 수반하는 정부의 사회정책에 대해 지지를 표출하며 이를 위해 기꺼이 세금을 지불하는 모습을 보인다고 한다. 즉 정책무드가 진보화(liberal)된다는 것이다.[1]

에릭슨, 매퀸, 그리고 스팀슨의 연구(Erikson, MacKuen, and Stimson 2002)는 정책무드의 반응성에 대한 위의 논의를 더욱 구체화하였다. 그들은 대중의 정책선호가 거시경제 상황을 나타내는 여러 가지 지표들 중 구체적으로 무엇을 중심으로 파악하는가에 따라 다르게 나타난다고 지적하였다. 다시 말해, 거시경제지표 중 실업률이 상승하는 경우에는 소득불평등 등의 사회적 문제를 해결하는 정부 정책에 대한 필요성이 높아져 진보적 정책무드가 형성되는 데 반해, 인플레이션이 증가하는 경우에는 인플레이션 문제를 해결하기 위한 보수적 정부 정책이 요구되고 또한 인플레이션의 증가로 인한 실업률의 안정은 사회정책에 대한 수요를 낮추기 때문에 결과적으로 정책무드는 보수화 된다는 것이다. 하지만 국가의 경제상황과 대중의 정책선호 간의 관계를 살피는 기존의 경험적 연구들은 주로 미국 등 서구 선진민주주의 국가들을 분석사례로 하였다. 따라서 상이한 경제 경험과 상이한 유권자 그리고 상이한 제도를 가진 다른 민주주의 국가를 대상으로 한 추가적 연구의 필요성이 제기된다(Stevenson 2001). 이 장은 이러한 맥락에서 한국에 정책무드 가설을 적용하여 검증함으로써 정책무드 이론이 포괄하는 사례의 확대를 시도한다.

이 장에서 가설을 검증하기 위한 분석은 두 가지 수준, 즉 집합적 수준과 개인적 수준에서 모두 이루어진다. 집합적 수준에서의 분석이 국가 경제 상

---

1 미국정치학에서 진행된 정책무드(policy mood) 연구에서는 정책무드를 liberal-conservative의 연속선상에 위치시킨다. 한국의 상황에서 이를 자유주의-보수주의의 연속선으로 번역하는 것은 적합성이 떨어지는 것으로 보인다. 따라서 이 장에서는 liberal-conservative를 진보-보수로 표현한다.

황의 변화에 따른 재분배정책에 대한 공공선호의 반응성을 살펴본다면, 개인적 수준에서 이루어지는 분석은 거시경제 상황에 대한 개인의 평가가 재분배에 대한 선호를 결정짓는 요소라는 것을 직접적으로 확인하는 목적을 갖고 있다. 이 장의 경험적 분석 결과는 더, 스티븐슨, 그리고 에릭슨 등(Durr 1993; Stevenson 2001; Erikson et al. 2002)이 주장해온 '정책무드'가 한국에서도 발견된다는 점을 보여준다. 즉 집합수준에서의 분석 결과 한국에서 경제성장률과 실업률의 증가는 재분배정책에 대한 공공선호를 증가시켜 정책무드를 진보화하는 것으로, 인플레이션율의 증가는 재분배정책에 대한 공공선호를 감소시켜 정책무드를 보수화하는 것으로 나타났다. 개인수준에서 이루어진 분석은 경제상황에 대한 개인의 평가와 재분배정책에 대한 선호 사이의 높은 상관관계를 보여주어 집합수준 분석의 경험적 결과를 확증하였다.

이 장의 이론적 · 방법론적 기여는 다음과 같다. 첫째, 이 장은 정책무드 가설을 한국에 적용함으로써 이론이 포괄하는 사례를 확장시켰다. 둘째, 정책무드 가설이 사회정책과 관련한 집합 여론의 선호 추이를 분석하였던 것과는 달리 이 연구에서는 정부의 사회정책 중 재분배정책에 초점을 맞춰 연구를 진행하였다. 그 결과 성장우선 이데올로기의 영향하에서 재분배정책에 대한 공공선호가 본격적으로 표출된 적이 없었던 한국에서도 대중의 재분배정책에 대한 수요가 거시경제 상황에 따라 역동적으로 반응하고 있다는 사실을 발견하였다. 셋째, 이 장은 가설을 검증하는 데 있어서 집합수준 그리고 개인수준에서의 분석을 동시에 진행하였기 때문에 집합적 수준의 분석이 갖고 있는 한계, 즉 적은 분석사례의 문제를 보완하였다. 개인수준의 분석을 통해서 국가의 경제상황 평가에 따라 상이한 정책선호를 보인다는 점을 분명히 확인할 수 있기 때문에 집합적 수준의 경험적 발견을 보완한다.

이 장은 총 5절로 구성된다. 서론에 이어 2절은 정부의 재분배정책에 대한 선호를 추동하는 요인들을 분석하는 기존 연구들을 검토한다. 3절에서는 이 장의 이론적 분석틀을 소개하고 이를 바탕으로 가설을 도출한다. 4절에서는 집합수준과 개인수준의 분석을 진행하고 경험적 분석 결과에 대하여 논의한다. 마지막으로 5절에서는 이 장의 경험적 발견을 정리하고 이것이 갖는 함의에 대하여 논의한다.

II. 재분배정책에 대한 공공선호

일반적으로 정책이란 특정 의제와 관련한 법과 규제의 총체를 뜻한다(Erikson et al. 2002). 따라서 재분배정책은 사회구성원의 소득분포를 재조정하여 사회의 불평등을 완화하고 사회 내부의 빈곤의 수준을 낮추는 국가의 법과 규제의 총체라고 할 수 있다(Lefebvre 2007). 국가는 세금을 부과하거나 사회지출에 대한 예산을 조정함으로써 재분배정책을 추진한다(Shapiro et al. 2008). 따라서 엄밀히 말해 재분배정책에 대한 선호는 누진소득세나 직접 소득이전 등 재분배적 조세정책에 대한 선호라고 할 수 있지만, 좀 더 넓게는 공공부조, 사회복지서비스 등 사회보장제도의 확충에 대한 선호로도 이해 가능하다. 재분배에 대한 정책 선호를 분석하는 학자들은 국가수준에서 집합 여론(collective public opinion)을 분석하는지 아니면 개인의 경제인식과 정책선호의 관계에 초점을 두는 연구를 진행하는지에 따라 크게 둘로 나눌 수 있다.

1. 재분배정책에 대한 공공선호: 집합수준 설명

집합적 수준에서 공공여론의 재분배정책에 대한 선호를 연구하는 학자들은 다시 두 가지 접근으로 구분된다. 첫째, 국가의 인구학적인 특징을 중심으로 재분배정책에 대한 선호를 설명하는 학자들은 사회의 주류를 구성하는 인종과 사회 내부에 형성된 이민자에 대한 인식 등에 주목한다. 인종과 재분배

정책의 선호간의 관계를 분석한 질렌스(Gilens 1999)는 미국사회의 재분배 정책에 대한 낮은 선호는 사회의 주류인 백인들이 만들어낸 복지와 빈곤의 인종화(racialization) 때문이라고 주장한다. 게으르기 때문에 가난한 흑인들은 복지정책의 수혜를 받을 자격이 없다는 백인들의 잘못된 인식이 재분배 정책을 지지하는 공공여론의 형성을 방해했다는 것이다. 그러나 최근 한 연구(Finseraas 2008)는 유럽 국가들을 대상으로 한 경험적 분석을 통해 유럽 국가에서 이민자 유입의 증가로 인한 소득상실에 대한 위기가 사회 내부의 재분배정책에 대한 선호를 오히려 높이기도 한다는 점을 밝히고 있다.

둘째, 그 나라의 정치경제적인 요소를 중심으로 재분배적 정책 선호를 분석하는 연구들은 국가의 경제상황, 무역개방성, 사회이동성, 정부당파성, 집권정부의 정책성과 등에 주목한다. 먼저 블레키소네와 콰다뇨(Blekesaune and Quadagno 2003)는 재분배정책에 대한 선호를 결정하는 요인으로 실업을 꼽는다. 즉 사회 내부의 높은 실업률은 자신도 곧 실업의 상황에 처하게 될지 모른다는 개인의 위기의식을 높이고 이에 이미 실업상태에 놓인 사람들에 대한 사회적 우려가 더해져 재분배정책에 대한 공공선호를 증가시킨다는 것이다. 국가의 무역개방(trade openness)으로 인한 국내 경제상황의 변화가 재분배에 대한 정책적 선호에 영향을 준다는 것을 밝힌 연구(Ventura 2006)도 있다. 즉 무역개방으로 인한 충격은 정부의 재분배적 사회정책에 대한 국민의 지지를 이끌어내는데 이는 특히 제조업 등 피해가 예상되는 산업 부문의 크기에 의해 영향을 받는 모습을 보인다고 한다. 사회이동성(social mobility)에 주목한 학자들(Ravallion and Lokshin 2000; Corneo and Gruner 2001; Alesina and La Ferrara 2005)은 국가의 정책은 쉽게 변할 수 없는 것이기 때문에 사회 이동 가능성 여부는 개인의 노력에 따라 부의 획득 기회가 열려 있다는 것을 의미한다며 사회이동성의 크기와 공정성(fairness) 등의 특성이 재분배정책에 대한 공공선호에 영향을 준다고 주장했다.

한편 재분배정책에 대한 공공선호는 좌파적 정부 당파성(government

partisanship)의 영향을 받을 것이라는 지적(Stevenson 2001)이 있다. 즉 정치인은 대중으로부터 지속적인 지지를 얻어내기 위해 집합여론을 유인하는 특징을 보이기 때문에(Page and Shapiro 1984; Zaller 1999), 좌파 정치인들이 집권하면 보다 진보적인 공공선호를 이끌어낼 수 있다는 것이다. 또한 집권정부의 정책성과(policy performance)가 재분배에 대한 공공선호에 영향을 준다는 지적도 존재하는데, 이는 정부의 정책과 그 정책에 대한 대중의 선호 사이에는 부(-)의 피드백(negative feedback)이 존재한다는 일련의 연구(Durr 1993; Wlezien 1995; Erikson et al. 2002)를 바탕으로 정부가 건강, 복지, 교육 등에 대한 사회지출을 줄일수록 대중들은 이 부분과 관련한 정부의 추가적 지출에 대하여 높은 선호를 보일 것이라고 주장했다.

2. 재분배정책에 대한 선호: 개인수준 설명

개인적 수준에서 재분배에 대한 정책 선호를 연구하는 학자들 역시 무엇을 기준으로 재분배정책에 대한 추동요인을 분석하는가에 따라 다시 둘로 나눌 수 있다. 첫째, 재분배에 대한 정책 선호를 설명하는 데 있어 개인의 인구학적 특성에 주목하는 연구들은 종교와 교육수준, 성별, 연령 등을 주요 설명변수로 제시한다. 일련의 연구들(Dehejia et al. 2005; Hungerman 2005; Scheve and Stasavage 2006)은 재분배정책에 대한 선호와 가장 높은 상관성을 보이는 사회균열(social cleavage)은 종교라고 지적하며, 열성적으로 종교활동에 참여하는 사람들은 실업, 퇴직, 질병 등에 직면하였을 경우 종교가 사회보험의 심리적 그리고 물질적 대안(psychic and material alternative)으로 기능하기 때문에 국가의 재분배정책에 대해 낮은 선호를 보이게 된다고 주장한다. 한편 다른 조건이 같다면 유권자의 교육수준이 높아질수록 재분배에 대한 낮은 선호를 보인다는 주장이 있다(Alesina and La Ferrara 2005). 성별과 재분배 선호에 대한 연구는 분석사례를 어느 곳으로 택하느냐에 따라 논쟁적인데, 러시아와 미국의 경우 여성이 남성보다 재분배정책에 대한 선호가 높다는 연구(Ravallion and Lokshin 2000; Alesina and La Ferrara 2001, 2005)가 있지만, 반대로 남성이 여성보다 재분배를 더 선호한다는 일본을 분석 대상으로 한 연구 결과도 존재한다(Ohtake and Tomioka 2004).

둘째, 개인의 정치경제적 특징에 주목하여 재분배정책에 대한 선호를 연구하는 학자들은 개인의 소득수준과 노동시장에서의 위치 등을 주요 설명변수로 꼽는다. 먼저 소득수준을 중심으로 개인의 재분배정책에 대한 선호를 연구한 학자들(Romer 1975; Meltzer and Richard 1981)은 개인의 소득수준과 재분배에 대한 정책 선호는 기본적으로 부(-)의 관계를 보인다는 점을 지적하였다. 개인들은 서로 다른 생산성을 갖고 있기 때문에 소득에 있어서 자연적으로 차이가 날 수밖에 없고, 따라서 재분배적 조세정책(redistributive taxation) 혹은 비례소득세(proportional tax of income)에 대해 서로 다른 태도를 보이게 된다는 것이다. 하지만 저소득 계층에 속하는 개인이라도 재분배정책에 대해 부정적 선호를 표출할 수 있다는 것을 지적한 연구(Benabou and Ok 2001: prospect of upward mobility hypothesis)도 있다. 자신 혹은 자신의 자식들의 소득수준이 상향 조정될 수 있을 것이라는 미래에 대한 전망은 그 전망이 실현되었을 상황하에서 재분배적 정부 정책으로 인해 그들이 받게 될 피해를 예상하게 하여 중위 소득수준 이하의 유권자라 할지라도 정부의 재분배적 조세정책에 반대하게 만든다는 것이다. 한편 쿠삭 등(Cusack et al. 2008)은 노동시장에서의 개인의 위치에 주목하여, 실업으로 인해 실질적 소득수준이 낮아지거나 실업의 위협을 강하게 느낄수록 정부의 재분배정책에 대한 지지를 적극적으로 표출한다고 주장하였다. 또한 노동시장에서 고용주들은 정부의 재분배정책이 확대되면 값싼 노동력의 공급이 방해받을 것이라고 판단하기 때문에 피고용인과 비교해보았을 때 재분배 정책에 대해 더 낮은 선호를 보인다고 주장했다. 노동자의 기술의 특성에 주목한 연구(Iversen and Soskice 2001)는 일반기술(general skill)을 소유한 사람들에 비해 기업별 혹은 산업별 특수기술(specific skill)을 갖고 있는 숙련노동자들이 실업의 경우 소득의 하락폭이 매우 크고 재취업이 쉽지 않기 때문에 재분배정책에 대해 높은 선호를 보이는 경향이 있다는 점을 제시하였다.

이와 같이 재분배에 대한 정책적 선호를 다루는 기존 연구들은 개인적 그리고 국가적 수준에서 이루어진 다양한 비교분석을 통해 그 결정요인을 파악하여 왔다. 하지만 위에서 언급된 연구들은 정부의 정책에 대한 공공선호가 시간의 흐름에 따라 어떻게 역동적으로 변화하는가를 파악하지 못하는 공통된 한계점을 갖는다. 그러나 본 연구에서 다루고 있는 거시경제 상황은 공공여론의 정책선호를 단기적으로 변화시키기 때문에 집합적 정책선호의 역동적 반응성을 살펴보는 것을 가능하게 한다.

III. 이론적 분석틀과 가설

한국에서 경제 상황의 변화가 재분배정책에 대한 공공선호에 어떠한 영향을 미치는지를 경험적으로 분석하는 이 장의 이론적 분석틀은 더(Durr 1993), 스티븐슨(Stevenson 2001), 그리고 에릭슨 등(Erikson et al. 2002)이 행해온 정책무드 가설과 그 궤를 같이한다. 정책무드(policy mood)는 스팀슨(Stimson 1991, 1999)이 발전시킨 개념[2]으로 사회 내부에 형성된 집합적 정책선호를 의미한다. 스팀슨은 정부 정책을 진보적-보수적(liberal-conservative continuum) 정책 연속선 위에 배치하고[3] 이 위에서 정책무드가 어떻게 이동하는지를 분석하였다. 진보적 혹은 좌파적 정책이 일자리, 건강, 교육, 주거, 그리고 인권 등을 제공하고 보호하는 정책으로서 이와 관련

2 스팀슨(Stimson 1998)은 여론조사 문항의 응답을 사용하여 정부의 다양한 사회정책에 대한 공공선호의 추이를 살펴보았고 공공선호의 공통된 분산(common or shared variance)을 정책무드의 변화로 이해하였다.

3 스팀슨(Stimson 1998)은 공공여론을 관찰하는 데 있어서 쟁점 특정적인 전략(issue specific strategy)은 적절하지 않다고 주장했다. 공공여론은 여러 가지 쟁점에 상호의존적이기 때문이라는 것이다.

한 정부의 적극적인 역할을 필요로 한다면, 이와는 대조적으로 보수적 혹은 우파적 정책은 정부의 제한된 역할을 전제한다(Durr 1993; Stevenson 2001). 정책무드에 대한 스팀슨의 논의를 바탕으로 더, 스티븐슨 그리고 에릭슨 등(Durr 1993; Stevenson 2001; Erikson et al. 2002)은 거시경제 상황의 변화와 진보적-보수적 정책 연속선 위에서의 정책무드의 변화 간의 인과관계에 대한 이론적인 설명을 제시했다. 이 장에서는 이를 정책무드 가설이라 칭한다.

더(Durr 1993)는 거시경제 상황이 정책무드를 어떻게 변화시키는가에 대한 이론적인 설명을 처음으로 제시하였다. 더에 의하면 정부의 사회정책은 적지 않은 공공지출을 수반하는데, 지속적인 경제성장을 통해 국가와 가계의 소득이 늘어나면 개인은 한계효용법칙[4]에 의해 재화에 상대적으로 낮은 가치를 부과하게 되고 사회정책의 확대를 통해 빈곤 등 사회적 문제를 해결하는 목적을 위해 기꺼이 지불하려 하기 때문에 진보적 정책에 대한 공공선호가 상승하여 정책무드는 진보화된다고 한다. 반대로 거시경제 상황이 악화되면 개인은 재화에 상대적으로 높은 가치를 두며 지출을 꺼리기 때문에 정부의 사회정책에 대한 지지는 감소하여 정책무드는 보수화된다고 한다. 스티븐슨(Stevenson 2001)은 더의 연구를 시공간적으로 확대하여 1955-1988년 시기 서구의 선진민주주의 14개 국가들에 적용시켰다.

에릭슨 등(Erikson et al. 2002)의 연구는 정책무드 가설을 더욱 구체화하였다. 즉 그들은 국가의 경제상황은 여러 경제지표가 혼합되어 나타나는 것이기 때문에 어떤 경제적 변수를 중심으로 분석하느냐에 따라 정책무드는 상이하게 반응한다며, 실업률이 증가하는 경우에는 이를 해결하는 사회정책에 대한 필요성(policy need)에 의해 대중이 진보적 정책을 지지하는 데 반해, 인플레이션이 증가하는 경우에는 인플레이션의 해결을 위한 정부의 긴축정책의 필요성에 의해 대중이 보수적 정책을 지지하게 된다고 주장하였

4 한계 효용 이론에 따르면 개인은 더 많은 재화를 소유하고 싶어 하는 합리성(rational)을 갖고 있지만 동일 재화를 하나씩 더 소유함으로써 얻어지는 효용은 점점 줄어들게 된다.

다. 1973년-1996년 시기 미국을 대상으로 한 분석에서 에릭슨 등은 위의 논의에 대한 경험적 증거들을 발견하였다.

이 장은 더(Durr 1993)와 스티븐슨(Stevenson 2001) 그리고 에릭슨 등(Erikson et al. 2002)의 정책무드 가설의 이론적 분석틀을 차용하여 한국에서 거시경제 상황에 따라 재분배 정책에 대한 선호가 어떻게 변화하는지 혹은 정책무드가 진보-보수 정책 연속선 위에서 어떻게 이동하는지를 연구한다. 하지만 엄밀히 말해 이 장에서 진보적 정책은 정부의 사회정책 중에서도 재분배정책만을 뜻하며, 진보-보수 정책 연속선은 재분배-성장 정책 연속선을 의미한다. 즉 이 장은 재분배-성장 정책 연속선 위에서 국가 경제상황의 변화에 따라 재분배 정책에 대한 공공선호가 어떻게 증감하는지 혹은 정책무드가 어떻게 이동하는지를 살피는 것이다. 〈그림 1〉은 이 연구의 이론적 분석틀을 제시한다.

개인은 국가 경제에 대한 평가를 바탕으로 재분배정책에 대한 선호를 표출한다. 국가의 경제 상황에 대한 평가는 경제성장률, 실업률, 그리고 인플레이션 등 거시경제 지표의 변화에 대한 개인의 인식을 통해 이루어진다. 즉 개인은 대중매체 등을 통해 거시경제 지표의 변화에 대한 정보를 전달받고(Mutz 1998) 재분배정책의 필요성과 지출 등의 요소를 고려한 후 정책적 선호를 형성하고 표출하는 것이다. 위의 논의를 통해 이 장의 첫 번째 가설을 도출할 수 있다.

가설1: 국가의 경제상황에 대한 개인의 회고적(retrospective) 평가가 긍정적일수록 재분배정책에 대한 선호가 높아질 가능성이 크다.

그런데 엄밀히 말해 재분배정책에 대한 선호에 영향을 미칠 수 있는 국가의 경제상황에 대한 개인의 평가는 회고적(retrospective)일 수도 있고 또 전망적(prospective)일 수도 있다. 하지만 이 장에서는 경제상황에 대한 개인

〈그림 1〉 거시경제와 정책무드: 이론적 분석틀

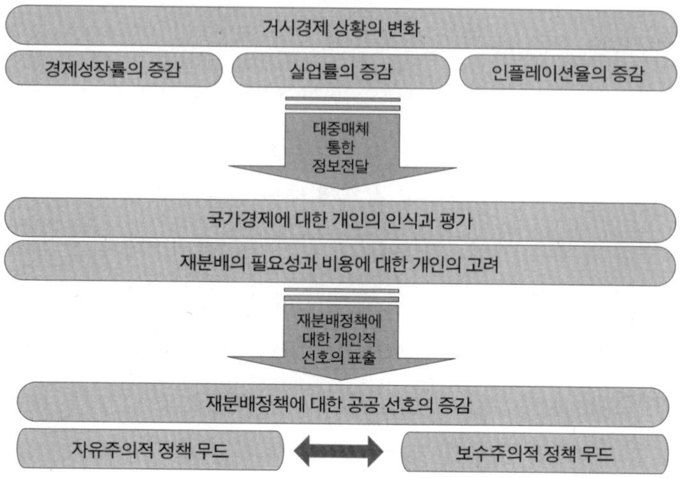

의 회고적 평가의 영향력만을 살피며, 전망적 평가에 대한 기대효과는 없다. 그 이유는 거시경제 상황에 대한 개인의 전망적 평가는 국가의 특정 정치상황에 의해 쉽게 편향되기 때문이다. 즉 더(Durr 1993)가 지적하듯이 대선 캠페인 및 미디어 등에 의해 국가경제가 낙관적으로 전망될 때, 집권 초기 대통령에 대한 지지도가 높을 때, 혹은 정부에 의해 새로운 경제프로그램이 의욕적으로 추진될 때 개인의 국가경제에 대한 전망적 평가는 보다 긍정적일 것이다.

경제성장으로 국가와 가계의 부가 축적되면 한계효용법칙에 의해 재화의 상대적 가치가 낮아지게 되고 개인은 기꺼이 조세증가와 사회정책의 확대를 통해 빈곤과 실업 등 사회적 문제를 해결하려 하는 정부의 정책을 지지하게 된다. 따라서 경제성장률이 상승하면 재분배정책에 대한 집합적 선호는 증가하고 정책무드는 진보화될 것이다. 반대로 경제성장률이 낮아지면 개인이 재화에 부과하는 가치가 상대적으로 높아지게 되며 사회정책 등을 위한 지출을 꺼리게 된다. 따라서 경제성장률의 하락은 재분배에 대한 정책적 선호를 낮추고 정책무드는 보수화될 것이다. 이를 바탕으로 이 장의 두 번째 가설을 도출해보면 다음과 같다.

가설2: 경제성장률이 높아질수록 공공여론의 재분배정책에 대한 선호가 증가할 가능성이 크다. 즉 정책무드는 더욱 진보화될 것이다.

거시경제 지표 중 실업률의 상승은 높은 실업률로 인해 양산된 여러 사회 문제의 해결을 위해 국가가 보다 적극적인 역할을 수행하기를 원하는 개인의 요구를 높인다. 따라서 실업률이 상승하면 정부의 재분배정책에 대한 공공선호는 증가하며 정책무드는 진보화될 것이다. 반대로 실업률이 하락하면 소득불평등 등 실업률의 증가로 인해 양산된 여러 가지 사회 문제가 완화되며 실업문제를 해결하기 위해 요구되었던 크고 개입적인 정부가 불필요해진다. 따라서 실업률이 낮아지면 정부의 재분배정책에 대한 공공선호는 낮아지고 정책무드는 보수화될 것이다. 이러한 논의를 바탕으로 이 장의 세 번째 가설을 도출하면 다음과 같다.

가설3: 실업률이 높아질수록 공공여론의 재분배정책에 대한 선호가 증가할 가능성이 크다. 즉 정책무드는 더욱 진보화될 것이다.

물가가 상승하면 개인은 인플레이션의 해결을 위해 정부의 보수적 긴축정책을 필요로 한다. 따라서 물가가 상승하면 재분배정책에 대한 공공선호는 낮아지며 정책무드는 보수화될 것이다. 반대로 인플레이션이 감소하면 긴축정책의 필요성이 작아지며, 인플레이션 하락으로 인한 실업률의 상대적 상승은 소득불평등 등의 사회적 문제의 해결을 원하는 공공여론을 형성시킬 것이다. 따라서 인플레이션의 하락은 재분배정책에 대한 집합 선호를 높이고 정책무드는 진보화될 것이다. 이러한 논의를 바탕으로 이 장의 네 번째 가설을 도출하면 다음과 같다.

〈표 1〉 설명변수와 기대효과

가설	설명변수	재분배정책의 선호	정책무드
가설1	국가경제에 대한 개인의 회고적 평가 (부정적 → 긍정적)	↑	진보
가설2	경제성장률 (저 → 고)	↑	진보
가설3	실업률 (저 → 고)	↑	진보
가설4	인플레이션 (저 → 고)	↓	보수

가설4: 인플레이션이 증가할수록 공공여론의 재분배정책에 대한 선호가 낮아질 가능성이 크다. 즉 정책무드는 더욱 보수화될 것이다.

〈표 1〉은 이 장의 네 가지 가설들이 제시하는 설명변수와 이것이 재분배정책에 대한 선호와 정책무드에 미칠 것으로 기대되는 효과를 나타낸다.

한편 이 장의 가설1은 국가의 경제상황에 대한 개인의 평가가 재분배정책에 대한 선호에 행사하는 영향력을 살펴보는 것이기 때문에 가설검증을 위한 분석은 개인수준(individual level)에서 이루어진다. 그러나 나머지 세 가설들은 한국의 거시경제 상황의 변화가 재분배정책에 대한 공공선호에 행사하는 영향력에 관한 것이기 때문에 집합수준(aggregate level)에서의 분석이 요구된다. 따라서 이 장에서는 집합 그리고 개인수준에서의 분석을 동시에 진행한다.

Ⅳ. 경험적 분석

1. 집합 수준의 분석

1) 변수와 측정

집합수준의 분석은 거시경제 지표의 변화에 따라 공공여론의 재분배정책에 대한 선호가 어떻게 반응하는지를 살펴보는 목적을 갖는다. 따라서 집합수준의 분석에서 종속변수는 2002년-2008년 시기 재분배정책에 대한 공공선호의 변화이고, 설명변수는 2001년-2007년의 경제성장률, 실업률, 그리고 인플레이션율의 변화이다. 거시경제 지표와 재분배정책에 대한 공공선호 사이에 존재하는 1년의 시간적 차이는 경제변수 영향력의 지체효과(lagged effect)를 고려하였기 때문이다.

이 연구의 종속변수인 재분배정책에 대한 공공선호를 측정하기 위해서 2005년을 제외한 2002-2008년 기간은 조선일보 · 한국갤럽의 여론조사 자료를 이용하였다.[5] 2005년의 조사의 경우, 분배에 대한 선호를 측정할 수 있는 문항이 포함되지 않았기 때문에 동일한 문항을 포함하고 있는 EAI · 중앙일보의 2005 국가정체성 여론조사 자료를 이용하였다.[6] 재분배정책에 대한 선호를 측정하기 위해 사용한 여론조사 문항은 "귀하께서는 다음 중 어느 쪽에 더 가깝습니까? 갑: 정부는 소득분배보다 경제성장에 주력하여야 한다. 을: 정부는 경제성장보다는 소득분배에 더욱 힘써야 한다"이다. 이에 대한 선택 답안은 다섯 가지로 제시되어지는데, 이 중 '정부는 경제성장 보다는 소득분배에 더욱 힘써야 한다는 의견에 다소 가깝다'와 '정부는 경제성장 보다는 소득분배에 더욱 힘써야 한다는 의견에 더 가깝다'를 합하여 재분배정책에 대한 공공선호를 측정하였다. 경제성장정책에 대한 선호의 경우에도 선호의 정도를 고려하지 않고 '정부는 소득분배보다 경제성장에 주

5 구체적인 조사의 명칭과 특징은 다음과 같다. 조선일보 · 한국갤럽 2008 이념성향조사(전국 만 19세 이상의 성인남녀 대상의 전화조사, 표본크기는 1022), 조선일보 · 한국갤럽 2007 국민의식조사(전국 만 19세 이상의 성인남녀 대상의 전화조사, 표본크기는 1011), 조선일보 · 한국갤럽 2006 이념성향조사(전국 만 19세 이상의 성인남녀 대상의 전화조사, 표본크기는 1027), 조선일보 · 한국갤럽 2004 국민의식조사(전국 만 20세 이상의 성인남녀 대상의 면접조사, 표본크기는 1009), 조선일보 · 한국갤럽 2003 국민의식조사(전국 만 20세 이상의 성인남녀 대상의 전화조사, 표본크기는 1041), 조선일보 · 한국갤럽 2002 국민의식조사(전국 만 20세 이상의 성인남녀 대상의 면접조사, 표본크기는 1023).

6 2005 국가정체성 여론조사는 EAI · 중앙일보가 한국리서치에 의뢰해 전국 만 20세 이상의 성인남녀를 대상으로 면접조사를 통해 이루어졌다. 표본의 크기는 1038이다.

력하여야 한다는 의견에 더 가깝다'와 '정부는 소득분배보다 경제성장에 다소 주력하여야 한다는 의견에 다소 가깝다'를 합하여 경제성장 정책에 대한 선호로 코딩하였다.

이 장에서의 재분배정책에 대한 공공선호는 소득분배정책에 대한 선호와 경제성장정책에 대한 선호의 합 중 소득분배정책에 대한 선호가 차지하는 부분을 말한다. 따라서 재분배정책에 대한 공공선호는 0에서 1 사이의 값을 갖는다. 즉 재분배정책에 대한 공공선호가 0일 때 공공여론은 소득분배정책을 전혀 원하지 않으며 경제성장 정책만을 원한다는 것을, 그리고 1에 다가갈수록 소득분배정책에 대한 공공선호가 증가한다는 것을 의미한다. '어느 쪽이라고 말할 수 없다'라고 응답하거나 무응답을 한 사례를 제외하고 이러한 방식으로 재분배정책에 대한 공공선호를 파악한 이유는 대중의 순 선호(public's net preference: Erikson, Mackuen, and Stimson 2002)의 변화를 측정하기 위해서이다. 이를 식으로 표현하면 다음과 같다.

$$\text{재분배 정책에 대한 공공선호} = \frac{\text{소득분배공공선호}}{\text{소득분배공공선호} + \text{경제성장공공선호}}$$

〈표2〉는 재분배정책에 대한 공공선호를 여론조사가 이루어진 연도순으로 정리한 것이다.

다음으로 집합수준 분석의 설명변인인 2001년-2007년의 실질경제성장률(국내총생산), 실업률, 그리고 인플레이션(소비자물가지수 상승률)은 한국은행과 통계청이 제공하는 자료를 이용하였다. 〈표 3〉은 거시경제 지표를 연도별로 정리한 것이다.

집합수준에서 이루어지는 분석은 재분배정책에 대한 공공선호에 영향을 미칠 것이라고 기대되는 변수인 국민의 정치적 이념성향(macro-level ideological identification)을 통제변수로 포함하여 두 변수 간의 관계를 살펴보았다. 국민이념성향의 변화를 측정하기 위해서 자신의 정치적 이념성향을 가

〈표2〉 연도별 정책 선호

연도	소득분배 정책에 대한 공공선호 (%)	경제성장 정책에 대한 공공선호 (%)	재분배정책에 대한 공공선호
2002	29	46	0.39
2003	33	49	0.40
2004	30	61	0.33
2005	33	55	0.39
2006	35	55	0.39
2007	36	59	0.38
2008	33	59	0.37

출처: 조선일보 · 한국갤럽 여론조사(2002-2008년, 2005년 제외), EAI · 중앙일보 여론조사(2005년)

〈표3〉 연도별 경제성장률

연도	실질경제성장률 (%)	실업률 (%)	인플레이션 (%)
2001	3.8	4.0	4.1
2002	7.0	3.3	2.8
2003	3.1	3.6	3.5
2004	4.7	3.7	3.6
2005	4.2	3.7	2.8
2006	5.1	3.5	2.2
2007	5.0	3.2	2.5

출처: 실질경제성장률은 한국은행 연간지표, 실업률과 소비자물가상승률은 통계청 경제활동 인구조사.

장 진보적인 것을 뜻하는 0점에서 가장 보수적인 것을 뜻하는 10점 사이에 위치시키라는 문항을 이용하였다. 국민이념성향은 진보적 이념성향을 갖는다고 응답한 개인(0-3점)과 보수적 이념성향을 갖는다고 응답한 개인(7-10점)의 합 중 보수적 이념성향을 가진 개인이 차지하는 부분을 의미한다. 따라서 그 값이 0일 경우 국민이념성향은 완전히 진보적인 것을 뜻하며 1에 가까이 갈수록 국민이념성향은 보수화되는 것이다.

2) 분석결과

거시경제 상황의 변화에 따라 즉 경제성장률, 실업률, 그리고 인플레이션율의 변화에 따라 재분배정책에 대한 공공선호가 어떻게 반응하는지를 알아보기 위해 OLS회귀분석을 실시하였다. 구체적인 회귀모델은 다음과 같다.

$$Y_t = \alpha + \beta X_{t-1} + \gamma Z_t + \epsilon_t$$

Y_t는 종속변수로서 2002년에서 2008년까지의 재분배정책에 대한 집합적 선호를 의미한다. X_{t-1}는 설명변수로서 재분배정책에 대한 공공선호가 측정된 해보다 한 해 전의 경제성장률, 한 해 전의 실업률, 그리고 한 해 전의 인플레이션을 의미한다. Z_t는 통제변수로 2002년에서 2008년까지의 국민이념성향을 뜻한다. α는 상수항이며 β와 γ는 추정계수이다. ϵ는 오차항이다. t는 연도를 나타낸다.

〈표 4〉는 OLS 회귀분석의 결과이다. 먼저 모델 (1)은 통제변수를 포함하지 않은 상태에서 집합수준 분석의 설명변수인 세 가지 거시경제 지표 즉 경제성장률, 실업률, 그리고 인플레이션율의 영향력을 검증한 것이다. 회귀분석 결과 경제성장률과 실업률은 재분배정책에 대한 공공선호에 정(+)의 영향을 미친다는 사실이 발견되었다. 즉 경제성장률이 1% 상승하였을 경우 재분배정책에 대한 공공선호는 0.02만큼 증가하였다. 실업률이 1% 증가하였을 경우에 재분배정책에 대한 공공선호는 약 0.11만큼 상승하였다. 그러나 인플레이션율의 영향력은 통계적으로 유의미하지 않았다. 모델 (2)는 국

〈표 4〉 거시경제와 재분배정책에 대한 공공선호

독립변수	종속변수 = 재분배정책에 대한 공공선호	
	(1)	(2)
상수	-0.046	-0.091
	(0.097)	(0.065)
경제성장률	0.020**	0.022**
	(0.004)	(0.003)
실업률	0.106**	0.110**
	(0.029)	(0.019)
인플레이션	-0.018	-0.021*
	(0.010)	(0.007)
국민이념성향 (진보→보수)		0.061
		(0.026)
Adjusted R^2	0.79	0.91

주: N=7. 괄호 안의 수치는 표준오차. * p 〈 .1; ** p 〈 .05; *** p 〈 .01.

민이념성향을 통제변수로 포함한 상태에서 경제성장률, 실업률, 그리고 인플레이션율의 영향력을 검증한 것이다. 회귀분석 결과 국민이념성향이 통제된 상태에서는 세 가지 거시경제 변수 모두 재분배정책에 대한 공공선호에 통계적으로 유의미한 영향력을 행사하는 것으로 나타났다. 경제성장률과 실업률의 경우 재분배정책에 대한 공공선호에 정(+)의 영향을 주었다. 인플레이션율의 경우에는 재분배정책에 대한 공공선호에 부(-)의 영향을 주는 것으로 나타났다. 즉 소비자물가가 1% 증가하면 재분배정책에 대한 공공선호는 0.02만큼 감소하였다. 통제변수인 국민이념성향은 통계적으로 유의미하지 않은 것으로 나타났다.

분석결과는 이 연구가설의 예측대로 정책무드 분석틀이 한국에도 적용가능하다는 점을 제시한다. 즉 한국에서 경제성장률과 실업률의 상승은 재분배정책에 대한 공공선호를 높여 정책무드를 진보화하며, 인플레이션의 상승은 재분배정책에 대한 공공선호를 낮추어 정책무드를 보수화하는 것이다.

2. 개인 수준의 분석

1) 변수와 측정

개인수준의 분석은 국가경제에 대한 개인의 회고적 평가가 재분배정책에 대한 선호에 어떤 영향력을 행사하는가를 알아보는 목적을 갖는다. 따라서 종속변수는 개인의 재분배정책에 대한 선호이며 설명변수는 국가 경제에 대한 개인의 회고적 평가이다. 개인수준에서는 SBS · 중앙일 · EAI · 한국리서치 2007 대선패널조사 1차 자료를 이용하였는데 우선 종속변수를 측정하기 위해 사용한 여론조사 문항은 “소득분배가 경제성장 보다 더 중요하다는 것에 대해 ‘매우 반대한다’ ‘대체로 반대한다’ ‘대체로 찬성한다’ ‘매우 찬성한다’로 말씀해주십시오”이다. 이에 대한 응답은 ‘① 매우 반대한다 ② 대체로 반대한다 ③ 대체로 찬성한다 ④ 매우 찬성한다’ 이렇게 네 가지로 제시되었다. 개인수준 분석의 설명변수인 국가경제에 대한 개인의 회고적 평가를 측정하기 위해 사용한 문항은 “귀하는 지난 5년간 우리나라 경제는 어떻게 변했다고 생각하십니까?”이며 이에 대한 응답은 ‘① 매우 나빠졌다 ② 대체로 나빠졌다 ③ 별다른 차이가 없다 ④ 대체로 좋아졌다 ⑤ 매우 좋아졌다’의 다섯 가지이다.

통제변수로는 가계경제 상황에 대한 개인의 회고적 평가, 국가경제 상황에 대한 개인의 전망적 평가, 정부당파성, 주관적 이념성향, 소득수준, 교육수준, 연령, 성별 등을 포함한다. 이는 모두 재분배정책에 대한 공공선호를 추동할 것으로 예상할 수 있는 변수들이다. 가계경제 상황에 대한 개인의 회고적 평가를 측정하기 위해 사용한 여론조사 문항은 “지난 5년간 댁의 가정살림은 어떻게 변했습니까?”이며 이에 대한 응답은 1(매우 나빠졌다)에서 5(매우 좋아졌다)로 다섯 가지로 제시되었다. 국가경제에 대한 개인의 전망적 평가를 측정하기 위해 사용한 문항은 “귀하께서는 지금과 비교하여 5년 후 우리나라 경제가 어떻게 될 것으로 보십니까?”이며 이에 대한 응답은 역시 1(매우 나빠질 것이다)에서 5(매우 좋아질 것이다)로 다섯 가지이다. 정부당파성은 더미변수 처리하였는데 즉 지지정당을 묻는 여론조사 문항에 대해 열린우리당을 지지한다고 응답한 개인을 1로 그 밖의 정당을 지지한다고 밝힌 개인을 0으로 코딩하였다. 주관적 이념성향을 측정하기 위해 사용한 문항은 “귀하께서는 자신의 이념성향에 대해 어떻게 생각하십니까?”이며 이에 대한 응답은 0(가장 진보)에서 10(가장 보수)으로 열한 가지이다. 종교변수는 더미변수 처리하였는데 즉 종교에 대하여 묻는 문항에 대해 종교를 갖고 있다고 응답한 개인을 0으로, 종교를 갖고 있지 않다고 응답한 개인을 1로 코딩하여 종교의 소유 여부가 재분배정책 선호에 행사하는 영향력을 살펴보았다. (가구)소득수준의 측정은 1(백만 원 미만)에서 11(천만 원 이상)로 열 두 가지이다. 교육수준은 1(중졸 이하)에서 4(대학원 졸)로 측정되었다. 연령은 2(20대)에서 6(60대 이상)으로 다섯 가지 응답을 제시한다. 성별은 여자는 1로, 남자는 0으로 코딩하였다.

2) 분석결과

개인수준의 분석이 사용하는 여론조사 자료의 질적 특성 그리고 범주적이고 순위적인 구성으로 인해 개인수준 분석에서는 순위 로짓 회귀분석(ordered logit regression)을 통해 가설의 검증을 시도하였다. 분석모델은 다음과 같다.

$$P(Y=i) = P(K_{i-1} < (X\beta + Z\gamma + \epsilon) < K_i)$$

Y는 개인수준 분석이 사용하는 종속변수로서 개인의 재분배정책에 대한 선호를 뜻한다. X는 국가의 경제 상황에 대한 개인의 회고적 평가를 의미하는 설명변수이다. Z는 통제변수로서 가계경제 상황에 대한 개인의 회고적 평가, 국가경제 상황에 대한 개인의 전망적 평가, 정부당파성, 주관적 이념성향, 종교, 소득수준, 교육수준, 연령, 그리고 성별 등이 포함되었다. β와 γ는 추정계수이다. ϵ는 오차항을 의미한다.

〈표 5〉는 순위 로짓 회귀분석의 결과를 나타낸다. 분석 결과, 국가경제에 대한 개인의 회고적 평가는 재분배정책에 대한 선호에 통계적으로 유의미한 영향력을 행사하는 것으로 나타났다. 즉 다른 독립변수들의 수준이 고정되어 있을 때 국가경제에 대한 개인의 회고적 평가의 범주가 한 단계 긍정적인 방향으로 증가할 때 재분배정책에 대한 선호가 한 단계 높아질 확률이 1.18배 커졌다. 가계경제에 대한 개인의 회고적 평가는 재분배정책에 대한 선호에 통계적으로 유의미한 영향력을 행사하지 못했고 국가경제에 대한 전망적 평가는 재분배정책에 대한 선호에 통계적으로 매우 유의미한 영향을 주는 것으로 나타났지만 영향력은 부(-)의 방향이었다. 즉 다른 독립변수들의 수준이 고정되어 있을 때 국가경제에 대한 개인의 전망적 평가의 범주가 한

〈표 5〉 경제상황에 대한 주관적 평가와 재분배 정책에 대한 선호

독립변수	종속변수 = 재분배정책에 대한 선호 (네 가지 응답 범주)		
국가경제에 대한 개인의 회고적 평가	0.16***	(0.04)	[1.18]
가계경제에 대한 개인의 회고적 평가	-0.04	(0.05)	[1.00]
국가경제에 대한 개인의 전망적 평가	-0.11***	(0.04)	[0.89]
정부당파성	0.24**	(0.10)	[1.28]
주관적 이념 성향	-0.05***	(0.02)	[0.95]
종교	-0.07	(0.07)	[0.93]
소득수준	-0.11***	(0.02)	[0.90]
교육수준	-0.14**	(0.05)	[0.87]
연령	-0.01	(0.03)	[0.99]
여성	0.09	(0.07)	[1.10]
Cut point 1	-3.54		
Cut point 2	-1.39		
Cut point 3	0.47		
Log Likelihood	-3961.45		

주: N=3226. 소괄호 안의 수치는 표준오차, 대괄호 안의 수치는 승비(odds ratio). * p 〈 .1; ** p 〈 .05; *** p 〈 .01.

단계 증가할 때 재분배정책에 대한 선호의 범주가 높아질 확률이 0.89배만큼 감소하는 것으로 나타났다. 종교, 연령, 성별을 제외한 정부당파성, 주관적 이념 성향, 소득수준, 그리고 교육수준 등의 통제변수도 재분배정책에 대한 선호에 통계적으로 유의미한 영향력을 행사하는 것으로 나타났다.

OLS 회귀분석과는 달리 순위 로짓 회귀분석은 회귀계수에 대한 해석이 직접적이지 않다. 따라서 보다 직관적인 해석을 위해 국가경제에 대한 회고적 평가에 따라 재분배정책에 대한 선호에 차이가 나타날 예측확률(predicted probabilities)을 추정하였다(표 6).[7] 먼저 국가경제에 대한 회고적 평가가 매우 긍정적인 사람이 매우 낮은 재분배정책에 대한 선호를 보일 확률은 국가 경제에 대한 회고적 평가가 매우 부정적인 사람보다 0.04만큼 낮다. 국가경제에 대한 회고적 평가가 매우 긍정적인 사람이 낮은 재분배정책에 대한 선호를 보일 확률은 국가경제에 대한 회고적 평가가 매우 부정적인 사람보다 0.11만큼 낮다. 반대로 국가경제에 대한 회고적 평가가 매우 긍정적

7 예측확률의 계산을 위해 *Clarify* 프로그램(King et al., 2000)을 이용하였다.

인 사람이 높은 재분배정책에 대한 선호를 보일 확률은 국가경제에 대한 회고적 평가가 매우 부정적인 사람보다 0.04만큼 높다. 국가경제에 대한 회고적 평가가 매우 긍정적인 사람이 매우 높은 재분배정책에 대한 선호를 보일 확률은 국가경제에 대한 회고적 평가가 매우 부정적인 사람보다 0.11만큼 높다.

개인수준 분석의 결과는 이 장의 연구가설이 기대하는 방향과 일치하였다. 즉 국가경제에 대한 회고적 평가가 긍정적인 개인일수록 재분배정책에 대한 선호가 높게 나타난 것이다. 그러나 가계경제에 대한 개인의 회고적 평가가 재분배정책에 대한 선호에 행사하는 영향력은 통계적으로 유의미하지 않은 것으로 나타났다. 이러한 경험적 발견은 개인이 자신의 가계경제에 대한 책임을 스스로에게 돌리기 때문에 가계경제가 악화되어도 정부정책에 대한 선호를 표출하지 않는 것이라고 해석할 수 있다. 이는 경제투표 연구들(Fiorina 1978; Kiewiet and Kinder 1979; Feldman 1982)이 경험적으로 발견해 온 점이기도 하다. 한편 국가경제에 대한 개인의 전망적 평가가 재분배에 대한 정책선호에 미치는 영향은 통계적으로 유의미한 것으로 나타났지만 관계는 부(-)의 방향이었다. 이를 해석하는 데 주의해야 할 것은 국가경제에 대한 전망적 평가는 국가의 특정 정치상황에 의해 편향되기 쉽기 때문에 내생성(endogeneity)에 대한 고려가 필요하다는 사실이다. 개인수준 분석이 사용한 여론조사는 2007년 대선을 앞두고 실시된 것으로 당시 이명박 후보를 지지하던 사람일수록 국가경제에 대한 전망적 평가가 보다 긍정적이라고 응답했을 것이다. 하지만 이명박 후보를 지지하는 개인은 보수적인 정치성향을 갖고 있을 가능성이 크다. 따라서 국가경제의 전망에 대해 긍정적으로 평가하는 개인일수록 재분배정책에 대한 낮은 선호를 보였다고 해석할 수 있다.

여론조사가 실시될 당시의 집권정당이었던 열린우리당을 지지하는 개인일수록 재분배정책에 대한 더 높은 선호를 보였다는 점은 정책선호에 미치

〈표 6〉 국가경제에 대한 회고적 평가의 효과: 예측확률

국가경제에 대한 회고적 평가	재분배정책에 대한 선호	예측확률	95% 신뢰구간
매우 부정적	매우 낮음	0.09	[0.07 0.10]
	낮음	0.36	[0.34 0.39]
	높음	0.39	[0.37 0.41]
	매우 높음	0.16	[0.14 0.18]
매우 긍정적	매우 낮음	0.05	[0.04 0.06]
	낮음	0.25	[0.22 0.29]
	높음	0.43	[0.41 0.45]
	매우 높음	0.27	[0.22 0.31]

자료출처: EAI · SBS · 중앙일보 · 한국리서치 2007 대선패널조사 1차

는 정당일체감의 영향력을 의미하는 것일 수도 있다. 주관적 이념성향이 보수적인 사람일수록 재분배에 대한 정책적 선호가 낮게 나타났다. 이것은 주관적 이념성향과 정책선호 혹은 정책무드 간에는 긴밀한 상관관계가 존재한다는 주장과 일치하는 결과이다. 종교변수는 재분배정책에 대한 선호에 통계적으로 유의미한 영향력을 행사하지 않았다. 소득수준과 교육수준이 높은 개인일수록 재분배정책에 대한 선호가 낮게 나타났다. 이러한 경험적 결과는 기존의 이론적 논의들(Romer 1975; Meltzer and Richard 1981; Alesina and La Ferrara 2005)과 일치한다. 한국에서 연령과 젠더가 재분배정책에 대한 선호에 행사하는 영향력은 유의미하지 않았다.

V. 결론

이 장은 한국에서 경제성장률과 실업률의 상승이 재분배정책에 대한 공공선호를 높여 정책무드를 진보화하며, 인플레이션율의 상승은 재분배정책에 대한 공공선호를 감소시켜 정책무드를 보수화한다는 사실을 밝혀내었다.[8]

8 이 장은 이용할 수 있는 자료의 제약 때문에 2002-2008년, 7년간을 분석 사례로 하기 때문에, 20년이 넘는 기간을 대상으로 진행되어 온 스팀슨 등의 정책무드 가설과 비교한다면, 경험적

정책무드 가설이 정부의 사회정책을 중심으로 정책무드의 변화를 관찰하였던 것과는 달리, 이 연구는 정부의 재분배정책에 초점을 맞추어 분석을 진행하였고, 한국에서 재분배정책에 대한 공공선호가 거시경제 상황에 따라 반응하고 있다는 사실을 발견하였다. 또한 이 장은 개인수준의 분석을 통해 개인이 국가의 경제상황에 대한 주관적 평가를 바탕으로 재분배에 대한 정책적 선호를 형성한다는 점을 제시하였다.

한국에서 거시경제 상황과 대중의 재분배정책에 대한 선호 간의 관계를 분석하는 것은 매우 의미 있는 작업이다. 한국사회는 오랜 기간 '성장 이데올로기'의 영향력하에 있었기 때문에 재분배정책에 대한 공공선호가 본격적으로 표출된 적이 없다(송호근 · 홍경준 2006). 성장과 분배라는 이분법적 시각은 아직도 공공정책의 기본방향을 설정하는 데에서부터 첨예한 논쟁을 일으키고 있다. 그러나 1997년의 금융위기가 진정된 이후에도 한국에서 경제성장의 정체는 지속되고 있으며 비정규직의 확대 등 노동시장구조가 급속도로 변화하면서 소득불평등이 심화되고 빈곤층이 빠르게 증가하고 있다. 특히 최근 금융위기가 국내외적 경제 불안정으로 이어지면서 정부는 지금과 같은 경기침체가 지속될 경우 기업의 도산과 이로 인한 실업자 속출 등으로 본격적으로 신빈곤층이 양산될 것이라 전망하고 있다(보건복지가족부 2008). 따라서 이러한 거시경제 상황의 악화 속에서 재분배정책에 대한 공공선호가 어떻게 변화하고 있는가를 살피는 것은 한국에서의 재분배정책 확대의 정치(politics of expansionary policy)에 대한 함의를 제시한다.

선진민주주의 국가에서 대체로 정책무드와 공공정책의 변화 사이에는 긴밀한 상관관계가 존재한다. 대중의 정책무드에 반응하여 공공정책이 수립되고 실행되는 것이다. 이렇게 공공정책이 대중의 정책무드에 반응하는 것을 정책의 역동적 대표성(dynamic representation)이라고 한다. 이 장은 한국에서 거시경제 상황의 변화에 따라 재분배정책에 대한 공공선호가 역동

발견의 일반화에는 분명 한계가 있다.

적으로 반응해왔다는 것을 분명히 보여주었다. 그렇다면, 한국에서 재분배 정책에 대한 공공선호에 반응하여 정책이 수립되고 집행되는 민주적인 정책의 역동적 대표성이 존재하는가? 대중의 선호를 반영하여 공공정책을 수립하고 추진하는 것이 민주주의의 중요한 한 단면이라면, 이러한 질문에 대한 체계적인 후속 연구는 한국 민주주의의 실제에 관한 연구에 다름 아니다.

참고문헌

보건복지가족부. 2008. 〈선제적 위기 대응으로 국민의 삶을 지키는 복지정책〉. 《2009 연두업무보고》.

송호근 · 홍경준. 2006. 《복지국가의 태동: 민주화, 세계화, 그리고 한국의 복지정치》. 나남출판.

Alt, James. 1979. *The Politics of Economic Decline: Economic Management and Political Behavior in Britain since 1964*. Cambridge: Cambridge University Press.

Alesina, Alberto and Eliana La Ferrara. 2005. "Preferences for redistribution in the land of opportunities." *Journal of Public Economics* 89(5-6): 897-931.

Balcells Ventura, Laia. 2006. "Trade Openness and Preferences for Redistribution: A Cross-National Assessment of the Compensation Hypothesis." *Business and Politics* 8.

Benabou, Roland and Efe Ok. 2001. "Social Mobility and the Demand for Redistribution: The POUM hypotheis." *The Quarterly Journal of Economics* 116(2): 447-487.

Berelson, B. R., Lazarsfeld, P. F., and McPhee, W. N. 1954. *Voting*. Chicago: University of Chicago Press.

Blekesaune, Morten and Quadagno J. 2003. "Public Attitude toward Welfare State Policy: A Comparative Analysis of 24 Nations." *European Sociological Review* 19: 415-427.

Blekesaune, Morten. 2007. "Economic Conditions and Public Attitudes to Welfare Policies." *European Sociological Review* 23(4).

Corneo, Giacomo and Hans Peter Gruner. 2002. "Individual Preference for Political Redistribution." *Journal of Public Economics* 83: 83–107.

Cusack, Thomas, Thomas Iversen, and Philipp Rehm. 2008. "Economic Shocks, Inequality, and Popular Support for Redistribution." In *Democracy, Inequality, and Representation: A Comparative Perspective*. (Eds.) Pablo Beramendi and Christopher J. Anderson.

New York: Russell Sage Foundation.

Cutright, P. 1965. "Political Structure, Economic Development, and National Social Security Programs." *American Journal of Sociology* 70: 537-550.

Dehejia, Rajeev, Thomas DeLeire, Erzo F. P. Lutter, and Roberta Gatti. 2005. "Insuring Consumption and Happiness through Religious Organizations." KSG Faculty Research Working Paper Series. Harvard University.

Durr, Robert. 1993. "What moves Policy Sentiment?" *The American Political Science Review* 87(1): 158-170.

Erikson, Robert, Michael MacKuen, and James Stimson. 2002. *The Macro Polity*. Cambridge: Cambridge University Press.

Erikson Robert, Gerald Wright, and John McIver. 1994. *State House Democracy: Public Opinion and Public Policy in the American States*. New York: Cambridge University Press.

Feldman, Stanley. 1982. "Economic Self-Interest and Political Behavior." *American Journal of Political Science* 26: 446-466.

Finseraas, Henning. 2008. "Immigration and Preferences for Redistribution: An Empirical Analysis of European Survey Data." *Comparative European Politics* 6: 4.

Fiorina, Morris. 1978. "Economic Retrospective Voting in American National Election: A Micro-Analysis." *American Journal of Political Science* 22. pp.426-443.

Gilens, Martin. 1999. *Why Americans Hate Welfare*. Chicago: University of Chicago Press.

Hungerman, Daniel M. 2005. "Are Church and State Substitutes?: Evidence from the 1996 Welfare Reform." *Journal of Public Economics* 89: 2245-2267.

Iversen, Torben and David Soskice. 2001. "An Asset Theory of Social Policy Preference." *American Political Science Review* 95(4): 875-893.

Kiewiet, Rodrick and Donald Kinder. 1979. "Economic Grievances and Political Behavior: The Role of Personal Discontents and Collective Judgements in Congressional Voting." *American Journal of Political Science* 23. pp.495-527.

King, Gary, Michael Tomz, and Jason Wittenberg. 2000. "Making the Most of Statistical Analyses: Improving Interpretation and Presentation." *American Journal of Political Science* 44(2): 347-361.

Lefebvre, Mathiew. 2007. "The Redistributive Effects of Pension Systems in Europe: A Survey of Evidence." Luxembourg Income Study Working Paper Series 457.

Meltzer, A and S. Richard. 1981. "A Rational Theory of the Size of Government." *Journal of Political Economy* 89: 914-927.

Mutz, Diana. 1998. *Impersonal Influence: How the Perceptions of Mass Collectives Affects Political Attitudes*. Cambridge: Cambridge University Press.

Ohtake, Fumio and Jun Tomioka. 2004. "Who Supports Redistribution?" *Japanese Economic Review* 55(4): 333-354.

Page, Benjamin and Robert Shapiro. 1983. "Effects of Public Opinion on Public Policy." *American Political Science Review* 77: 175-190.

Ravallion, M. and M. Lokshin. 2000. "Who Wants to Redistribute?: The Tunnel Effect in 1990 Russia." *Journal of Public Economics* 7: 163-188.

Romer, T. 1975. "Individual Welfare, Majority Voting and the Properties of a Linear Income Tax." *Journal of Public Economics* 7: 163-188.

Scheve, Kenneth and David Stasavage. 2006. "Religion and Preference for Social Insurance." *Quarterly Journal of Political Science* 1: 255-286.

Scheve, Kenneth and David Stasavage. 2008. "Religion and Social Insurance: Evidence from the United States, 1970-2002." In *Divide and Deal: The Politics of Distribution in Democracies*. (Eds.) Ian Shapiro, Peter A. Swenson, and Daniel Donno. New York: New York University Press.

Shapiro, Ian, Peter A. Swenson, and Daniela Donno. (Eds.) 2008. *Divide and Deal: The Politics of Distribution in Democracies*. New York: New York University Press.

Stevenson, Randolph. 2001. "The Economy and Policy Mood: A Fundamental Dynamics of Democratic Politics?" *American Journal of Political Science* 45(3): 620-634.

Stimson, James A. 1991. *Public Opinion in America: Moods, Cycles, and Swings*. Boulder: Westview Press.

Stimson, James, Michael MacKuen, and Robert Erikson. 1995. "Dynamic Representation." *American Political Science Review* 89: 543-565.

Wilensky, Harold. 1975. *The Welfare State and Equality: Structural and Ideological Roots of Public Expenditure*. Berkeley: University of California Press.

Wlezien, Christopher. 1995. "The Public as Thermostat: Dynamics of Preference for Spending." *American Journal of Political Science* 40(4): 981-1000.

Zaller, John. 1999. *A Theory of Media Politics: How the Interests of Politicians, Journalists, and Citizens Shape the News*. Chicago: University of Chicago Press.

4. 부동산과 복지국가

I. 서론

선진자본주의 국가들에서 임금 및 사회소득이 중요하고 복지정책에 의해서 어느 정도 보장되던 시대를 지나서, 1990년대 들어 노동시장 변화와 복지개혁으로 임금 및 사회소득이 불안정해지고 자산에 의존한 소득증가와 소비가 중요시해지는, 이른바 '자산가격 케인즈주의 시대'에 접어들었다. 비슷한 맥락에서, 선진자본주의 국가들은 20세기 후반부터 21세기 초반까지 주택이나 토지 등 부동산 시장에서 급격한 가격 상승을 경험했다. 1985년부터 2006년의 각 국가의 부동산 실질가격 상승률은 같은 기간 물가상승률에 비해 두 배 가까이 상회할 정도였다. 이런 부동산 가격 상승세는 이른바 비이성적 과열, 즉 '거품'으로 규정되었다(IMF 2015). 2008년 미국의 금융위기를 관찰 · 분석한 다수의 연구는 부동산 시장의 비정상적인 과열 현상이 경제위기의 근본적 원인이었다고 밝히고 있다(Mian and Sufi 2014). 주택, 토지 등 부동산 시장의 가격상승을 이끈 원동력으로는 각 국가에서 1980년대 초반부터 진행된 자본시장 개방, 그리고 자본의 원활한 수급을 위한 탈규제정책 등이 꼽히고 있다(Cerutti, Dagher, and Dell'Ariccia 2015). 아울러 2000년 이후 세계시장에서 저축공급 과잉현상(global saving glut)이 관찰되고, 이로 인해 유동성이 확대되는 시대적 흐름 속에서 많은 사람들이 정부의 금융시장

규제완화를 이용하여 자신의 소득 수준이나 보유하고 있는 총자산의 가치보다 더 많은 차입을 통해 부동산 시장에 뛰어들 수 있었다(Bernanke 2005; Caballero, Farhi, and Gourinchas 2008).

이 장은 가구가 금융시장으로부터 자본을 차입하여 부동산을 경쟁적으로 매입한 결과로 나타난 자산가격과 가계부채의 비율이 유권자의 복지태도에 어떠한 영향을 미치는지를 분석한다. 그동안 정치경제학에서 자산과 부채 등으로 표현되는 개인의 경제적 조건이 재분배 또는 복지에 대한 태도에 어떤 영향을 미치는지에 대한 연구는 상대적으로 드물었다. 미시적 차원에서 복지태도 및 정책 선호를 설명하려는 전통적인 접근들은 주로 소득이나 노동시장 내 지위와의 연관성을 강조하는 경향이 강했다. 특히 소득이 개인의 복지태도 및 선호를 결정한다는 소득중심적 연구들의 경우, 그 초점을 노동소득에 맞춰왔다(Meltzer and Richard 1981). 이와 반대로 최근 연구들에서는 소득뿐만 아니라 자산(asset) 역시 가계나 시민의 복지태도 형성에 큰 영향을 미치고 있다는 점을 강조한다(Ansell 2012; 2014; 김영순 · 여유진 2011). 다시 말해 개인이 보유한 자산가격의 변화가 경제적 조건에 대한 주관적 인식과 객관적 환경 모두에 변화를 일으켜 복지태도에 유의미한 전환을 일으킬 수 있다는 것이다.

비교정치경제 연구에서 그동안 임금소득과 노동시장 지위에 주목해온 접근에 비해, 최근 벤 앤젤(Ben Ansell)은 영국의 자산가격 상승국면 동안 자산(부동산)을 소유하고 있는 시민의 경우 사회보험에 대한 선호도가 하락했음을 보여준다(Ansell 2012; 2014). 소유하고 있는 자산가격의 상승분을 정부가 제공하는 사회보험의 대체재로 인식하기 때문이다. 아울러 부동산 가격 상승 역시 소득의 증가와 마찬가지로 조세에 대한 거부감도 늘리게 된다. 이 주장의 근거가 되는 자산가격의 상승은 1980년대 후반부터 나타나기 시작했다. 앤젤은 1975년 이후 영국 런던과 그 근교의 주택시장을 배경으로 논의한다. 하지만 이 시기에 부동산 가격이 급격히 상승했다는 것만큼 또 하나의 분명한 사실은 그 부동산을 구매하는 가구의 가계부채 역시 빠르게 증가했다는 것이다. 부채를 동원해 부동산을 구매한 결과이다. 부채는 자산과 달리 가계의 경제상황에 있어서 음(-)의 효과를 갖기 때문에 같은 시기 부동산 가격 상승에 따른 재분배 및 복지태도와의 인과성이 단순하게 성립하기 어렵다. 따라서 앤젤의 주장과 달리, 부채의 효과를 함께 고려할 필요가 있다. 기존 시각대로 자산가격의 상승이 유권자의 복지태도에 영향을 미친다고 볼 때, 여기에 자산가격 상승분만큼 부채 상승분을 고려한 복지태도의 방향성을 재검토해야 하는 것이다.

이 연구는 단순히 개인 혹은 가구가 소유한 부동산 가치의 상승(자산가격 상승)만으로 복지태도 및 선호를 설명하는 기존 연구들에 대해 문제를 제기한다. 이 장은 소득과 자산이 복지태도에 미치는 영향에 관한 연구들을 한 단계 뛰어넘어 가구가 보유한 자산과 부채의 비율이 복지태도에 어떠한 영향을 미치는가에 대해 분석한다. 이러한 점에서, 이 장은 복지태도에 관한 정치경제 연구에 새로운 주장과 경험적 발견을 제시한다. 이와 관련해 우리가 또 한 가지 주목할 점은 자산가격의 상승기 동안 가계의 대차대조표상에서 중요한 요소인 가처분소득의 증가가 크지 않았다는 것이다. 1980년대 이후 전 세계 대부분의 국가에서 노동자의 노동생산성이나 1인당 GDP 증가분만큼 가구소득 증가가 관찰되지 않는 것을 확인할 수 있다(Dabla-Norris, Kochhar, Suphaphiphat, Ricka, and Tsounta 2015). 다시 말해 단순히 부동산 가격이 상승했다고 해서 그 가구의 경제사정이 이전보다 좋아졌고 이로 인해 재분배 혹은 정부의 사회지출에 대한 시민의 태도와 선호가 낮아질 것이라 주장하기 어렵다는 점을 다시 일깨워준다. 요컨대 자산과 부채, 그리고 소득이라는 가계의 세 가지 경제적 조건 모두가 시민의 복지태도에 복합적인 영향을 미칠 수 있다. 대차대조표상에서 위 세 가지의 요건은 가계의 순자산(net equity)과 가계부채비율(household debt ratio)로 측정할 수 있다. 가계의 순자산이란 자산에서 부채를 제외한 나머지를 의미하며, 부채비율은 가계의 총자산에서 총부채가 차지하는 비율을 의미한다. 따라서 레버리지 비율의 개념으로 자산가격의 상승분이 가계부채의 상승분을 상회할 때에만(가계의 순자산이 증가한다는 조건), 자산가격이 높을수록 복지에 대한 선호가 낮을 것이다. 하지만 자산가격의 상승이나 소득의 증가가 가구가 동원한 부채의 총량을 상회하지 못한다면, 이와 같은 효과는 반대로 나타날 것이다. 이를 '부채의 레버리지 효과'라고 명명한다.

이 장은 개인수준에서 자산과 부채가 복지태도에 미치는 효과를 검증하기 위해 한국복지패널 데이터(2006-2013년)를 활용하여 자산가격과 부채비율이 복지태도에 미치는 영향을 분석한다. 패널데이터의 장점은 시간에 따른 유권자의 자산 및 부채수준 변화량에 근거하여 그 응답자의 복지태도 추적이 가능하다는 점이다. 아울러 우리의 경험적 발견이 한국에만 국한된 것이 아니라 일반화될 수 있는 것이라는 점을 확인하기 위하여 2009년 국제사회조사프로그램(International Social Survey Program, 이하 ISSP)의 불평등 모듈을 활용한다. ISSP 불평등 모듈에는 부채를 제외한 총자산가격 즉, 순자산(net equity)의 개념을 묻는 문항이 포함되어 있어 본 장이 제기하는 연구주제를 검증하기에 적합하다.

이 장은 다음과 같이 구성된다. 2절에서는 기존문헌에 대한 간략한 검토와 함께, 자산, 부채, 그리고 복지태도의 관계에 대한 이론적 분석틀을 제시하고 가설을 도출한다. 3절에서 데이터와 변수, 그리고 경험적 검증 전략을 소개하고, 4절에서 분석결과에 대한 해석을 제시한다. 5절은 비교국가자료를 활용한 경험적 분석결과를 제시한다. 우리의 주요 경험적 발견이 한국복지국가패널과 ISSP 데이터 분석에서 동일하게 유지된다는 점을 제시한다. 6절은 결론이다.

II. 이론적 논의

이 절에서는 개인의 복지태도와 재분배태도에 영향을 미치는 변수들에 대한 기존 문헌들의 주장들을 개략적으로 살펴보고, 이 장이 주장하는 자산과 부채가 복지태도에 미치는 효과에 대한 이론적 논의를 제시한다.

1. 기존문헌 검토: 경제적 설명과 비경제적 설명

개인의 복지태도는 무엇으로 결정될까? 개인의 재분배 및 사회복지 태도와 정책선호에 관한 연구는 크게 경제적 설명과 비경제적 설명으로 나눌 수 있다. 우선 경제적 설명들은 주로 소득(income)과 노동시장 내의 지위(labor market status)라는 두 가지 변수를 중심으로 연구되어 왔다. 먼저 소득과 복지 및 재분배태도 사이의 상관관계를 추적한 연구들은 개인이 노동시장에서 얻는 임금소득의 수준이 복지태도와 정책선호를 형성한다고 설명한다(Meltzer and Richard 1981; Huber and Stephens 2001). 재분배의 기제는 조세와 재정정책을 통해 고소득층의 소득을 저소득층의 소득으로 이전하는 것이기 때문에 소득이 높을수록 재분배선호가 하락한다는 설명이다. 특정기술(specific skill)을 보유한 노동자이거나 노동시장 이중화(labor market dualization) 현상이 심화되면서 비정규직에 종사하는 노동자인 경우에서 발견되듯이, 소득보다는 개인의 노동시장 내에서 지위에 따라 발생하는 위험(labor market risk)과 복지태도의 인과관계가 중요하다는 시각이 주목받고 있다. 즉 고용의 안정성이 부족할 경우 사회지출 및 재분배정책에 대한 선호도가 상승한다는 설명이다(Mares 2003; Cusack, Iversen, and Rehm 2006; Rehm 2011; 2016). 이런 논의의 연장선에서 렘 외(Rehm, Hacker, and Schlesinger 2012)는 노동시장 위험과 소득 수준의 상호작용이 재분배와 사회보험 선호에 미치는 영향을 통합적으로 분석한 바 있다.

한편 최근의 정치경제 문헌들은 재분배선호에 관해 새로운 시각의 이론적, 경험적 연구결과들을 축적해왔다. 비경제적 요인들의 중요성을 강조하는 것이다. 공정성(fairness) 또는 신념(belief)의 개념과 규범(norm)이 재분배 정책에 관한 선호에 영향을 미친다는 연구들(Alesina and Angeletos 2005; Bénabou and Tirole 2006)이다. 덧붙여서 국가수준 맥락의 영향력을 강조하는 연구들, 즉 소득불평등, 복지국가, 그리고 인종적 다양성 등의 사회경제적 요인들이 개인의 재분배정책에 대한 선호에 영향을 미친다는 연구들도 제시되었다(Finseraas 2008; Kenworthy and McCall 2008; Alesina and Giuliano 2009). 아울러 사회규범(social norm) 혹은 이타주의(altruism), 국가정체성(national identity) 등 비경제적 요인이 재분배선호에 대해 갖는 중요성을 강조하는 연구도 진행되어왔다(Fong 2001; Alesina and Giuliano 2009; Shayo 2009).

사실 유권자 개인의 경제적 조건을 판단하는 전통적 준거라 할 수 있는 소득은 '노동소득'과 '자본소득'의 두 가지로 분류될 수 있다. 이 중 자본소득은 개인이 소유한 자본의 객관적 크기에 따라 영향을 미칠 수 있는 심리적 안정감이나 일생 동안의 전체 소득의 증가라는 측면을 간과하게 만든다. 밀턴 프리드먼(Milton Friedman)이 제시한 항상소득가설(permanent income hypothesis)에 따르면, 개인의 소비수준은 개인 스스로 평생 얻을 수 있으리라 기대되는 소득의 총량에 의해 결정되는데 이는 결국 소유하고 있는 자본의 총량 역시 소득으로 치환될 수 있기 때문이다(Friedman 1957). 따라서 소득 개념에 포괄되어 있는 '자본소득'의 개념만으로 자본의 크기가 주는 심리적 안정감이나 소득으로의 전환 개념을 포착하기 어렵다. 또한 재분배와 관련된 심리적 안정감이나 개인의 사회적 정체성(social identity)이 다른 요소들과 상호작용하여 재분배정책에 대한 선호를 형성하고 있다는 주장들은 재분배 정책 선호 결정 논쟁에 있어서 새로운 지평을 열고 있다(Fong 2001; Shayo 2009; Klor and Shayo 2010; Lindqvist and Ostling 2013). 특히 자본의 크기가 주는 심리적 안정감이란 측면에서 쉬비와 스타새비지(Scheve and Stasavage)가 제시한 종교적 신념, 특히 기독교 신앙과 복지국가선호의 연계는 이 장의 이론적 논의에 중요한 함의를 준다. 쉬비와 스타새비지에 따르면, 기독교 신앙이 강한 개인의 경우 노동시장 또는 생애주기에 따른 위험에 처했을 때, 종교가 사회보험의 대체재로 기능한다(Scheve and Stasavage 2006). 쉬비와 스타새비지의 논의는 개인의 정책태도 형성에서 사회보험의 대체재로 작용할 수 있는 것을 제시했다는 점에서 의미 있다.

앤젤의 논의 역시 재분배에 대한 심리적 저항감을 강조하는데, 자가주택이라는 경제적 자산이 자가보험(self-insurance)의 측면을 갖고 있다고 지적한다(Ansell 2012; 2014). 주택은 대규모 자본을 소유한 자본가가 아닌 이상 노동소득으로 삶을 영위하는 유권자가 소유할 수 있는 거의 유일한 자산의 형태이다. 따라서 개인이 노동시장에서 실업 · 질병 등 위험에 빠졌거나, 개인의 소득하락이 현실화되었을 경우 경제적으로 자구(self-help)할 수 있는 거의 유일한 수단이 된다고 설명한다. 앤젤은 주택이 개인의 경제적 어려움을 피할 수 있는 피난처(shelter)로 작동된다고 언급한 모딜리아니(Modigliani)의 생애주기가설과의 이론적 결합을 시도한다(Modigliani 1976). 주택자산을 보유한 사람이 경제적 위험에 처했을 때 사회복지시스템보다 주택자산을 역모기지론 등의 형태로 사용하는 것이다(Torgersen 1987). 또한 부동산 소유 여부와 노령연금 혹은 부동산 관련 조세에 대한 선호도 사이의 연관성을 고찰한 연구에서도 두 변수 사이에 서로 부정적인 상충(trade-off)효과가 나타난 점을 지적하고 있다(Kemeny 1981). 국가별 횡단면 분석을 실시한 케미니(Kemeny)에 따르면, 부동산을 소유한 개인은 은퇴 이후 소유부동산에 대한 담보대출을 활용하여 자체적인 노령연금을 받을 수 있는, 이른바 '역모기지론'을 활용하기 때문에, 정부가 범국가적인 차원에서 조세를 걷어 연금을 지원하는 노령연금에 대한 개인의 수요가 줄어든다는 것이다.

최근 한국 정치학계에서 복지태도와 재분배 선호에 대한 연구가 활발히 진행되고 있다(이승희 · 권혁용 2009; 김영순 · 여유진 2011; 조정인 2014; 여유진 · 김영순 2015). 그러나 대부분 소득이나 계층적 요인에 초점을 두고 분석한 것이 사실이다. 자산과 복지태도에 대한 연구가 부재했던 것이다. 자산, 특히 부동산에 초점을 맞춘 유일한 정치학 연구는 지역의 주택 소유구조의 특정 조건 아래에서 부동산 가격 변동을 초래할 수 있는 정책이 실행될 경우 정부에 대한 상벌투표가 촉발되는 경향성이 발견된다는 점을 보여준 박원호(2009)의 연구이다. 한국인들의 복지태도에 관한 연구들에서 그동안 사회경제적 변수의 영향력에 주목한 연구는 많았으나, 소득의 영향력이 검증되는 경우는 2010년 이후 자료들을 분석할 때 나타났다(여유진 · 김영순 2015). 그러나 자산의 영향력은 기실 그동안 한국인들의 복지태도 결정에 커다란 영향을 미쳤을 것으로 보인다(김영순 · 여유진 2011). 다만 한국의 정치경제 연구들이 자산의 영향력에 주목해오지 않았던 한계가 존재한다. 이러한 학문적 배경에서 볼 때, 이 장은 시민들의 복지태도에 미치는 자산의 영향, 그리고 나아가서 자산과 부채의 비율이 복지태도에 미치는 영향을 분석한다는 점에서 한국 정치경제 연구에서 새로운 시각을 제시하는 것이라 할 수 있다.

2. 부채의 레버리지 효과: 부채비율과 복지태도

앤젤의 논의에 따르면, 자산가격 상승기에는 재분배선호가 줄어들어야 한다. 하지만 이 자산가격의 상승에는 여러 가지 원인이 있을 수 있다. 특히 1980년대 이후 부동산가격과 가계부채의 추이를 살펴보면 매우 밀접한 관련이 있는 것으로 나타난다는 점을 고려할 필요가 있다. 즉 부동산 가격 상승의 원인이 대부분 가구가 부채를 동원한 결과이고, 부채를 동원한 자산매입의 결과라는 점이 중요하다(IMF 2015; Mian and Sufi 2014).

가계의 재무구조상 자산과 부채는 본질적으로 다른 효과가 나타난다. 자산은 시장에서 가격이 결정되기 때문에 상승과 하락의 교차가 일어나는 반면, 부채는 개인과 금융기관 혹은 다른 개인과의 계약관계이기 때문에 개인

〈표 1〉 재분배선호와 자산 현황

	매우 동의한다	동의한다	보통이다	반대한다	매우 반대한다	전체
마이너스 재산	38.1%	40.2%	12.4%	6.8%	2.5%	100%
무주택자	33.9%	40.0%	13.3%	9.9%	2.9%	100%

자료: ISSP 2009

의 소득 중 일부 혹은 자산 상승분의 일부를 상환하지 않는 이상 하락하지 않는다. 즉 가구의 소득이 증가하지 않고 자산가격 또한 더 이상 상승하지 않는다면, 가계의 대차대조표상 전체 이익률은 하락한다. 요컨대 자산에 포함된 부채는 소득에서 음(-)의 효과를 갖기 때문에, 부동산 가격 상승이 직접적으로 가계의 순자산 상승으로 전환되지 않는다. 이 점은 자산과 복지태도의 인과성을 설명하는 기존 연구의 통념(conventional wisdom)에 의문을 제기하게 한다.

〈표 1〉은 ISSP 2009 데이터를 활용하여 주택담보부채가 주택자산을 초과한 집단과 아예 주택자산을 보유하고 있지 않은 집단 사이의 재분배 선호도를 비교한 결과를 보여준다. 재분배태도는 "정부는 고소득층과 저소득층 사이의 소득 격차를 줄이기 위한 책임이 있다"는 문항에 대해 매우 동의한다고 응답하거나 동의한다고 응답한 비율을 나타낸 값이다. 〈표 1〉에서 확인할 수 있듯이, 자산을 소유하였지만 부채가 많은 집단이 아예 자산을 소유하지 않은 집단보다 재분배를 선호하는 비중이 더 높다. 개인의 복지 및 재분배태도를 결정하는 변수에 대해 기존 연구들의 주장과 발견을 재검토할 필요성을 보여준다고 하겠다. 소득이나 자산만으로는 정확히 측정할 수 없는 가계의 대차대조표, 다시 말해 자산과 부채의 비율을 고려해야 한다는 점을 제시하고 있다.

이러한 측면에서 이 장은 가구가 자산구입을 위해 차입한 부채의 효과, 즉 대차대조표상의 레버리지 효과에 주목한다. 이는 두 가지 측면에서 유의미하다. 첫째, 가계의 대차대조표는 기업의 그것과 마찬가지로 자산, 소득 그리고 부채로 구분될 수 있다. 만약 가계가 경제활동 중에 소득의 증가는 나타나지 않더라도 부채를 차입해 자산을 구매한다면 대차대조표상에서 총자산(total asset)은 크게 증가하게 된다. 구매한 자산의 가격이 오를 경우, 총자산의 증가폭 역시 차입한 부채의 양에 비례해 더 증가하게 된다. 하지만 자산가격이 하락할 경우 차입한 부채의 효과 때문에 오히려 가계의 순자산은 부채의 양에 비례하여 감소한다. 이를 레버리지 효과라고 한다. 둘째, 주택은 대부분의 가구가 소유하거나, 소유할 수 있는 가장 커다란 자산형태라는 점이다. 부동산 가격 상승의 원인은 차치하고, 가구가 소유한 부동산의 가격이 상승한다면 가계는 소득의 증가 없이도 부가 크게 증가할 수 있다. 이렇듯 가계의 대차대조표에서 자산가격의 상승은 다시 세 가지 의미를 갖는다. 첫째, 늘어난 자산을 활용해 가구소득 이상의 소비를 할 수 있다. 둘째, 자산의 증가는 가계소득 이상으로 자신이 가진 경제적 수준이 증가하는 것을 의미하기 때문에 주관적 계층의식에 영향을 미칠 수 있다. 셋째, 시민들은 자산가격의 안정적인 유지 혹은 자산가격의 더 높은 수익률을 기대하기 때문에 시민이 선호하는 정부정책에 대한 태도가 임금소득과는 무관하게 변화할 수 있다.

자산가격과 부채수준은 개인의 재분배정책 선호에 어떠한 영향을 미칠까? 우리는 가계부채비율을 주택가격 대비 가계부채의 비율로 측정한다. 부동산 가격이 상승하는 시기에는 부채를 동원하여 부동산을 매입하였더라도 부채비율은 낮아질 것이고, 따라서 복지태도는 낮아질 것이다. 반대로 부동산 가격 상승폭이 둔화되거나 보합세, 혹은 하락하는 시기에는 부채비율이 상대적으로 높아지게 되어 높은 복지태도로 이어질 것이다. 다른 한편으로, 부동산 가격을 상수(constant)로 놓고 보자면, 대출금리가 높아질 때 부채비율이 높아지게 되고 이는 높은 복지태도로 이어질 가능성이 있다. 거꾸로 대출금리가 낮아진다면 부채비율이 상대적으로 낮아져서 낮은 복지태도와 상관관계가 있을 수 있다. 이러한 논의로부터 우리는 다음과 같은 가설을 도출한다: 가계부채 비율이 높다면 복지태도는 높을 것이고, 반대로 가계부채 비율이 낮다면 복지태도는 낮을 것이다.

III. 경험적 분석: 한국복지패널

위에 제시한 이론적 논의를 검증하기 위해 이 연구는 한국복지패널(Korea Welfare Panel Study)[1]을 이용한다. 한국복지패널은 2006년에 시작하여 총 10차까지 진행되었는데, 이 중 2차, 5차, 8차에는 재분배태도 및 주관적 이념성향을 묻는 문항이 포함되어 있는 '복지인식 부가조사'를 추가로 실시하였다. 2007년에는 표본가구의 가구주 및 배우자 중 총 1,687명에 대해 '복지인식 부가조사'가 이루어졌으며, 2013년에는 표본가구 내 만 19세 이상 모든 가구원 5,050명 중 4,185명에 대해 조사가 이루어졌다. 이 중 2007년 2차 조사에서 부가조사가 실시된 패널 1,674명과 2010년에 새롭게 복지인식 부가조사에 포함된 1,327명을 추가하여 총 3,001명의 패널을 최종 분석대상으로 하였다. 복지패널에는 가구주의 재산 변동현황과 현재 거주하고 있는 주택의 소유권 현황과 그 주택의 가격, 그리고 주택담보대출을 포함한 가계의 총 부채규모를 묻는 문항이 있다.

한국복지패널은 패널조사로 몇 가지 장점을 갖고 있다. 1회 조사된 횡단면 자료로는 '변화의 크기'를 파악할 수 없고, 2회 이상 조사된 횡단면 자료의 경우 변화의 크기는 파악할 수 있으나, 그 변화가 자산가격의 변화로 나

1 한국복지패널은 2006년에 국민실태조사에 참여한 30,000가구를 2단계 층화집락 추출을 통해 표집한 후, 소득계층별로 층화하여 저소득층 가구와 일반가구를 각각 3,500가구씩 표본으로 선정하여 최종 7,072가구에 대한 조사 및 가구원 조사를 통해 1차년도 자료를 구축하였다. 그 후 이들 가구와 가구원에 대해서 매년 조사하여 2차년도 데이터는 2007년, 3차년도 자료는 2008년, 4차년도 자료는 2009년, 5차년도 자료는 2010년, 6차년도 자료는 2011년, 7차년도 데이터는 2012년, 8차년도는 2013년, 9차년도는 2014년에 구축되었다.

타난 것인지(asset variation effect), 혹은 동일 시기 동안 개인의 소득에 의해 발생한 것인지(income variation effect), 혹은 연령, 직업 등 사회적 요건(social effect)이 원인으로 작용하였는지 등을 분리하기 곤란하다. 반면, 패널조사는 변화의 크기뿐만 아니라 여러 제반 변수들의 변화량을 분리할 수 있고, 이를 통해 개인의 고정된 효과까지 포착할 수 있다는 장점을 갖고 있다(남상호 2011).

1. 기술통계 분석

개인이 처한 경제적 조건이 복지태도에 미치는 영향은 앞서 이론적 논의에서 살펴본 바와 같이 소득과 자산으로 구분하여 파악할 수 있다. 이 절에서는 체계적인 통계분석에 앞서 몇 가지 기술통계 분석을 통해 소득과 자산이 복지태도에 미치는 영향을 살펴본다. 앞선 연구들에 따르면 소득과 자산은 복지태도와 음(-)의 상관관계를 가질 것이다.

〈표 2〉는 한국복지패널에 포함된 "정부는 소득격차를 해소하기 위한 책임이 있다"라는 문항에 대한 동의 여부를 부채위험도와 소득을 기준으로 나누어 평균점수를 제시한 결과이다. 부채위험도는 편의상 가구가 소유한 총자산을 총부채로 나눈 부채비율의 하위 25%에 포함된 응답자를 부채 위험집단으로, 상위 75%에 해당하는 응답자를 부채 비위험집단으로 구분하였다. 숫자가 클수록 재분배를 지지한다는 것을 의미한다. 〈표 2〉에서 확인할 수 있듯이, 일반가구, 저소득가구 모두 가계부채 위험집단에서 가계부채 비

〈표 2〉 가계부채와 소득에 따른 재분배태도 평균점수

재분배 태도	가구 구분	가계부채 위험집단	가계부채 비위험집단
재분배 매우 반대(1) ↔ 재분배 매우 동의(5)	일반가구 (N=5424)	3.84	3.73
	저소득가구 (N=3525)	3.85	3.74

자료: 한국복지패널

〈그림 2〉 재분배선호도에 따른 연평균 노동·자본소득

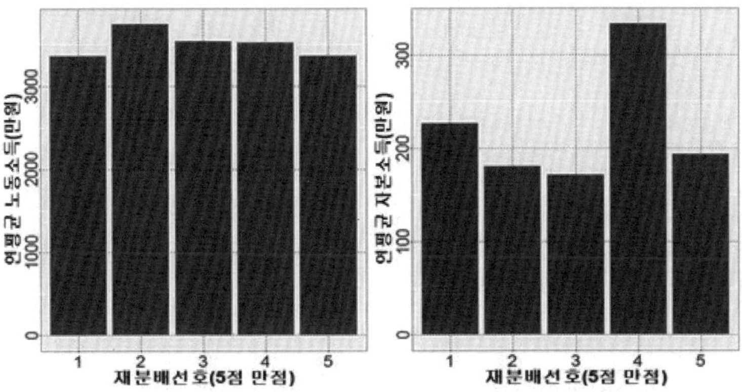

위험집단보다 약 0.1점 이상 높아진다. 반면 저소득가구와 일반가구 사이에서는 각각 0.01점의 차이만 보이고 있어, 소득에 비해 가계부채가 개인이 재분배태도의 차이를 가져오는 데 더 큰 영향을 미치고 있었다. 가구소득이 재분배태도에 미치는 영향이 예상보다 크지 않다는 점은 아래의 그림에서도 확인할 수 있다.

〈그림 2〉는 재분배선호에 대한 연평균 노동소득 · 연평균 자본소득을 나타낸 것이다. 각 재분배선호(매우 동의 5점 – 매우 반대 1점)에 따라 연평균소득 수준의 일관적 경향이 관찰되지 않고 있다. '재분배에 대해 매우 반대한다(1점)'고 응답한 사람의 평균소득은 3,359만원인 것으로 나타났지만, '재분배에 대해 매우 찬성한다(5점)'고 응답한 사람들의 평균소득 3,355만 원과 큰 차이가 나타나지 않았는데, 노동소득이 재분배선호에 그다지 큰 영향을 미치고 있지 않다는 점을 보여준다. 이는 노동소득이 높을수록 재분배선호가 낮을 것이라는 기존의 이론적 논의와 배치되는 것이다. 자본소득 역시 노동소득의 양상과 유사했다. '재분배에 대해 매우 반대한다(1점)'고 응답한 사람들의 평균 자본소득은 226만 원으로 나타났고, '재분배에 대해 매우 찬성한다(5점)'고 응답한 사람들은 연평균 자본소득 193만 원인 것으로 나

〈표 3〉 3년간 노동소득 변화량에 따른 재분배태도

	노동소득 증가층	노동소득 감소층	p-value
재분배선호①: 소득격차해소는 정부의 책임이다 (1 반대 - 5 동의)	3.702 [3.702 3.752]	3.639 [3.567 3.710]	0.919
재분배선호②: 이전 조사에서 응답한 재분배선호도와의 격차	-0.167 [-0.263 -0.071]	-0.149 [-0.216 -0.081]	0.619

자료: 한국복지패널(2차, 5차, 8차 조사)

타났는데, 자본을 통해 얻은 수익으로는 개인이 재분배에 대해 갖는 태도를 일관성 있게 설명하기 어려웠다.

또한 패널조사의 특성을 활용하여, 이전 조사에 비해 노동소득이 증가한 응답자와 노동소득이 감소하거나 혹은 변화가 없는 응답자로 구분하여 재분배태도에 대한 평균 차이 검정(t-test)을 실시했다. 〈표 3〉은 이 결과를 제시하는데, 노동소득 증가층과 노동소득 감소층 사이의 재분배태도는 큰 차이가 나타나지 않았다.[2] 개인 패널로 고정시킨 후, 2007년 조사와 2010년 조사, 2010년 조사와 2013년 조사에서 패널이 응답했던 재분배태도 점수의 격차에 대해 같은 검정을 실시한 결과(재분배선호②: 노동소득 변화량) 역시 통계적으로 유의미한 차이를 보이지 않았다. 이 같은 결과들은 개인의 노동소득이 재분배 태도에 큰 영향을 미치고 있지 않다는 점을 일관적으로 확인시켜준다. 이러한 점은 기존 연구에서 제시한 발견과 같은 맥락에 있다(김영순 · 여유진 2011). 한국적 맥락에서 노동소득의 변화가 재분배태도의 변화로 나타나지 않고 있는 것이다.

〈표 3〉과 〈그림 2〉가 보여주는 바는 결국, 최소한 한국적 맥락에서는, '소

2 2007년 조사의 평균 재분배선호도는 3.93점이었고, 2010년은 3.70점이었다. 2013년은 3.71점이었다. 각 조사별 재분배선호도에 따라 개별 응답자의 소득과의 매칭을 통해서도 소득이 재분배에 유의미한 영향력이 나타나고 있지 않음을 확인할 수 있었다.

득이 개인의 재분배선호를 결정한다'는 기존 논의를 기각하는 대안적 설명이 필요한 것이다. 한 가지 가능한 설명은 개인의 늘어난 소득이 다른 영역의 비용으로 지출된다는 점이다. 이 다른 비용의 영역 중 하나가 바로 늘어난 부채에 대한 이자이다. 앞서 설명한 바와 같이 자산을 매입하는 과정에서 동원한 부채는 이자 지출을 꾸준히 필요로 하기 때문이다. 가계의 대차대조표를 구성하는 주요 영역인 소득, 자산, 부채를 종합적으로 이해하는 것이 개인의 재분배태도를 더 입체적으로, 정확하게 설명하는 데 중요한 디딤돌이 될 수 있다.

이와 같은 논의를 토대로 전술한 소득, 자산, 부채의 종합적 이해를 위해 주택관련 대출이자에 대한 연체 여부를 대상으로 두 군집 사이의 재분배태도의 평균값이 체계적 차이를 나타내고 있는지 살펴보았다. 주택관련 부채에 대한 이자의 연체는 개인이 갖고 있는 부채가 자신의 재무에 미치는 주관적 위험도를 즉각적으로 인식하도록 만든다. 연체는 개인의 경제적 조건인 소득과 자산에 근거한 신용의 위험도와 직접적인 효과를 갖기 때문이다. 한국복지패널은 응답자에게 지난 한 해 동안 주택담보 대출이나 전세자금 대출의 연체를 한 적이 있는지에 대해 '한 번도 없다'와 '1-2회', '3회 이상'으로 나눠 묻고 있다. 이 분석에서는 응답자를 1년 동안 연체가 한 번도 없었던 집단과 연체가 1회 이상 발생한 집단으로 나눠 t-test를 수행하였다.

〈표 4〉에서 확인할 수 있듯이, 주택 관련 대출이자의 연체를 경험한 적이 있는 개인은 연체가 없었던 개인에 비해 재분배태도가 높았고, 이는 통계적으로 유의미한 차이가 발견되었다. 연체경험이 있는 개인들의 경우 평균 4.1

〈표 4〉 주택대출 연체 유무와 재분배태도 차이(t-test)

	연체경험	연체무경험	*p*-value
재분배선호 : 소득격차해소는 정부의 책임이다 (1 반대 – 5 동의)	4.052 [3.864 4.238]	3.728 [3.705 3.750]	0.003

출처 : 한국복지패널(2차, 5차, 8차 조사)

점의 재분배태도를 보인 반면 연체경험이 없는 개인들은 3.7점을 나타내며 그 차이도 0.5점의 차이를 나타났다. 소득의 증가와 달리 주택 관련 대출에 대한 이자의 연체 여부에서 개인의 재분배태도에 대한 평균점수가 체계적으로 차이가 발생하였다는 것은 재분배태도를 결정하는 변수가 소득보다 자산과 부채일 수도 있다는 점을 일정 부분 보여준다. 주택 관련 대출의 연체는 가계가 스스로 감당할 수 있는 부채수준 이상으로 대출을 동원하였다는 것을 의미하고, 이 경우 정부로부터 적극적인 소득재분배를 기대하는 양상이 관찰되는 것이다.

〈그림 3〉은 자산과 부채를 동시에 이해하는 것이 필요하다는 점을 직관적으로 나타낸다. 우선 〈그림 3〉의 첫 번째 그래프인 재분배태도 점수별 자산의 평균가격을 살펴보면, 재분배태도가 가장 낮은 집단(1점)의 평균은 1억 987만 원으로 조사되었다. '개인의 재분배태도에 있어서 자산가격의 수준이 중요하다'는 이론이 옳다면, 재분배태도 점수가 높아질수록 자산가격의 평균값은 낮아야 한다. 하지만 재분배태도 점수가 1점에서 4점으로 갈수록 자산의 평균가격은 오히려 증가하였고, 재분배에 가장 찬성하는 그룹(5점)에서만 자산가격이 하락하였다(9,961만 원). 두 번째 그래프는 첫 번째 그

〈그림 3〉 자산가격, 부채, 부채비율별 재분배태도

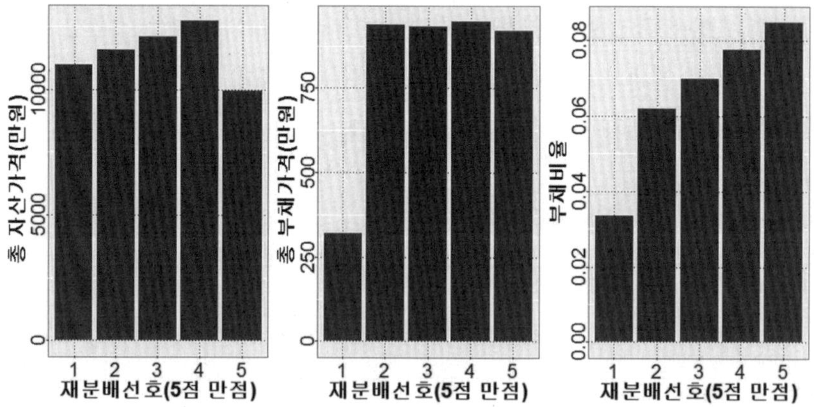

래프와 동일한 방식으로 각 재분배선호 집단별 총 부채의 평균수준을 표현한 것이다. 이 그래프 역시 재분배태도를 한 가지 변수로 일관성 있게 설명하기 어렵다는 것을 보여준다. 재분배에 대한 반대가 가장 큰 집단(1점)의 평균부채 수준(321만 원)이 가장 낮았지만, 이외 집단들(2-5점)의 평균부채 수준은 921만 원에서 947만 원 수준으로 유의미한 차이를 발견하지 못한 것이다. 하지만 자산과 부채를 동시에 조망할 수 있는 부채비율을 나타낸 세 번째 그래프에서는 개인의 재분배태도의 결정요인을 일관성 있게 바라볼 수 있는 유의미한 차이를 발견하였다. 재분배태도 점수가 높은 집단일수록 부채비율이 계단형으로 증가하였는데, 재분배선호가 가장 낮은 집단(1점)의 가구 평균 부채비율은 3.3%부터 각각 6.1%, 6.9%, 7.7%, 8.4%로 일관성 있게 증가하고 있음을 확인할 수 있었다.

이는 재분배선호를 설명해온 전통적 이론의 수정, 보완이 필요하다는 점을 방증한다. 멜처-리처드 모델(Meltzer-Richard model)로 대표되는 전통적 이론은 '미시적 차원의 재분배선호에 개인의 소득이 중요하다'는 입장이다. 하지만 살펴본 바와 같이 재분배선호에 영향을 미치는 요인 중 개인의 소득은 일관성 있는 설명을 해내지 못하고 있다. 오히려 자산과 부채가 동시에 작용한다는 이론적 예측이 더 적실한 것으로 보인다. 이는 최근 소득 · 자산의 양극화, 노동시장 이중화, 급증하는 가계부채 등이 새롭게 가구 경제의 위협요인으로 등장하였기 때문일 것이다.

2. 경험적 분석 전략

1) 종속변수

한국복지패널에서 재분배에 대한 개인의 선호를 묻는 문항은 재분배태도를 연구하는 대다수의 문헌에서 활용하는 "소득격차 해소는 정부 책임이다"는 진술에 대한 동의 정도이다(Rehm 2011; Ansell 2012). 한국복지패널에서 재분배 선호 문항이 2007년 2차 모듈, 2010년 5차 모듈, 2013년 8차 모듈 작성 당시 동시에 진행된 복지인식 부가조사에 모두 포함되어 있다. 따라서 2007년-2013년에 이르는 3번에 걸쳐 응답한 패널들의 복지태도의 변화량을 분석하는 데 용이하다. 이 문항은 5점 척도로 1점의 '매우 동의한다'부터 5점의 '매우 반대한다'로 구성되어 있는데, 본 장은 분석 결과를 효과적으로 제시하기 위해 구성된 문항의 순서를 역으로 재코딩하였다. 따라서 '매우 반대한다'의 1점에서부터 '매우 동의한다'의 5점까지 나타나는데, 이는 점수가 높을수록 재분배에 동의하는 것을 의미한다.

2) 독립변수

이 분석에서 독립변수로 활용한 문항은 주택소유자를 대상으로 하여 소유하고 있는 주택의 가격과 여기에 포함되어 있는 주택의 부채에 관한 정보를 포함하였다. 한국복지패널에서는 다른 금융 및 비금융자산과 금융부채의 세부적 사항도 묻고 있다. 주택소유자의 경우 비금융자산을 제외한 금융자산과 토지와 건물 등 협소한 의미의 부동산 자산에 주택가격을 더하여 가구가 소유하고 있는 총 '자산'규모로 확정하였다.[3] 부채의 경우도 마찬가지로 주택소유자의 경우 주택담보대출에 '금융부채'의 총액을 더하여 가구가 소유하고 있는 총 '부채' 규모로 확정하였다. 한편 각 금융자산과 금융부채의 세부항목에 결측치가 존재한다. 이 경우 다른 자산과 부채의 총계 그리고 소득 등을 확인하여, 부채의 규모를 0으로 코딩하거나 패널에서 제외하였다. 그 결과 자가주택 거주자의 평균 주택가격은 1억 5,493만 원으로 나타났고, 최소값은 500만 원, 최대값은 25억 원으로 나타났다. 자가주택 거주자가 가지고 있는 평균 부채 규모는 6,765만 원이고 최소값은 0원, 최대값은 3억

3 비금융자산은 소유 자동차 · 농기계 등 자영업 집단이 소유하고 있고, 지속적으로 감가상각되는 자산이다. 따라서 자산 가치가 상승한다는 본 장의 이론적 가정과 일치하지 않아, 총 자산에 포함시키지 않았다.

9,000만 원으로 나타났다. 이 장에서는 가구가 보유한 자산과 부채를 자연로그로 변환하였다. 부채와 자산규모를 로그로 각각 변환한 후 다음과 같이 부채비율을 확정하였다

부채 / 자산 = 가계의 부채비율

가계의 부채비율은 자산에서 부채가 차지하는 비중을 나타내는 것으로 본 패널분석에서 부채의 레버리지 비율이 높을수록 재분배에 대한 선호도가 높을 것(+)으로 예측된다.

3) 통제변수

이 분석은 성, 연령, 소득(가처분소득), 교육수준, 직업, 종교를 통제변수로 활용한다. 연령의 경우 한국적 맥락에서 연령이 높을수록 보수적 성향이 나타나고, 이 보수적 성향은 정책적 신호로 작용하여 재분배태도에 부정적인 영향을 미치는 것으로 보고된다(이내영 · 정한울 2013). 소득의 경우 전술하였듯 재분배선호와 관련하여 많은 연구가 진행되었다(Meltzer and Richard 1981). 이런 연구의 대부분은 소득이 높은 개인일수록 재분배에 대한 선호가 낮아지고 있음(-)을 보고한다. 우리의 분석에서도 이와 같은 결과가 나올 것으로 기대된다. 교육수준이 재분배선호에 미치는 영향에 대해서는 정치경제학계의 논쟁이 다양하다. 알레시나와 줄리아노는 ISSP를 활용한 분석에서 교육수준이 높을수록 재분배선호가 낮아지는 것을 발견하였고, 한국적 맥락에서 진행된 연구도 이와 같은 결과를 보이고 있다(Alesina and Giuliano 2009; 조정인 2014). 하지만 교육수준이 높은 사람은 정치의식이나 문화에 대한 이해가 높다는 점에서 재분배선호와 친화적일 수 있다는 지적도 존재한다(하솔잎 · 이우진 2014). 직업은 비정규직에 대한 더미변수로 활용하였다. 비정규직은 1, 비정규직이 아닌 개인들은 0으로 코딩하였다. 이론적

논의에서 살펴보았듯이, 최근의 연구동향을 살펴보면 비정규직일수록 더 높은 재분배 태도를 갖는 것으로 평가된다. 종교 역시 더미변수로 처리하였는데, 종교가 있는 개인은 1, 종교가 없는 개인은 0으로 코딩하였다. 종교적 신념이 강할수록 재분배 정책선호에 부정적인 효과(-)를 가질 것으로 예측된다(Scheve and Stasavage 2006). 한편 한국 정치경제의 맥락적 정보인 지역변수를 추가하였다. 한국의 부동산 가격은 수도권과 비수도권 사이의 차이가 매우 크다. 따라서 수도권에 거주하는 가구일수록 가계의 대출 비율도 높을 것으로 예상된다. 따라서 수도권에 거주할수록 다른 지역에 거주하는 사람에 비해 레버리지에 의한 재분배선호는 양의 관계(+)가 나타날 것으로 예측된다.

4) 분석모형 : 순서로짓모형

이 연구에서는 한국복지패널 데이터를 사용하여 순서로짓모형(ordered logit model)을 추정한다. 종속변수인 재분배 태도는 순서가 있는(1-5) 범주형 변수이다. 따라서 순서로짓모형을 사용하는 것이 적합하다.

$$\text{Logit}[\Pr(y_i > s)] = X_i^T \mathbf{b} - \kappa_s$$

여기에서 X는 독립변수와 통제변수들이고, b는 추정해야할 계수 벡터이며, k는 절단값을 나타낸다.

IV. 한국복지패널의 분석결과

〈표 5〉는 순서로짓모형 분석결과를 보여준다. 모형[1]과 모형[3]은 수도권 더미변수를 추가하여 분석한 결과이고, 모형 [3]과 모형[4]는 자산가격 변수를 제외한 결과이다. 우선 모형[1], 모형[2], 모형[3], 모형[4] 모두에서 부

채비율이 높을수록 재분배태도가 높다는 것(+)을 확인할 수 있고, 모든 모형에서 99% 신뢰수준의 통계적 유의성을 확인할 수 있다. 이는 우리의 가설을 뒷받침하는 경험적 발견이다. 부채비율이 높을수록 개인이 주관적으로 느끼는 경제적 조건의 위험성이 커지기 때문에 정부가 공적으로 제공하는 복지 및 재분배에 대한 선호도가 높아진 것이다. 모형[1]과 모형[2]에 포함된 자산가격 변수의 방향성과도 연계하여 생각해볼 점이 있다. 기존 연구들의 이론에 따르면 자산가격의 증가는 재분배태도에 부정적인 효과(-)를 가져오는 것으로 보고된다(Ansell 2012). 이 연구의 모형에서도 마찬가지 결과를 나타내고 있고 이는 95% 신뢰수준에서 통계적으로 유의미하였다. 부채비율과 자산가격이 서로 반대의 방향으로 재분배에 영향을 미치고 있다는 것은 개인이 주관적으로 느끼는 경제적 조건에 있어서 두 주요 변수가 상호 독립적으로 작용하고 있다고 볼 수 있다. 개인이 소유하고 있는 전체 자산의 증감과 독립적으로 자산을 구매할 때 동원한 부채의 비중이 재분배태도에 영향을 미치고 있다는 것이다.

아울러 개인의 경제적 조건 중 중요한 변수인 임금소득을 살펴보자. 전체 경상소득에서 자본소득을 제외한 노동소득은 개인의 재분배태도에 큰 영향을 갖고 있지 못한 것으로 나타났고, 모형[1]을 제외하고는 통계적으로 유의미한 수준도 보이지 않았다. 멜처-리처드 모델 이후 '소득이 재분배선호에 중요한 영향을 미친다'는 이론은 재분배선호를 설명하는 데 있어서 중심축에 자리 잡고 있었다. 이후 재분배선호의 결정요인을 파악하기 위한 여타 대부분의 연구들도 이 임금소득이라는 경제적 조건을 이론적, 경험적으로 극복하기 위한 것이 대부분이었다는 점을 고려해볼 때, 이 분석결과가 제시하는 바는 추후 고민해야할 영역이 많은 것으로 보인다. 특히 소득불평등이 심화되고 있다는 분석과 이에 따른 사회적 불안감이 커지는 환경 속에서 임금소득이 재분배태도에 영향을 미치지 않는다는 사실은 더욱 중요해 보인다. 소득분배율(소득평등도)의 객관적 조건이 다른 주요 선진국가보다 한국이 더

낫기 때문에, 소득분배 상황의 한국적 특수맥락을 반영한 것이라는 비판이 있을 수 있다. 하지만 한국의 소득분배율은 지속적으로 악화되고 있는 상황이다. 오히려 위 모형의 자산과 연계하여 해석해보면, 한국 시민들이 소득보다 자산의 불평등을 오히려 더 심각하게 여기고 있고, 자산의 차이에서 오는 상대적 박탈감이 재분배태도에 더 큰 영향을 미치고 있다고 해석할 수 있다.

통제변수들을 살펴보면 다음과 같다. 우선 연령은 재분배태도와 음(-)의 상관관계를 갖는 것으로 나타났다. 이는 앞서 살펴본 이론적 배경들과 동일한 결과이다. 한국의 선거정치맥락에서 연령이 높을수록 보수세력을 지지한다는 세대효과는 2010년 지방선거 이후 지속적으로 관찰되고 있다. 같은 시기 경제민주화 등으로 대표되는 적극적 소득재분배 정책이 각 정당 간 이념의 차이를 보여주는 간명한 전선으로 등장했다는 점을 살펴볼 때, 연령이 높아질수록 재분배에 부정적이 되는 것이다. 반면 남성일수록 재분배선호가 높아지는 것을 확인할 수 있었다. 교육수준과 종교의 경우 재분배와 음(-)의 상관관계에 있는 것으로 나타났지만 통계적으로 유의미하지않았다. 수도권의 주택가격이 상대적으로 높은 한국 부동산 시장의 맥락적 상황을 고려하여 포함시킨 모형[2], 모형[4]의 수도권 더미변수를 살펴보면, 수도권에 거주하는 사람일수록 다른 지역에 거주하는 사람에 비해 재분배선호가 높은 것으로 나타났다. 한편 비정규직 노동자들일수록 정규직 노동자에 비해 재분배태도가 높은 것으로 나타났는데, 이는 모든 모형에서 통계적으로 유의미하였다. 최근 정치경제학계 논의와 같이 노동시장의 실업위험이 재분배선호와 양(+)의 관계에 있다는 점을 나타낸다.

최소자승회귀분석(OLS regression)과 달리 순서로짓분석은 회귀계수의 해석이 직관적이지 않다는 단점을 갖고 있다. 따라서 재분배태도의 차이를 더 직관적으로 나타내기 위해 부채비율에 따른 재분배태도의 예측확률(predicted probabilities)을 추정하였다. 〈표 5〉에 제시된 모형[2]에 대해 *Clarify* 프로그램을 활용하였다(King, Tomz, and Wittenberg 2000). 주택가격,

소득, 경제활동 상태 등을 중위값에 고정시키고, 부채비율이 0%에서 50%로 변화할 때, 재분배선호가 '매우 동의(5)'가 될 확률은 2.4% 포인트 증가한 반면 '매우 반대(1)'가 될 확률은 1.2% 포인트 감소하는 것으로 나타났다. 위와 동일한 조건 하에 부채비율이 50%에서 100%로 변화할 경우 재분배에 대해 '매우 동의(5)'할 확률은 2.8% 포인트 증가하였고, '반대(2)'할 확률은 1.4% 포인트 감소하고 있었다. 또한 복지패널 응답자 중 부채비율이

〈표 5〉 재분배태도와 부채의 레버리지 효과

	[1]	[2]	[3]	[4]
부채비율	0.370*** (0.124)	0.363*** (0.124)	0.354*** (0.123)	0.346*** (0.123)
자산가격 (log)	-0.036** (0.017)	-0.043** (0.018)	-	-
임금소득 (log)	-0.021* (0.033)	-0.017 (0.033)	-0.044 (0.031)	-0.044 (0.031)
연령(세대)	-0.048** (0.022)	-0.046 (0.022)	-0.06*** (0.021)	-0.06*** (0.021)
남성	0.146*** (0.047)	0.147*** (0.047)	0.151*** (0.047)	0.153*** (0.047)
교육수준	-0.016 (0.039)	-0.02 (0.039)	-0.033 (0.038)	-0.039 (0.038)
종교	-0.032 (0.046)	-0.028 (0.046)	-0.033 (0.046)	-0.03 (0.046)
경제활동상태 (비정규직)	0.139** (0.058)	0.128** (0.058)	0.149* (0.057)	0.141** (0.058)
수도권	-	0.109** (0.048)	-	0.086* (0.048)
cutpoint1	-4.811 (0.308)	-4.805 (0.308)	-4.754 (0.307)	-4.739 (0.307)
cutpoint2	-2.656 (0.294)	-2.65 (0.294)	-2.599 (0.293)	-2.584 (0.293)
cutpoint3	-1.493 (0.292)	-1.486 (0.292)	-1.436 (0.291)	-1.421 (0.292)
cutpoint4	0.949 (0.292)	0.958 (0.292)	1.005 (0.291)	1.021 (0.291)
N	7011	7011	7011	7011
로그유사우도	-8667.6	-8669.8	-8669.8	-8668.1

* p〈0.10, ** p〈0.05, *** p〈0.01.

가장 높은 응답자의 부채비율은 420%였는데, 부채비율이 100%에서 420%로 변화할 경우, '매우 동의(5)'할 확률은 24.8% 포인트 증가하였고, '매우 반대'할 확률은 0.1% 포인트 감소하는 것으로 나타났다. 이와 같은 결과는 부채비율이 높을수록 재분배선호가 높아진다는 본 장의 이론적 주장을 경험적으로 뒷받침하는 것이다. 즉 가계가 부채를 동원하여 자산을 구매한 경우, 자산의 가격이 하락하거나 혹은 부채의 부담이 커지게 되는 상황이 재분배태도에 커다란 영향을 미치는 것이다.

V. 비교국가자료 분석: ISSP 2009

이 절에서는 비교국가자료인 ISSP(International Social Survey Program) 2009년 모듈을 활용하여 재분배태도의 결정요인을 분석한다. ISSP 2009년 모듈은 불평등 관련 주제로 29개국의 15,000여 명을 대상으로 한 서베이로 자산가격과 부채의 변화량[4]과 불평등 관련 태도 및 선호에 대한 문항을 포함하고 있어 본 장이 제기하는 문제의 답을 찾기에 적합하다. 아울러 한국복지패널을 활용한 제3절, 제4절의 분석과 같이 주택가격과 가계부채의 등락에 따른 개인의 재분배태도의 추적분석은 불가능하지만, 순자산에 대한 국가별 편차를 확인할 수 있다.

ISSP 2009년 불평등 모듈에 대한 분석에서 사용한 종속변수는 한국복지패널의 재분배태도와 동일한 문항으로 설계된 "정부는 고소득층과 저소득층 사이의 소득 격차를 줄이기 위한 책임이 있다"는 진술에 대한 동의 정도이다. 소득불평등 해소가 정부의 책임이라는 문항에 대해 '매우 동의한다'

---

4 ISSP의 2009년 모듈에는 이 연구에서 주요하게 사용하는 개념인 순자산(net-equity)을 묻는 문항이 있다. "귀하의 자산에서 부채를 제외한 나머지의 총합은 얼마입니까?" 라는 질문이다. 개인의 선호가 주택가격, 경제상황 등 시간에 따라 변하는 변수들과의 유의미한 변화량을 관찰할 수 없는 단점은 있지만, 국가별 비교자료라는 측면에서 매우 유의미하다.

라고 응답하면 5점, '매우 동의하지 않는다'고 응답할 경우는 1점으로 코딩하였다. ISSP 자료는 한국복지패널과 달리 주택가격에 대한 정확한 정보를 포함하고 있지 않다. 하지만 ISSP는 가구가 소유한 주택가격에서 '부채'규모를 제외한 순자산을 측정한 문항이 있다. 구체적으로 "현재 소유하고 있으며 거주하고 있는 주택의 가격에서 부채를 제외하면 순수하게 남는 자산의 규모는 얼마나 되십니까?"라고 묻는데, 이 문항은 각 국가의 화폐단위에 맞춰서 10점으로 코딩되어 있다. 예를 들어 미국의 경우 0달러에서 30,000달러를 시작으로 900,000달러 이상까지 총 10단계의 문항으로 구분되어 있고, 부채만 남는 경우는 0으로 코딩되어 있다. 따라서 0부터 10까지 총 11점으로 코딩되어 있는 문항을 사용한다. ISSP 자료분석을 사용하여 순자산의 규모가 재분배태도에 어떤 영향을 미치는지를 확인할 수 있다. 우리의 이론적 예측에 따르면 순자산이 클수록 재분배에 대한 선호도는 낮을 것이다.

〈표 6〉은 체계적 통계분석에 앞서 재분배태도에 대한 순자산의 효과를 기술통계적으로 살펴본 결과이다. 각 점수는 순자산 분위별 재분배태도의 점수(5점 만점)의 평균점수를 나타낸 것이다. 순자산이 클수록 재분배에 반대하는 모습을 확인할 수 있다. 이는 기존 연구들이 제시하는 바와 동일한 결과이다.

〈표 7〉은 선진자본주의 국가 16개국을 연결한 데이터(pooling)를 통해, 순자산이 재분배태도에 미치는 영향을 분석한 결과이다. 모형은 앞서 한국복지패널과 동일한 순서로짓모형을 사용하였다. 모형[1]은 16개국의 응답자 전체를 대상으로 분석한 결과이고, 모형[2]는 자가주택을 소유하고 있는 응답자만을 대상으로 한 분석이다. 모형[3]과 모형[4]는 ISSP 조사자료 중 한국의 응답자만 추출한 것으로 전자는 전체 응답자, 후자는 자가주택을 소유하고 있는 응답자만을 대상으로 분석한 결과이다.[5]

5 모형에 대한 통제변수로 연령, 교육수준, 경제활동상태, 노동조합을 포함시켰다. 연령과 교육수준은 순위가 있는 순서형 변수로 숫자가 클수록 연령과 교육수준이 높음을 의미한다. 경제활

〈표 6〉 순자산 분위별 재분배 태도

	빚만	하	중하	중	중상	상
재분배(1－5) (반대－동의)	3.79	3.75	3.69	3.56	3.51	3.32
N	707	6297	2313	3314	2247	1249

자료 : ISSP

모형[1], 모형[2], 모형[3], 모형[4] 공히 순자산은 재분배태도에 부정적인 영향을 미치고, 99% 수준에서 통계적으로 유의미한 것으로 나타났다. 이는 이 장의 이론적 예측과 동일한 결과로, 보유한 자산의 가격이 높을수록 또는 부채비율이 낮을수록 재분배선호가 낮다는 점을 보여준다. 한국의 응답자만을 추출한 결과 역시 앞서 보고된 한국복지패널의 분석결과와 일치한다. 이 모형에 포함된 통제변수들을 살펴보면 성별에 있어서 여성일수록 재분배에 동의하는 것으로 나타났지만, 한국 응답자만을 대상으로 한 분석에서는 이 결과가 통계적으로 유의미하지 않았다. 연령의 경우 나이가 많을수록 재분배선호가 낮아지는 것으로 나타났다. 연령효과는 모형[2], [3], [4]에서는 통계적으로 유의미하지 않았다. 한편 노동시장 내 고용안정성을 나타내는 경제활동상태의 변수에서는 비정규직 노동자일수록 재분배선호가 높아지는 것이 모형[1], 모형[2]에서 관찰되었다. 99% 수준에서 통계적으로 유의미하였는데, 이는 노동시장 내 지위가 재분배선호에 영향을 미친다는 기존 정치경제학계의 논의와 일치한다. 노동조합 비가입자는 노동조합원에 비해 재분배 선호가 낮은 것으로 나타났다. 한국 응답자만을 분석한 모형[3]과 [4]의 결과를 보면, 순자산이 재분배 선호에 음(-)의 효과를 갖는다는 발견 이외에 통계적으로 유의미한 변수는 없는 것으로 나타났다.

동상태의 경우 정규직은 0, 비정규직은 1로 코딩하였다. 노동조합의 경우 역시 노동조합 가입자는 0, 비가입자는 1로 코딩하였다. 소득과 종교의 경우, 국가 간 비교가능성에 제약이 있어 통제변수에 포함시키지 않았다.

〈표 7〉 순자산과 재분배태도

	16개국		한국	
	[1] 모두	[2]자산소유자	[3]모두	[4]자산소유자
순자산	-0.164***	-0.140***	-0.153***	-0.143***
	(0.012)	(0.013)	(0.050)	(0.055)
남성	-0.170***	-0.159***	0.006	-0.143
	(0.031)	(0.035)	(0.155)	(0.176)
연령	-0.008***	-0.001	0.009	-0.008
	(0.001)	(0.001)	(0.007)	(0.008)
교육수준	0.001	0.001	0.004	-0.004
	(0.001)	(0.001)	(0.004)	(0.004)
비정규직	0.230***	0.223***	0.164	-0.032
	(0.044)	(0.007)	(0.199)	(0.236)
노동조합	-0.94***	-0.117***	0.139	- 0.179
비가입자	(0.018)	(0.020)	(0.102)	(0.113)
cutpoint1	-2.770	-2.756	-4.448	-0.601
	(0.097)	(0.111)	(0.584)	(0.613)
cutpoint2	-1.404	-1.406	-2.587	1.339
	(0.093)	(0.106)	(0.515)	(0.616)
cutpoint3	-0.580	-0.580	-1.497	2.457
	(0.092)	(0.105)	(0.505)	(0.625)
cutpoint4	0.967	0.954	0.487	4.458
	(0.093)	(0.105)	(0.501)	(0.705)
N	13596	10916	621	489
로그유사우도	-19823.3	-16075.8	-790.6	-629.7

* $p<0.10$, ** $p<0.05$, *** $p<0.01$.

VI. 결론

이 장은 가구가 금융시장으로부터 자본을 차입하여 자산을 경쟁적으로 매입하여 나타난 현상인 이른바 부동산 시장의 과열양상과 이에 따른 주택가격 상승 및 가계부채 비율의 증가가 개인의 복지태도에 미치는 영향을 분석하였다. 전후 자본주의 황금기로 표현되는 세계경제의 장기적 성장이 1970년대 경제위기로 종결된 이후 선진자본주의 국가에서는 복지국가의 후퇴가

목격되어 왔다. 아울러 이 복지국가의 후퇴와 함께 자산가격과 가계부채의 증가도 관찰되었다. 이런 정치경제사적 맥락에서, 이 장은 자산과 가계부채의 증가가 미시적 차원에서 시민의 재분배태도에 미치는 영향을 분석하였다. 개인의 경제적 조건은 과거 정치경제학 문헌에서 개인의 재분배선호를 설명하기 위한 중요한 변수로 활용되었다. 하지만 대부분 개인의 소득이나 노동시장 내 지위에만 주목하면서 개인이나 가구가 소유하고 있는 '자산'의 영향에 대한 연구는 매우 제한적이었다. 최근 나타난 자산과 복지태도에 관한 연구들의 연장선에서, 이 장은 자산과 부채가 복지태도에 미치는 영향을 분석하였다. 이러한 점이 이 장의 새로운 학문적 기여라고 할 수 있다.

이 장은 새로운 설명으로 가계부채비율 변수를 자산가격과 결부시켜 논의를 전개하였다. 실제 자산가격 혹은 소득의 상승률이 가계가 자산을 구매하기 위해 동원한 부채의 비율을 넘지 못한다면, 시민의 재분배태도가 반대의 방향으로 더 크게 나타나는 이른바 '부채의 레버리지 효과'가 존재하는 것으로 나타났다. 한국복지패널 자료에 대한 분석 결과, 부채비율이 높을수록 재분배 선호가 높은 것으로 나타났다. 또한 자산가격이 높을수록 재분배 선호가 낮은 것으로 발견되었다. ISSP 2009 자료 분석 결과, 순자산이 재분배 선호와 음(-)의 상관관계를 갖고 있다는 점을 발견하였다. 이와 같은 분석결과는 복지 및 재분배태도에 영향을 미치는 변수로서 자산과 부채의 비율이라는 가계의 '레버리지 효과'를 보여주는 것이다. 이 연구는 소득이나 노동시장 내에서의 위치를 넘어 자산과 부채의 영향을 동시에 조망하였다는 새로운 경험적 발견을 제시하였다.

부동산과 복지태도에 관한 이 분석은 다음의 두 가지 연구주제를 제시한다. 첫째, 복지태도와 관련한 자산 및 부채효과가 보편적 복지국가 레짐에서는 미미하게 나타날 것이라 생각하는 것은 합당해 보인다. 여기에는 두 가지 메커니즘이 존재한다. 하나는 보편적 복지프로그램이 현재 및 미래소득에 대한 불안감을 적게 만든다는 것이고, 다른 하나는 공공임대주택 공급을 중심으로 한 주택 및 부동산정책의 매개효과이다. 반대로 복지국가가 저발전된 나라에서는 이 장이 밝힌 자산 및 부채효과가 분명하게 나타날 것이다. 한국의 사례가 여기에 해당한다. 복지국가 특성에 따른 비교연구를 통해 이러한 국가 간 편차를 분석하는 작업을 추후 연구과제로 남긴다. 둘째, 이 장의 경험적 발견은, 이른바 '자산가격 케인즈주의 시대'에서 부채를 동원하여 부동산을 구매한 개인이 자산가격 상승국면에서 단기적으로 재분배선호를 낮추더라도, 경제위기로 인해 자산가격이 하락하는 국면에서는 '부채의 레버리지 효과'로 인해 다시 재분배태도가 높아진다는 함의를 제시한다. 자산가격 케인즈주의 시대에 자산불평등이 초래하는 정치경제적 효과, 그리고 분배정의에 대한 학문적 관심과 실천적 대응이 필요한 것으로 보인다.

참고문헌

OECD. 2016. OECD Statistic. http://stats.oecd.org/

한국복지패널. 2007, 2010, 2013. 한국보건사회연구원

International Social Survey Program. 2009. Inequality Module.

김영순 · 여유진. 2011. 〈한국인의 복지태도: 비계급성과 비일관성을 중심으로〉. 《경제와사회》 91호: 211-240.

남상호. 2011. 〈패널자료 연구 방법론 특강: 패널자료를 활용한 연구방법론〉. 한국사회보장학회 정기학술발표논문집: 13-52.

박원호. 2009. 〈부동산가격변동과 2000 년대의 한국 선거: 지역주의 '이후'의 경제투표에 대한 방법론적 탐색〉. 《한국정치연구》 18권 3호: 1-28.

여유진 · 김영순. 2015. 〈한국의 중간층은 어떤 복지국가를 원하는가? 중간층의 복지태도와 복지국가 전망에의 함의〉. 《한국정치학회보》 49집 4호: 335-362.

이내영 · 정한울. 2013. 〈세대균열의 구성 요소: 코호트 효과와 연령 효과〉. 《의정연구》 40권: 37-83.

이승희 · 권혁용. 2009. 〈누가 언제 재분배 정책을 선호하는가? 한국의 거시경제 상황과 정책무드〉. 《국가전략》 15권 3호: 147-173.

조정인. 2014. 〈소득분배의 불평등과 기회 불평등 인식이 한국인들의 재분배정책 선호에 끼치는 영향력〉. 《정치정보연구》 17권 2호: 175-196.

하솔잎 · 이우진. 2014. 〈한국인의 재분배선호도에 관한 연구〉. 분배정의연구센터 Discussion Paper. 서울대 경제연구소.

Alesina, Alberto, and Paola Giuliano, 2009. "Preferences for Redistribution." (No. 14825). National Bureau of Economic Research.

Alesina, Alberto, and George-Marios Angeletos. 2005. "Fairness and Redistribution." *The American Economic Review* 95(4): 960-980.

Ansell, Ben. 2012. "Assets in Crisis: Housing, Preferences and Policy in the Credit Crisis." *Swiss Political Science Review* 18(4): 531-537.

Ansell, Ben. 2014. "The Political Economy of Ownership: Housing Markets and the Welfare State." *American Political Science Review* 108(2): 383-402.

Bernanke, Ben S. 2005. "The Global Saving Glut and the U.S. Current Account Deficit." FRB Speech in Virginia.

Bénabou, Roland, and Jean Tirole. 2006. "Incentives and Prosocial Behavior." *The American Economic Review* 96(5): 1652-1678.

Caballero, Ricardo J., Emmanuel Farhi, and Pierre-Olivier Gourinchas. 2008. "Financial Crash, Commodity Prices and Global Imbalances." (No. w14521). National Bureau of Economic Research.

Cerutti, Eugenio, Jihad Dagher, and Giovanni Dell'Ariccia. 2015. "Housing Finance and Real-Estate Booms: A Cross-Country Perspective." IMF Staff Discussion Note. IMF.

Cusack, Tom, Torben Iversen and Phillip Rehm. 2006. "Risks at Work: The Demand and Supply Sides of Government Redistribution." *Oxford Review of Economic Policy* 22(3): 365-389.

Dabla-Norris, Era, Kalpana Kochhar, Nujin Suphaphiphat, Frantisek Ricka, and Evridiki Tsounta. 2015. "Causes and Consequences of Income Inequality: a Global Perspective." International Monetary Fund.

Finseraas, Henning. 2008. "Immigration and Preferences for Redistribution: An Empirical Analysis of European Survey Data." *Comparative European Politics* 6(4): 407-431.

Fong, Christina. 2001. "Social Preferences, Self-Interest, and the Demand for Redistribution." *Journal of Public Economics* 82(2): 225-246.

Friedman, Milton. 1957. "The Permanent Income Hypothesis." NBER working paper.

Huber, Evelyn, and John D. Stephens. 2001. *Development and Crisis of the Welfare State*. Chicago: University of Chicago Press.

International Monetary Fund. 2015. World Economic Outlook.

Kemeny, Jim. 1981. *The Myth of Home Ownership: Public versus Private Choices in Housing*

Tenure. London: Routledge.

Kenworthy, Lane, and Lesley McCall. 2008. "Inequality, Public Opinion and Redistribution." *Socio-Economic Review* 6(1): 35-68.

King, Gary, Michael Tomz, and Jason Wittenberg. 2000. "Making the Most of Statistical Analyses: Improving Interpretation and Presentation." *American Journal of Political Science* 44(2): 341-355.

Klor, Esteban F., and Moses Shayo. 2010. "Social Identity and Preferences over Redistribution." *Journal of Public Economics* 94(3): 269-278.

Lindqvist, Erik, and Robert Östling. 2013. "Identity and Redistribution." *Public Choice* 155(3-4): 469-491.

Mares, Isablea. 2003. *The Politics of Social Risk: Business and Welfare State Development*. New York: Cambridge University Press.

Meltzer, Alan, and Scott Richard. 1981. "A Rational Theory of the Size of Government." *The Journal of Political Economy*, 914-927.

Mian, Atif, and Amir Sufi. 2014. *House of Debt: How They (and You) Caused the Great Recession, and How We Can Prevent it from Happening Again*. Chicago: The University of Chicago Press.

Modigliani, Franco, 1976, "Life-cycle, Individual Thrift, and the Wealth of Nations." *American Economic Review* 76(3): 297–313.

Piketty, Thomas. 2014. *Capital in the 21st Century*. Cambridge: Harvard University Press.

Rehm, Phillip. 2011. "Social Policy by Popular Demand." *World Politics* 63(2): 271-299.

Rehm, Phillip. 2016. *Risk Inequality and Welfare States*. New York: Cambridge University Press.

Rehm, Phillip, Jacob Hacker and M. Schlesinger. 2012. "Insecure Alliances: Risk, Inequality, and Support for the Welfare State." *American Political Science Review* 106(2): 386-406.

Scheve, Kenneth, and David Stasavage. 2006. "Religion and Preferences for Social Insurance." *Quarterly Journal of Political Science* 1(3): 255-286.

Shayo, Moses. 2009. "A Model of Social Identity with an Application to Political Economy: Nation, Class, and Redistribution." *American Political Science Review* 103(2): 147-174.

Torgersen, Ulf. 1987. "Housing: the Wobbly Pillar under the Welfare State." *Scandinavian Housing and Planning Research* 4(sup1): 116-126.

5. 불평등과 신뢰

I. 서론

정치신뢰에 관한 연구들은 민주적 거버넌스의 중요성을 강조한다. 정치제도에 대한 시민들의 신뢰는 정치참여와 체제정당성을 포함해 중대한 결과를 초래한다고 알려져 있다(Levi and Stoker 2000; Newton and Norris 2000; Solt 2008).[1] 시민들의 정치신뢰가 높을수록 그들은 민주정치에 중요한 요소로 여겨지는 가치들을 지니며, 정치적 효능감을 느끼고, 자신들의 참여가 변화를 이끌어 낼 것이라는 것을 믿게 된다(Jamal and Noorudin 2010). 특히, 선진민주주의보다 신생민주주의에서 낮은 수준의 정치 신뢰가 더 큰 영향을 미친다. 민주주의 붕괴와 권위주의적 전환과 같은 체제불안정은 민주정치제도에 대한 시민들의 낮은 수준의 신뢰로 인해 야기될 수 있다(Houle 2009; Karl 2000). 또한 사회신뢰와 정치제도에 대한 신뢰는 경제성장과 연관되어 있다(Alesina and Ferrara 2005; Touchton 2015). 여러 연구들은 인종적 이질성이 높은 국가일수록 낮은 신뢰 수준과 정체된 경제성장이 나타나는 것을 밝혔다(Alesina et al. 2003; Fearon and Laitin 2003).

소득불평등은 정치와 사회 불안정뿐만 아니라 건강 불평등, 이혼, 자살, 학교중퇴 등과 같은 여러 형태의 사회질병으로 이어진다(Anderson and Be-

1 이 장에서는 '정치신뢰'와 '정치제도에 대한 신뢰'를 번갈아 사용했다.

ramendi 2008; Lichbach 1990; Muller and Seligson 1987). 이러한 배경에서 정치신뢰에 대한 최근의 정치경제 연구들은 불평등과 정치제도에 대한 신뢰 사이의 인과관계를 제시하고자 시도해왔다. 기존의 연구들을 통해 유럽의 작은 국가들에서 나타나는 높은 수준의 정치신뢰가 코포라티즘 기제(corporatism arrangement)와 복지국가로 명시되는 포괄적 정치(inclusive politics)와 연관되어 있다는 것을 알 수 있다(Katzenstein 2000). 또한, 자원 분배의 평등과 기회의 평등은 높은 수준의 정치신뢰와 시민들의 일반적인 신뢰로 이어진다(Linde 2012; Rothstein 2005; Rothstein and Uslaner 2005; Rothstein and Stolle 2008). 증가하는 불평등은 선진민주주의 국가에만 국한되지 않고 전 세계적으로 나타나는 현상이다(Kenworthy and Pontusson 2005). 시민들의 시각에서 중요한 것은 정부가 어떠한 방식으로 불평등한 결과에 대응하고 바로잡는 가이다. 흥미로운 것은 불평등한 국가보다 평등한 국가일수록 일반적인 신뢰 및 정치제도에 대한 신뢰가 높은 것으로 나타난다는 점이다(Rothstein and Uslaner, 2005).

이 장에서는 정치신뢰의 정치경제에 대한 기존의 연구처럼 소득불평등이 시민들의 신뢰에 미치는 영향을 분석한다. 그러나, 이 장은 다음과 같은 점에서 기존 연구들과 다른 이론적, 경험적 차별성을 갖는다. 첫째, 이 장에서는 소득불평등의 현저성에 대한 인식이(perceived salience of income inequality) 시민들의 정치신뢰에 미치는 영향을 분석한다. 한 사회의 객관적 소득분배와 불평등에 대한 주관적 인식이 유사한 정치적 효과를 가져올 것으로 보인다. 그러나 더욱 중요한 것은, 불평등에 대한 이슈가 정치적으로 현저하게 나타나고 공정한 분배에 대한 신념이 시민들 사이에 널리 퍼져 있을 때, 소득불평등은 신뢰침식 효과를 가져올 것이다. 시민들의 인식과 불평등의 현저성에 대한 이슈가 중요한 문제로 작용한다. 정치경제 문헌들(Katzenstein 2000; Rothstein and Uslaner 2005)과 공정성과 체제 정당성 인식에 대한 사회심리학적 문헌들(Heady 1991; Jost et al. 2003; Wegener 1987)로부터의 통찰력을 결합하여, 이 장에서는 특정 상황이 시민들 사이에서 불평등과 분배 정당성 문제를 대두시킬 때 불평등의 정치적 효과가 뚜렷하게 나타날 것이라고 주장한다. 불평등의 인식이 정치신뢰에 미치는 영향에 대한 조건은 이후에 논의될 것이다. 이러한 조건들에 부합되지 않는 국가들에서는 불평등의 인식과 정치제도에 대한 신뢰 사이의 연관성을 발견할 수 없다.

둘째, 이 장에서는 동아시아 신생민주주의에서 나타나는 불평등 인식의 효과를 분석한다. 신생 민주주의 국가들의 불평등의 인식과 정치신뢰 사이의 연관성은 아직까지 경험적 연구를 통해 체계적으로 분석되지 않았다. 불평등이 선진민주주의 국가들의 정치신뢰에 미치는 중요한 영향을 고려해 볼 때(Rothstein and Uslaner 2005; Uslaner 2008), 이러한 효과들이 신생민주주의 국가들에서는 어느 정도로 적용되는지 검토하는 것은 충분한 의미를 갖는다. 이 장에서는 두 동아시아 신생민주주의 국가(한국과 대만)를 분석한다. 동아시아에서 불평등의 현저성에 대한 인식과 정치신뢰 사이의 연관성을 탐색하는 일은 큰 함의를 갖는다. 이 연구에서는 동아시아의 신생 민주주의 국가들이 인지된 불평등이 정치신뢰에 미치는 영향을 분석하는 데 결정적인 사례(critical cases)에 해당된다는 것을 주장한다. 이 분석에서는 인도네시아, 필리핀, 몽골과 같은 여러 동아시아 나라를 제외하고 두 개의 나라에만 국한된다. 한국과 대만의 비교연구는 최대유사체계 디자인에 기반한다(Przeworski and Tuene 1971). 한국과 대만은 신생민주주의 국가인 동시에 동아시아 지역의 다른 국가보다 부유하고 산업화되었으며, 비교적 낮은 수준의 불평등이 특징이다. 또한, 기존 동아시아 정치경제 문헌에서 제시되었던 설명들, 즉 성장지향형 경제정책에 집중된 연구와 후원자-고객 관계로 구축된 동아시아의 정치적 경쟁구조는 이 장에서 대안적으로 제시하는 소득불평등 효과에 대해 합리적 의구심을 던지는 경쟁적 설명이 된다. 두 국가에서 보여지는 유사성에도 불구하고 불평등에 대한 인식과 정치신뢰의 연관성에 상이한 결과가 나타난다. 이 장에서는 이러한 결과의 차이에 대한 설명으로 불평등 증가 속도(pace)를 제시한다. 불평등 증가 속도는 두 국가에서 나타나는 정치적 현저성의 수준에 차이를 가져오며, 불평등의 인식과 정치신뢰의 연관성에 대한 이론을 검토하는 것은 지역 내에서 국가 간 차이를 드러낼 것이다. 이 장에서는 불평등에 대한 인식이 정치신뢰에 미치는 효과는 불평등이 빠르게 증가하고 분배의 공정성에 관한 규범이 사회에 보편적일 때 더욱 클 것이라고 가정한다.

추정을 위해서 사용한 2006년 아시아바로미터(Asia Barometer) 데이터 분석은 동아시아 신생민주주의 두 국가의 차이를 보여주는 증거를 제시한다. 이 연구에서 불평등 인식의 신뢰침식효과가 한국보다 대만에서 더욱 확연하게 나타난다는 것을 발견했다. 이러한 결과는 시민들의 불평등 인식의 신뢰침식 효과가 사회의 정치적 현저성의 맥락과 일반적인 분배의 공정성에 대한 규범에 의해 형성되는 국가적 차이점에 따라 다르게 나타난다는 것을 보여준다.

이 장은 다음과 같이 구성된다. 다음 절에서는 불평등의 현저성에 대한 인식과 정치신뢰의 연관성에 대한 이론적 틀을 제시한다. 이후 동아시아적 배경과 특징을 설명한다. 다음으로 변수측정과 경험적 분석모형을 제시하고 결과를 논의한다. 마지막 절에선 여러 함의와 결론이 제시된다.

II. 불평등의 현저성에 대한 인식과 정치신뢰

소득불평등과 시민들의 정치신뢰의 관계는 논쟁의 중심으로 자리 잡았다. 한편으로는 사회의 소득불평등이 반드시 그대로 시민들의 불평등에 대한 인식으로 이어지지 않는다. 예를 들어, 시민들의 인식은 그들의 소득, 정책 선호, 또는 이념적 선호의 영향을 받을 것이다. 또한 한 사회의 불평등의 정치적 현저성은 객관적인 소득의 분배와 다르게 시민들의 불평등에 대한 인식을 만들어 낸다. 따라서 사회의 소득분배와 시민들의 불평등에 대한 인식을 잇는 연결점을 찾는 것이 고려되어야 한다. 또 다른 한편으로는, 시민들의 정치참여는 정치제도에 대한 신뢰 수준이 높아질 때 증가할 가능성이 크다. 신뢰 수준이 높은 시민들은 더욱 큰 정치적 효능감을 느끼며, 더욱 활발하게 정치에 참여한다(Merien and Hooghe 2011; Solt 2008). 따라서, 시민들의 불평등에 대한 인식과 정치신뢰 수준 사이의 관계를 이해하는 것이 필요하다.

시민들의 불평등에 대한 인식과 정치신뢰를 연결하는 여러 메커니즘이 기존의 연구들을 통해 제시되어 왔다. 많은 연구들은 정부기관에 대한 시민들의 신뢰를 강화시키기 위한 방법으로 자원분배와 기회평등의 중요성을 강조한다. 그러나 구체적인 방법에는 차이가 있다. 우선, 평등한 자원분배와 평등한 기회는 대중의 사회적 연대감을 불러 일으키고, 이는 정부 기관에 대한 높은 수준의 신뢰로 이어진다(Rothstein and Uslaner 2005). 내집단 내의 신뢰는 높지만 전반적 신뢰 수준이 낮은 불평등한 사회와 대조하여 보면, 평등한 사회는 높은 수준의 신뢰를 산출하는 연대감을 생산한다. 로스슈타인과 어슬래이너(2005)에 따르면 불평등한 사회는 사람들과 정부기관에 대해 낮은 신뢰와 불평등의 순환에 갇혀 있고, 정책은 양극화를 줄이지 못하며 평등한 기회를 제공하지 못한다(p. 71).

두 번째로, 로스슈타인과 어슬래이너(2005)가 불평등의 인식과 정치신뢰의 연결 고리로 사회적 연대감을 강조하는 반면, 다른 연구들은 정치 효능감(political efficacy)의 메커니즘을 제안한다. 유럽의 작은 나라들에 대한 연구에서 카첸슈타인(2000)은 공교육과 의료보험 같은 사회 보호와 보편적 사회서비스를 제공하려는 정부의 노력, 코포라티즘 합의와 같은 수용적인 정치가 높은 수준의 정치신뢰로 이어진다는 것을 주장한다. 다시 말하면, 복지국가와 코포라티즘이 정부기관에 대한 신뢰 수준을 강화한다(Kumlin and Rothstein 2005). 이는 공정한 소득분배에 대한 시민들의 이해와 요구에 대응하는 정부의 사회 정책이 높은 정치신뢰로 이어진다는 것을 제시한다. 사회복지제도가 시민들의 요구와 이해에 대응하고 이에 대해 공적 제공을 하는 범위 내에서 시민들은 높은 수준의 정치적 효능감을 지니게 된다. 결국 높은 수준의 정치적 효능감이 정치참여와 정치신뢰의 증가로 이어진다(Solt 2008).

세 번째로, 소득불평등이 정치불평등으로 이어진다는 연구결과가 있다(Bartels 2008; Gilens, 2005). 바텔스(2008)는 미국의 정치적 대표성이 상위 소득집단의 이해와 비례하게 대응된다는 것을 제시한다. 이와 비슷한 맥락에서, 소득수준에 따라 민주적 반응성이 달라진다는 것을 분석한다. 부유층의 목소리는 반영되는 반면 저소득층에게는 민감하게 반응하지 않는다. 이러한 주장들은 증가하는 불평등이 민주주의의 핵심이 되는 요소로부터 민주정치를 멀어지게 한다는 것을 증명한다. 달(Dahl 1971)에 의하면 민주주의의 핵심은 시민들의 요구와 선호에 대해 정부가 동등하게 대응을 하는 것이다. 시민들의 시각에서, 정부와 정치제도가 사회계층에 따라 다르게 반응한다면, 정치제도에 대한 시민들의 높은 신뢰를 기대하기는 어려울 것이다.

이러한 연구들에서 불평등의 인식과 정치신뢰 사이의 연관성을 발견할 수 있다. 소득 불평등의 현저성에 대한 인식은 낮은 수준의 정치신뢰로 이어질 것이다.

가설 1: 불평등의 현저성에 대한 인식은 정치제도에 대한 낮은 수준의 신뢰로 이어질 가능성이 크다.

불평등의 인식과 정치신뢰는 배경적 차이와 관련 없이 동일하게 관찰되는가? 시민들의 불평등에 대한 인식은 사회의 현저한 불평등과 밀접하게 연관된다. 불평등의 정치적 현저성은 여러 원인으로부터 유발된다는 것을 추측할 수 있다. 정치인들과 정당은 득표를 최대화하기 위해 소득불평등에 대한 이슈를 확대시킬 것이다. 또는 빠르게 증가하는 불평등, 즉 불평등의 수준뿐만 아니라 불평등의 속도 또한 소득불평등의 문제를 이슈화시키고 상대적 중요성을 만들어 낼 것이다. 결과의 불평등과 기회의 불평등은 시민들의 연대감을 감소시키며 동시에 정치적 효능감 또한 축소한다. 이러한 효과는 정치불평등이 사회적, 정치적 이슈로서 현저하게 부각될 때 더욱 두드러질 것이다.

불평등에 대한 인지와 정치제도에 대한 신뢰가 연관성을 보일 조건과, 별다른 연관성을 나타내지 않을 여러 조건이 존재한다. 우선, 지속적으로 높은 수준의 불평등을 유지한 나라보다 불평등이 빠르게 증가하는 국가들에서 불평등 인식과 신뢰의 연관성은 정치적으로 더욱 두드러지게 나타날 것이다. 불평등이 느린 속도로 증가하는 나라보다 급속하게 증가하는 나라에서 소득불평등 이슈가 현저하게 나타날 것이다. 불평등의 증가 속도는 정치적 불평등의 현저성과 긴밀하게 연관되며, 불평등 이슈의 현저성은 시민들의 불평등에 대한 인식이 정치신뢰로 이어지는 데에 영향을 끼칠 것으로 예상된다. 그러나, 신생민주주의 국가의 정당은 선진민주주의 국가들과 차이를 보인다. 신생 민주주의에서의 정당들은 정책프로그램 보다 후원자-고객관계를 통해 유권자 확보를 위한 경쟁을 할 것이다(Hagopian 2009). 정당과 후보자들은 선심성 인기영합 정책(pork barrel) 활동을 통해 선거구 지역에서 표를 얻어낼 것이다(Kwon 2005). 이는 사회경제적 지지계층과 연결된 정책활동이 낮은 수준으로 나타나는, 정당정치의 저발전으로 이어진다. 정당들이 정책 프로그램을 통해 경쟁하지 않고 진보-보수 정책을 중심으로 경쟁이 이루어지지 않으면, 불평등의 이슈가 정책 사안의 주요 부분을 차지하지 않을 것이다.

두 번째로, 시민들의 정치신뢰는 분배결과보다 정부의 경제성과에 따라 결정될 것이다. 성과 중심적 정부 평가가 정치담론에서 중점적으로 다루어지고 시민들에게 널리 받아들여 진다면, 불평등 인식은 시민들의 정치행태와 정치신뢰에 큰 영향을 미치지 않을 것이다. 이러한 경우에, 성장중심의 경제정책과 낙수효과(trickle-down effect)가 대중에게 널리 받아들여진다. 동아시아의 정치경제에 대한 기존의 연구들은 불평등 인식과 정치신뢰 사이의 연관성이 매우 미미하거나 거의 존재하지 않을 것이라고 예측한다. 경제발전이라는 목표가 동아시아 국가에서 공공정책의 대부분을 차지했다고 알려져 왔다. 동아시아에서 국가는 경제를 이끌고 계획하는 것이다(Johnson 1982). 발전국가인 한국과 일본은 경제성장에 집중하고, 분배의 공정성에는 많은 관심을 두지 않았다. 한국의 '작은' 복지국가에 대한 연구들은 1960년대와 70년대의 발전국가의 성장제일주의 이념과 연결되는 경로의존성을 역설한다(cf. White and Goodman 1998). 결과적으로, 불평등에 대한 문제는 경제발전과 성장이슈에 가려진다. 이것은 불평등의 현저성에 대한 인식이 정치신뢰에 미치는 영향을 감소시킨다.

세 번째로, 공정한 분배에 대한 발상은 불평등 인식과 정치신뢰를 연결시키는 데 중요한 역할을 할 것이다. 공정한 정치적, 경제적 규범에 기반한 정치제도를 갖는 나라의 시민들은 불평등과 정치신뢰의 연관성을 발견할 것이다. 사회심리학 연구들은 불평등 인식과 정치신뢰를 잇는 국가간 차이에 대한 견해를 제시한다. 특히 중요한 것은, 조스트 외(Jost et al. 2003)가 제안한 시스템 정당화 이론(system justification theory)으로, 이는 개인과 집단의 이익의 희생으로 사회의 협약을 보존하는 데 기여하는 심리적 과정을 주장한다. 시스템 정당화 이론에 따르면, 사회적으로 약자인 집단은 시스템을 정당하게 받아들이기 위해 현재상황을 수용한다(Jost et al. 2003). 인지 불일치 이론(cognitive dissonance theory)과 결합하여, 그들은 사회적 불평등이 이념적 불일치를 생산할 가능성이 있으며, 시스템이 정당하고 공정하다는 인식을 강화하는 것은 그러한 불일치를 해결하는 하나의 전략이 될 수 있다. 예를 들어, 알레시나와 안젤레토스(Alesina and Angeletos 2005)는 시민들의 인식적 차이가 사회정책 선호의 차이를 설명하는 데 결정적이라고 주장한다. 예를 들어, 호주의 서베이 분석에서 헤디(Heady 1991)는 불평등의 규범적 기준이 분배결과에 대한 인식을 왜곡한다는 것을 증명한다. 사람들에게 분배정의의 이슈가 덜 중요하게 인식되고, 자신의 경제적 몫과 자신이 속한 정치경제적 시스템에 만족할 때 이러한 현상이 나타난다. 이와 비슷한 맥락으로 노정호(Roh 2013)의 1996년 세계가치관조사(World Values Survey)의 분석에 따르면, '('그들이 가난한 것은 사회가 불공정하게 대우했기 때문이다'라는 대답과 반대로) 가난한 사람들은 그들이 게으르고 의지가 없기 때문이다'의 항목에 한국의 응답자 중 50%가 답했으며, 미국은 60%, 유럽은 22%의 결과가 나타났다.

주목할 것은 인식이 전적으로 외부의 원인에 의해서 형성되지 않는다는 것이다. 불평등에 대한 인식과 공정함에 대한 개념은 역사적 맥락이나 문화적 독특성에 기인한 것일 수도 있다. 그러나, 이 장의 목적은 시민들의 분배정의의 규범과 관련된 불평등 인식이 정치신뢰에 미치는 영향을 밝혀내는 것이다. 한 사회 내에 분배정의의 규범이 강하게 확립되어 있다면 불평등의 현저성에 대한 인식은 신뢰침식 효과를 가져올 것이고, 이에 반해 사회의 경제성장과 시스템 정당성에 관한 개념이 강하게 작용하는 곳에서는 불평등의 현저성에 대한 인식의 신뢰침식 효과가 나타나지 않을 것이다. 위의 논의를 바탕으로, 이 장에서는 시민들의 불평등에 대한 인식이 정치제도에 대한 신뢰감소로 이어지는 조건을 제시한다.

가설 2. 불평등에 대한 인식은 불평등 이슈가 정치적으로 현저하게 나타나고, 분배 정의에 대한 개념이 시민들 사이에서 널리 논의되는 상황에서 정치제도에 대한 낮은 수준의 신뢰와 연관될 가능성이 크다.

다음 절에서는, 동아시아의 신생민주주의 국가에서 불평등에 대한 인식이 정치신뢰에 미치는 영향에 대해서 살펴볼 것이다.

III. 동아시아의 불평등 인식과 정치신뢰

저발전된 국가에 대한 정치경제 연구들은 한국과 대만이 비교적 평등한 소득분배와 함께 빠른 경제성장을 이루었다고 평가한다(e.g., Haggard and Kaufman 2008). 고도성장과 평등한 분배를 동시에 추구하기 위해 동아시아 국가들은 투자에 유리한 거시경제정책(반인플레이션 정책 대신), 해외직접투자(FDI)의 엄격한 규제, 유치산업 보호(infant industry) 수출 장려 등과 같은 정책들을 시행했다. 그러나, 1990년대 이후, 한국과 대만 두 국가 모두 소득불평등이 급속도로 증가하는 추세를 보인다.

동아시아 신생민주주의 두 나라에서 불평등은 어떻게 나타나는가? 〈그림 1〉은 한국과 대만의 세후 가구소득으로 측정한 지니계수의 추이를 보여준다. 이 그림에서 두 국가 모두 약간의 변화를 제외하고 전반적으로 소득불평등이 증가하는 경향을 보인다. 한국의 지니계수는 1992-1994의 시기 동안 가장 낮았다(0.271-0.273). 이후 지니계수는 증가하였고, 특히 1997년 아

〈그림 1〉 한국과 대만의 소득불평등 추이(가처분 가구소득 지니계수)

시아 금융위기의 영향으로 1999년 0.297에 달했다. 대만의 경우, 불평등의 증가가 한국보다 훨씬 뚜렷하게 나타나는 것을 확인할 수 있다. 대만의 지니계수는 1989년 0.30에서 2010년 0.342로 지속적으로 증가하였다. 특히, 2001년의 지니계수는 0.35로, 소득불평등이 가장 급속도로 증가한 해이다. 아시아 금융위기의 여파로 2001년 대만에서 사회 내의 소득분배가 악화된 것으로 보인다. 〈그림 1〉은 다음과 같은 두 가지의 논점을 제시한다. 첫째, 두 나라 모두 소득불평등이 지속적으로 증가하였다. 둘째, 적어도 1989년 이후 대만은 한국보다 훨씬 불평등한 소득분배가 이루어졌다. 다시 말하면, 한국보다 대만에서 빠른 속도로 불평등이 증가하였다.

비록 한국과 대만이 발전국가의 틀 아래서 빠른 성장의 길을 걸어왔지만, 산업구조를 포함하여 여러 가지 차이점을 보인다. 이 장에서는 두 나라의 국민들이 정책 목표로서 경제성장을 어떻게 인식하고 평가하는가를 분석하는 것에 초점을 둔다. 대만보다 한국에서 경제성장과 번영의 중요성이 강조된다.[2] 한국 민주주의 바로미터(Korean Democracy Barometer 2010)의 연구에 따르면, 48.9%의 한국 응답자들은 '경제발전이 민주화보다 더 중요하다'는 항목에 대답하였고, 이에 비해 16.7%의 응답자가 '민주화가 경제발전보다 중요하다'는 것에 답했다. 34.4%의 응답자들은 '경제발전과 민주화가 모두 중요하다'고 말했다(Jhee 2013, 42). 한국의 시민들은 국가적 사안으로 민주화보다 경제성장을 우선시하는 것이 명백하게 드러난다. 동아시아 바로미터(East Asia Barometer 2011)의 분석에서 '정부가 해결해야 할 국가의 가장 큰 문제가 무엇인가?'라는 질문에 43.1%의 한국인들은 '경제운영'으로 답하였고, 동일한 질문에 대해 대만은 20.5%의 비율로 나타났다. 또한, 한국-대만의 금융위기 이후의 십 년: 한국과 대만 국가 간 비교 서베이에서 62.9%의 한국 응답자들은 '자본주의의 이미지'의 첫 대답으로 '경제성장과 번영'을 선택한 반면, 대만의 응답자의 26.5%만이 해당 항목을 선택했다. 홍

2 Asia Barometer 2006 데이터는 이러한 국가간 차이를 분석할 수 있는 질문을 포함하지 않는다.

미로운 것은 26.9%의 대만 응답자들이 '경제적 불평등'을 자본주의의 이미지의 첫 대답으로 선택한 반면, 한국인들은 13.4%에 그쳤다는 점이다(Jang 2012).

일련의 경험적 증거를 통해 경제발전과 성장이 대만보다 한국 시민들의 정신에 더욱 폭넓게 각인되어 있다는 것을 확인할 수 있다. 또한, 대만 시민들은 한국의 시민들보다 불평등 이슈를 민감하게 받아들인다는 것을 알 수 있다. 게다가 한국과 대만의 선거경쟁은 두 나라에서 정치적으로 현저한 이슈에 차이가 있다는 것을 보여준다. 한국의 선거경쟁에 관한 많은 연구들은 경제성장과 국가경제 운영이 선거에서 가장 중요한 이슈라는 것을 보여준다(eg., Kwon 2010). 이와 뚜렷하게 대비되어, 경제성장과 번영은 대만의 국민당의 정당경쟁 이슈에서 세 번째, 2000년 대 이후 대만에서 실시된 선거에서 민진당에게는 여섯 번째의 이슈였다. 대만의 정당경쟁에서는 정치적 안정과 국가 정체성 이슈가 중요한 위치를 차지하고 있다(Fell 2007).

이 연구의 중요한 목적은 불평등의 경향과 시민들의 이슈 선호가 어떻게 정치신뢰로 연결되는가를 밝히는 것이다. 시민들의 불평등 인식과 정치신뢰의 관계가 동아시아와 다른 나라에서 다르게 발견되는가? 이론적, 경험적 연구 모두 불평등의 인식이 가져오는 신뢰침식 효과를 주장한다. 그러나, 경제발전의 궤적, 시민들의 신념과 규범, 정당경쟁 등의 여러 맥락적 요인들이 동아시아 신생민주주의에서 나타나는 불평등 인식의 효과에 반대되는 가설을 제시한다.

IV. 경험적 분석

불평등 인식의 신뢰침식 효과를 분석하기 위해서 본 연구는 2006 아시아 바로미터(Asia Barometer) 데이터를 사용한다. 2006년의 데이터는 중국, 홍콩,

일본, 한국, 싱가포르, 대만, 베트남의 7개 국가들을 포함한다. 이 연구에서는 동아시아의 신생민주주의에서 나타나는 정치제도에 대한 시민들의 태도를 분석하기 때문에 한국과 대만의 두 나라만을 대상으로 한다. 한국과 대만의 데이터는 2006년의 아시아 바로미터에만 포함되어 있다. 한국은 2003, 2004, 2006년 웨이브에 포함되어 있으나, 대만은 2006년에만 포함된다. 이 연구의 최대유사체계 디자인과 데이터 접근성이 2006 아시아 바로미터 데이터를 사용한 한국과 대만의 비교 분석을 가능하게 할 것이다.

1. 정치신뢰 측정

신뢰측정을 위해서 이 장에서는 아시아 바로미터 서베이의 다음과 같은 항목을 채택하였다: '다음의 제도가 사회의 전반적 이익을 위해 작동한다고 얼마나 신뢰하는지 말해주십시오' 이에 대한 응답은 1에서 5점까지의 척도로 구성되어 있고, 1은 '매우 신뢰', 2는 '약간 신뢰', 3은 '별로 신뢰하지 않음', 4는 '전혀 신뢰하지 않음'을 가리킨다. 해석의 편의를 위해서 4가 가장 높은 신뢰를 나타내도록 전환하였다. 미슐러와 로즈(Mishler and Rose 2002) 그리고 에릭 창과 추윤한(Chang and Chu 2006)를 따라 정치적 중요성과 연관성이 가장 높은 제도에 집중하였다. 구체적으로, 중앙정부, 지방정부, 군대, 사법 제도, 경찰, 국회 그리고 정당의 항목을 정치제도에 대한 신뢰 측정에 사용하였다. 제도적 성과와 제도적 신뢰를 개념적으로 구별할 수 있는 것이 이 측정의 장점이며, 이를 통해 집권정부에 대한 지지라는 잠재적 혼동요인 없이 정치신뢰의 측정이 가능하다(Chang and Chu 2006, 263). 정치신뢰를 가장 포괄적으로 측정하기 위해 일곱 항목의 정치제도의 각 점수를 평균하여 제도적 신뢰의 복합변수로 설정하였다. 일곱 가지의 제도가 효과적으로 정치제도에 대한 신뢰의 개념을 담아내는지 파악하기 위해 크론바흐 알파(Cronbach α)를 계산하였고, 수치는 0.865이었으며, 이는 정치제도에 대한 신뢰 개념에 가깝다는 것을 나타낸다. 결과의 민감성을 확인하기 위해

〈표 1〉 한국과 대만의 정치제도에 대한 신뢰

	한국	대만
중앙정부	1.95	2.13
지방정부	2.00	2.35
군대	2.50	2.51
사법체계	2.25	2.11
경찰	2.30	2.36
의회	1.58	1.95
정당	1.58	1.93

주: 수치는 1-4 척도이고 1은 전혀 신뢰하지 않음이고 4는 매우 신뢰함을 가리킨다. 평균수치를 기록하였다.

서 이 연구에서는 정치신뢰 측정을 위해 주성분분석(principal component analysis)을 사용하였다. 또한, 이 연구에서는 중앙정부, 지방정부, 국회, 그리고 정당정치의 점수만을 평균하여 정치신뢰의 측정을 하는 것을 채택하였다. 분석 결과는 정치신뢰의 개별적인 측정에 따라 질적으로 차이를 보이지 않았다.

〈표 1〉은 동아시아 신생 민주주의의 정치제도의 평균점수를 1에서 4점의 척도로 나타낸 것이다. 한국과 대만을 비교할 때, 사법체계를 제외하고 대만의 시민들이 한국인보다 높은 정치신뢰 수준을 보인다. 두 국가 모두 의회와 정당은 다른 정치제도에 비해 낮은 점수를 받았다. 〈표 1〉에서 대만이 한국보다 약간 높은 정도의 정치신뢰를 가진다는 것을 확인할 수 있으며, 두 국가 모두 전반적으로 의회와 정당은 다른 정치제도보다 신뢰도가 낮게 나타난다.

2. 불평등의 현저성 인식 측정

개인 수준에서 신뢰할 수 있는 만한 불평등의 현저성을 측정하기 위해 서베이 연구에서 각 응답자들에게 불평등의 현저성에 대한 인식을 묻는 동일한 접근을 시도하였다. 이 접근은 시민들의 경제적 불평등의 현저성에 대한 관념을 가장 직접적으로 파악할 수 있다는 점에서 유익하다. 그러나, 경제적 여건, 소득 수준, 이념적 선호와 같은 요인으로 시민들의 불평등의 현저성에 대한 인식이 영향을 받을 수 있다. 표준적인 변수 조작화의 방식을 따라 시민들의 불평등에 대한 인식을 측정하는 동시에 연구의 경험적 모델에 통제변수와 같은 여러 혼재요인을 포함시키면서 이 측정의 문제를 수정하였다. 불평등의 현저성에 대한 인식을 파악하기 위해 다음과 같은 질문을 사용하였다. '다음 중 어떤 이슈가 귀하에게 가장 큰 걱정거리입니까? 심각한 걱정을 유발하는 이슈를 모두 고르십시오: 사회의 경제적 불평등'. 응답자들이 '사회의 경제적 불평등'을 선택한다면 불평등의 현저성에 대한 인식은 1로 코딩되었고, 그렇지 않을 경우는 0으로 되었다. 한국과 대만 두 국가에서 30%의 응답자들이 사회의 가장 큰 걱정으로 경제적 불평등을 선택하였다.

3. 통제변수

여기에서는 기존 문헌에서 정치신뢰의 결정요인이라고 제시된 것을 통제변수로 포함시킨다(Anderson and Tverdova 2003; Chang and Chu 2006; Mishler and Rose 2002; Seligson 2002).

부패인식: 기존 연구에서는 부패인식이 정치제도에 대한 낮은 수준의 신뢰로 이어진다는 것을 제시한다. 정치부패는 정부가 모든 시민에게 동일하게 반응하지 않고 결국 공정하지 않다는 인식을 시민들에게 심어준다(Hetherington 2006; Linde 2012; Rothstein and Stolle 2008). 또한, 부패는 정당의 저발전과 연관되어 있다(Chang and Chu 2006). 더욱이 부패는 경제발전을 저해하고 거시경제 성과를 방해한다. 이와 같은 요인들이 정치제도에 대한 시민들의 낮은 수준의 신뢰로 이어진다. 시민들의 부패인식을 이해하기 위해 다음과 같은 질문을 사용하였다. '다음의 문장에 대해 얼마나 동의 또는 반대하는지 말씀해주십시오: 나라를 통치하는 사람들 사이에 부패가 만연하다'. 응답은 1에서 5점의 척도로 구성되어 있고 1은 '매우 신뢰하지

않음', 5는 '매우 신뢰함'을 나타낸다.

경제 평가: 경제투표에 관한 이론들은 경제적 조건이 시민들의 정치행태에 영향을 미친다고 주장한다. 특히, 경제성과를 평가하는 데 시민들이 정부의 책임을 명확하게 파악할 수 있는 상황에서 시민들의 긍정적인 경제평가는 집권정당에 대한 높은 수준의 지지로 이어진다(Powell and Whitten 1993). 따라서, 정부가 경제영역에서 좋은 성과를 낸다면 시민들은 정부에 대해 높은 수준의 신뢰를 보일 것이다. 다음의 질문을 사용하여 연구를 수행하였다. '정부가 '경제'적 사안을 얼마나 잘 다룬다고 생각하십니까?' 응답은 1에서 4점의 척도로 구성되었으며 1은 '잘 처리하지 못한다'이며 4는 '잘 처리한다'를 나타낸다.

인구통계학적 변수: 기존 연구들은 제도와 정부에 대한 시민들의 신뢰를 측정하는 데 있어서 사회경제적 지위가 미치는 영향을 강조한다. 셀릭슨(2002)은 높은 수준의 사회경제적 지위와 교육을 받은 사람들일수록 정치과정을 잘 알고 있으며 따라서 비판적이거나 부정적일 것이라고 지적한다. 게다가, 동아시아 사회에서 여성들이 정치적으로 소외되었다는 보편적인 가정하에 젠더는 정치제도에 대한 시민들의 신뢰에 영향을 미칠 것이다. 따라서, 이 연구에서는 나이, 학력수준, 가계소득, 그리고 젠더를 고려한다. 주목할 점은, 이 연구에서 소득, 교육 그리고 경제평가와 같은 혼재요인을 경험적 모델에 포함시켜 불평등의 인식과 정치신뢰와 연결시켰다는 점이다. 특히, 경제평가가 개인의 불평등 인식과 정치신뢰에 영향을 미칠 것이다. 비록 제한적이지만, 이 연구에서는 통제변수로 경제평가를 포함시킴으로써 이 문제에 대처한다.

V. 분석결과

이 연구는 동아시아 신생민주주의에서 경제적 불평등의 현저성에 대한 인식이 정치신뢰에 미치는 효과를 분석하였다. 이분산성(heteroskedasticity)에 대해 주의하면서 강건표준오차(robust standard errors)와 함께 OLS(Ordinary Least Squares)의 추정결과를 제시한다.

〈표 2〉는 분석결과를 보여준다. 모델 (1)과 (3)은 종속변수로 정치신뢰의 복합지수를 사용한 모형의 결과이며, 모델 (2)와 (4)는 종속변수가 주성분분석에 의해 도출된 정치신뢰의 측정이다. 대만의 경우, 불평등의 현저성에 대한 인식이 정치신뢰에 미치는 영향이 통계적으로 유의미한 음(-)의 효과를 갖는다는 것을 발견하였다. 한국의 경우, 불평등의 인식이 정치신뢰에 어떠한 영향도 주지 않았다. 경제불평등을 사회의 큰 걱정거리로 인식한 대만의 시민들은 경제적 불평등이 사회적으로 어떠한 영향을 미치지 않는다고 생각한 시민들보다 정치제도를 신뢰하지 않았다. 이러한 발견은 대만에서 불평등의 현저성의 인식이 신뢰침식 효과를 가진다는 것을 보여준다. 이 효과는 각각의 정치신뢰 측정에서 일관적으로 발견되었다.

여기에서 도출되는 자연스러운 질문은 '대만과 달리, 한국에서는 왜 불평등의 현저성에 대한 인식이 정치신뢰 효과를 갖지 않는가'이다. 앞의 이론적 논의에서 언급했듯이, 불평등의 속도가 빠르게 증가하는 국가가 불평등이 지속적으로 높게 유지된 나라보다 정치적으로 현저할 것이다. 앞의 〈그림 1〉에서 한국보다 대만에서 경제적 불평등의 증가 속도가 급격하게 나타났다는 것을 확인할 수 있었다. 이러한 경향을 보았을 때, 경제적 불평등의 현저성에 대한 이슈가 한국보다 대만에서 더욱 두드러지게 나타날 것이라고 추측할 수 있다. 둘째, 대만시민들에 비해 한국시민들의 정치신뢰 수준은 정부의 경제성과에 의해서 결정된다. 한국의 경제평가 계수(0.25)는 대만(0.18)보다 높다. 위의 논의와 연결시켜서 이 결과는 성장지향형 경제정책

〈표 2〉 인지된 불평등이 정치신뢰에 미치는 효과

	한국		대만	
	(1) 복합지수	(2) PCA	(3) 복합지수	(4) PCA
인지된 불평등	-0.023	-0.073	-0.071*	-0.250*
	(0.032)	(0.113)	(0.036)	(0.123)
부패인식	-0.043*	-0.157*	-0.063**	-0.234**
	(0.020)	(0.072)	(0.023)	(0.084)
경제상황 평가	0.251**	0.916*	0.178**	0.648**
	(0.025)	(0.088)	(0.028)	(0.102)
연령	0.004*	0.013*	-0.001	-0.003
	(0.001)	(0.005)	(0.002)	(0.007)
교육수준	-0.017	-0.061	-0.036	-0.129
	(0.028)	(0.101)	(0.029)	(0.103)
소득	0.004	0.011	0.063**	0.228*
	(0.021)	(0.075)	(0.029)	(0.105)
여성	0.059♮	0.223*	0.064♮	0.223♮
	(0.033)	(0.110)	(0.035)	(0.124)
상수	1.640**	-1.664**	2.088**	-0.022
	(0.153)	(0.550)	(0.176)	(0.631)
N	871	871	800	800
Adjusted R^2	0.13	0.13	0.09	0.10

주: ♮ p〈.10, * p〈.05, ** p〈.01.

과 낙수효과에 대한 기대가 한국의 대중들 사이에 널리 받아들여진다는 것을 보여준다(Jhee 2013; Kwon 2010). 따라서 불평등의 현저성에 대한 인식이 정치신뢰에 뚜렷한 영향을 미치지 않을 것이다. 셋째, 분배정의는 한국보다 대만에서 더욱 받아들여지는 개념이다. 이러한 측면에서, 분배정의에 대한 규범이 강하게 작용하는 대만에서는 불평등의 현저성에 대한 인식이 신뢰침식효과를 가져오는 반면, 한국사회 내에 퍼져 있는 경제성장에 대한 관심은 불평등의 현저성에 대한 인식의 신뢰침식 효과를 저해한다.

분석결과를 통해 동아시아 신생민주주의 내에서 여러 요인이 정치신뢰에 동일하게 작용한다는 것을 확인할 수 있다. 부패인식은 낮은 수준의 정치신뢰로 이어진다. 이 결과는 정치부패의 부정적인 영향에 대한 여러 연구결과와 일치한다(e.g., Chang and Chu 2006). 경제성과 평가는 정치제도에 대한 신뢰의 증가와 연결된다. 경제영역에서 정부가 좋은 성과를 보인다고 판단하는 시민들은 그렇지 않다고 판단하는 시민보다 정치신뢰가 높은 수준으로 나타난다. 이러한 결과는 좋은 정부성과가 시민들의 정치신뢰를 강화한다는 것을 증명한다. 이 효과의 실질적 크기는 대만보다 한국에서 매우 높게 나타난다. 위에서 논의하였듯이, 정부의 경제성과는 한국시민들의 사고에 중요한 영향을 준다. 정치신뢰 형성에서 한국시민들은 분배결과보다 경제성장을 더욱 의미 있게 고려한다. 이러한 현상은 대만보다 한국에서 더욱 명확하게 드러난다. 인구학적 요소를 고려했을 때, 한국과 대만의 경우 모두 여성은 남성보다 높은 신뢰를 보여준다. 흥미롭게도 한국에서 나이는 정치신뢰에 대해 긍정적인 영향을 주며, 대만에서는 소득이 높은 신뢰와 연관성을 갖는다. 교육수준은 통계적으로 유의미하지 않은 결과를 나타냈다.

〈그림 2〉는 한국과 대만의 정치신뢰에 대한 변수들의 추정효과를 나타낸다. 위에서 언급되었듯이, 불평등의 현저성에 대한 인식의 신뢰침식효과는 대만의 경우에서만 관찰되었다. 두 국가에서 모두 경제성과에 대한 평가가 정치신뢰와 긍정적으로 연결되지만 효과의 실질적 크기는 대만(0.18)보다 한국에서 크게 나타난다(추정계수 0.25).

일곱 개 정치제도의 신뢰에 대한 단순 평균점수를 사용하지 않고 주성분분석을 수행하였다. 모델 (2)와 (4)에서 나타나듯이 결과는 질적으로 동일

〈그림 2〉 불평등 인식의 추정 효과

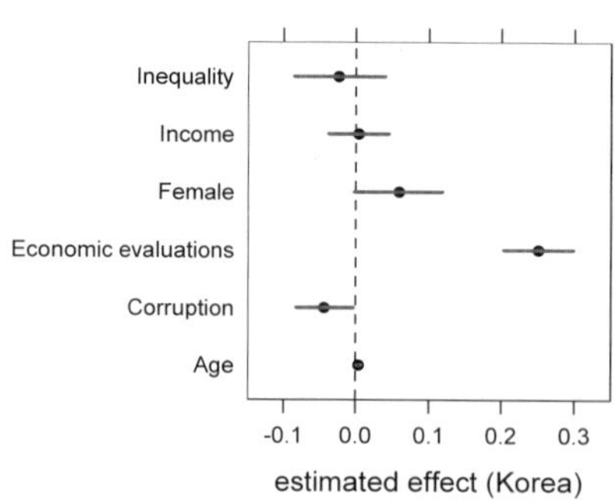

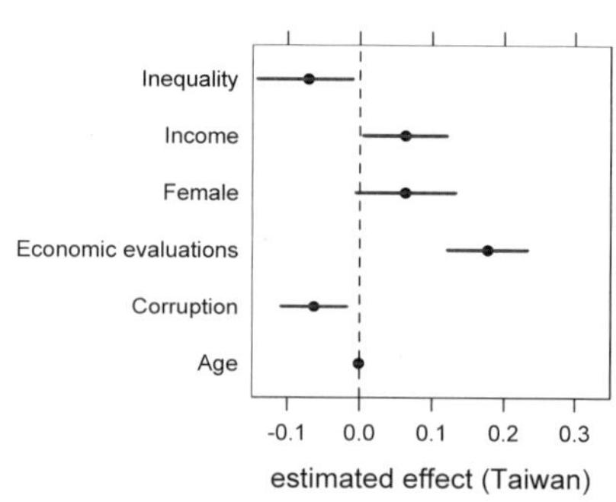

하다. 불평등의 현저성에 대한 인식의 신뢰 침식효과는 대만에서 관찰되었고, 한국에서는 나타나지 않았다. 또한 네 개의 정치제도(중앙정부, 지방정부, 의회, 정당)의 신뢰 점수의 평균을 재측정한 후 분석한 결과도 〈표 2〉에 보고된 결과와 거의 동일하게 나타났다. 이외에도 다양한 민감성 검증(sensitivity check)을 수행하였는데, 추정결과는 강건한 것으로 나타났다.

VI. 결론

이 장은 시민들의 동아시아 신생민주주의에서 불평등의 현저성에 대한 인식과 정치신뢰의 연관성을 분석했다. 분석결과에 따르면 불평등의 현저성에 대한 인식이 정치제도에 대한 낮은 수준의 신뢰로 이어지며, 한국의 경우에 이 효과가 나타나지 않지만 대만에서는 신뢰침식의 효과가 발견되었다. 대만사례에 대한 분석결과는 선진민주주의를 대상으로 한 불평등과 정치신뢰의 연관성 연구들과 일치한다(Katzenstein 2000; Rothstein and Uslaner 2005). 우리의 분석결과는 왜 한 나라에서는 불평등 인식의 신뢰침식 효과가 발견되는데, 다른 나라에서는 그렇지 않은가 라는 질문에 대한 추후 연구가 필요하다는 점을 제시한다. 이 연구에서는 위와 같은 질문에 대해서 여러 추정을 제시하였다. 대만에서 빠르게 증가하는 불평등이 높은 수준의 정치적 불평등의 현저성으로 이어지며, 따라서 정치제도에 대한 낮은 수준의 신뢰가 나타난다. 이러한 측면에서, 불평등의 증가 속도가 중요한 역할을 하는 것을 확인할 수 있다. 또한, '성장우선'에 대한 개념은 대만에 비해 한국에서 더욱 받아들여 지고, 이는 시민들의 불평등에 대한 인식이 정치신뢰에 큰 영향을 미치지 않는 것으로 이어진다. 이와 반대로, 대만시민들은 공정한 분배에 대한 개념을 한국에 비해 더 높게 인식하고 있다.

기존의 연구들은 낮은 수준의 민주적 참여, 민주적 불안정성, 사회적 격

변 등과 같은 소득불평등의 사회적 효과를 제시한다(Karl 2000 Muller and Seligson 1987; Solt 2008). 불평등의 현저성에 대한 인식의 신뢰침식효과는 비교정치 연구와 공공정책에 대해 중요한 함의를 제공한다. 우선, 증가하는 시장 불평등을 완화시키는 정부정책은 정치제도에 대한 시민들의 신뢰를 증가시킬 것이다. 시민들의 정치신뢰는 동시에 정부가 그러한 정책을 수행하는 것을 가능하게 한다. 두 번째, 민주주의 사회에서 정치참여의 감소와 정치신뢰의 축소에 대한 우려는 증가하는 불평등의 완화를 위한 정부의 노력을 통해 부분적으로 해결될 수 있다. 소득불평등은 각 소득계층에 따라 다양한 정도의 정치참여와 연관된다(Lancee and Van de Werfhorst 2012; Leighly and Nagler 2014; Solt 2008). 또한 부유층은 저소득층보다 정치적으로 반영된다(Gilens 2005). 소득불평등과 정치불평등이 밀접하게 이어질 때, '민주주의의 위기'를 바로잡기 위해서 정부는 다양한 사회정책으로 소득불평등을 완화해야 한다.

달(1971)은 그의 유명한 저작에서 민주주의는 정치적 평등이라고 고려되는 시민들의 선호에 대한 정부의 지속적인 반응이 수반된다고 지적한다(p. 7). 민주적이고 평등한 반응은 정치제도에 대한 시민들의 신뢰를 강화하는 중요한 요소이다. 바텔스(2008)와 질렌(2005)은 증가하는 소득불평등의 결정적인 결과는 '불평등한 민주주의'이며, 이는 불평등한 참여나 불평등한 대표성이다. 전세계적으로 동일하게 불평등이 증가한다는 점에서 시민들의 정치신뢰가 나라마다 다르다면 이는 나라마다 정치적 메커니즘이 다르게 작용한다는 것을 나타낼 것이다.

참고문헌

Alesina, A., Devleeschauwer, A., Easterly, W., Kurlat, S., and Wacziarg, R. (2003). "Fractionalization." *Journal of Economic Growth* 8(2), 155–194.

Alesina, A., and Angeletos, G. (2005). "Fairness and redistribution." *American Economic Review* 95(4), 960–980.

Alesina, A., and Ferrara, E. (2005). "Ethnic diversity and economic performance." *Journal of Economic Literature* 43(3), 762–800.

Anderson, C. J., and Tverdova, Y.(2003). "Corruption, political allegiances, and attitudes toward government in contemporary democracies." *American Journal of Political Science* 47(1), 91–109.

Anderson, C. J., and Beramendi, P. (2008). Income, inequality, and electoral participation. In P. Beramendi, and C. J. Anderson (Eds.), *Democracy, Inequality, and Representation* (pp. 278–311). New York: Russell Sage Foundation.

Bartels, L. M. (2008). *Unequal Democracy: The political economy of the new gilded age*. New York: Russell Sage Foundation.

Chang, E., and Chu, Y. (2006). "Corruption and trust: Exceptionalism in Asian democracies?" *The Journal of Politics* 68(2), 259–271.

Dahl, R. A. (1971). *Polyarchy*. New Haven, CT: Yale University Press.

Deyo, F. (1992). The political economy of social policy formation: East Asia's newly industrialising countries. In R.Applebaum, and J. Hendersen (Eds.), *States and Development in the Asia Pacific Rim* (pp. 289–306). London: Sage.

Fearon, J., and Laitin, D.(2003). "Ethnicity, insurgency, and civil war." *American Political Science Review* 97(1), 75–90.

Fell, D. (2007). "Partisan issue competition in contemporary Taiwan: Is democracy dead in Taiwan?" *Chinese History and Society* 32, 23–39.

Gilens, M. (2005). "Inequality and democratic responsiveness." *Public Opinion Quarterly* 69(5), 778–796.

Haggard, S., and Kaufman, R. (2008). *Development, Democracy, and Welfare States: Latin America, East Asia, and Eastern Europe*. Princeton: Princeton University Press.

Hagopian, F. (2009). Parties and voters in emerging democracies. In C. Boix, and S. C. Stokes (Eds.), *The Oxford Handbook of Comparative Politics*. Oxford: Oxford University Press.

Heady, B. (1991). "Distributive justice and occupational incomes: Perceptions of justice determine perceptions of facts." *British Journal of Sociology* 42(4), 581–596.

Hetherington, M. (2006). *Why Trust Matters: Declining political trust and the demise of*

American liberalism. Princeton, NJ: Princeton University Press.
Houle, C. (2009). "Inequality and democracy: Why inequality harms consolidation but does not affect democratization." *World Politics* 61(4), 589–622.
Jamal, A., and Noorudin, I. (2010). "The democratic utility of trust: A cross-national analysis." *The Journal of Politics* 72(1), 45–59.
Jang, S. C. (2012). "Capitalism as lived experiences." *Oriental Social Theory* 26, 345–366.
Jhee, B. K. (2013). "Ideological dispositions and perceptions of democracy among Koreans." *National Strategy* 19(1), 31–56 (in Korean)
Johnson, C. (1982). *MITI and the Japanese Miracle*. Stanford: Stanford University Press.
Jost, J. T., Pelham, B., Sheldon, O., and Sullivan, B. (2003). "Social inequality and the reduction of ideological dissonance on behalf of the system: Evidence of enhanced system justification among the disadvantaged." *European Journal of Social Psychology* 33, 13–36.
Karl, T. L. (2000). "Economic inequality and democratic instability." *Journal of Democracy* 11(1), 149–156.
Katzenstein, P. (2000). Confidence, trust, international relations, and lessons from smaller democracies. In S. Pharr, and R. Putnam (Eds.), *Disaffected Democracies: What's troubling the trilateral countries?* (pp. 121–148). Princeton: Princeton University Press.
Kenworthy, L., and Pontusson, J. (2005). "Rising inequality and the politics of redistribution in affluent countries." *Perspectives on Politics* 3(3), 449–474.
Kumlin, S., and Rothstein, B. (2005). "Making and breaking social capital: The impact of welfare state institutions." *Comparative Political Studies* 38(4), 339–365.
Kwon, H. Y. (2005). "Targeting public spending in a new democracy: Evidence from South Korea." *British Journal of Political Science* 35(2), 321–341.
Kwon, H. Y. (2010). "Economic perceptions and electoral choice in South Korea: The case of the 2007 presidential election." *The Pacific Review* 23(2), 183–201.
Lancee, B., and Van de Werfhorst, H. (2012). "Income inequality and participation: A comparison of 24 European countries." *Social Science Research* 41, 1166–1178.
Leighly, J., and Nagler, J. (2014). Who Votes Now? Demographics, issues, inequality, and turnout in the United States. Princeton, NJ: Princeton University Press.
Levi, M., and Stoker, L. (2000). "Political trust and trustworthiness." *Annual Review of Political Science* 3, 475–507.
Lichbach, M. (1990). "Will rational people rebel against inequality? Samson's choice." *American Journal of Political Science* 34(4), 1049–1076.
Linde, J. (2012). "Why feed the hand that bites you? Perceptions of procedural fairness and system support in post-communist democracies." *European Journal of Political Research*

51, 410–434.

Merien, S., and Hooghe, M. (2011). "Does political trust matter? An empirical investigation into the relation between political trust and support for law compliance." *European Journal of Political Research* 50, 267–291.

Mishler, W., and Rose, R. (2002). "What are the origins of political trust? Testing institutional and cultural theories in post-communist societies." *Comparative Political Studies* 34(1), 30–62.

Muller, E., and Seligson, M. (1987). "Inequality and insurgency." *American Political Science Review* 81(2), 425–451.

Newton, K., and Norris, P. (2000). Confidence in public institutions: Faith, culture, or performance? In S. Pharr, and R. Putnam (Eds.), *Disaffected Democracies: What's troubling the trilateral countries?* (pp. 52–73). Princeton: Princeton University Press.

Powell, G. B., and Whitten, G. (1993). "A cross-national analysis of economic voting: Taking account of the political context." *American Journal of Political Science* 37(2), 391–414.

Przeworski, A., and Tuene, H. (1971). *The Logic of Comparative Social Inquiry*. New York: John Wiley and Sons.

Roh, J.(2013). "Concern aboutthe rise of lazy welfare queens? An empirical explanation of the underdevelopment of the redistributive welfare system in South Korea." *The Social Science Journal*, 50, 289–298.

Rothstein, B. (2005). *Social Traps and the Problem of Trust*. New York: Cambridge University Press.

Rothstein, B., and Uslaner, E. (2005). "All for all: Equality, corruption, and social trust." *World Politics* 58(1), 41–72.

Rothstein, B., and Stolle, D. (2008). "The state and social capital: An institutional theory of generalized trust." *Comparative Politics* 40, 441–467.

Seligson, M. (2002). "The impact of corruption on regime legitimacy: A comparative study of four Latin American countries." *The Journal of Politics* 64(2), 408–433.

Solt, F. (2008). "Economic inequality and democratic political engagement." *American Journal of Political Science* 52(1), 48–60.

Touchton, M. (2015). "Trapping the tigers: Regulation of market entry and the rule of law in SE Asia." *The Social Science Journal* 52, 8–21.

Uslaner, E. (2008). *Corruption, Inequality, and the Rule of Law*. New York: Cambridge University Press.

Wegener, B. (1987). "The illusion of distributive justice." *European Sociological Review* 3(1), 1–13.

White, G., and Goodman, R. (1998). Welfare orientalism and the search for an East Asian welfare model. In R. Goodman, G. White, and H. Kwon (Eds.), *The East Asian Welfare Model: Welfare orientalism and the state* (pp. 3–24). London: Routledge.

3부 선거정치와 복지국가

6. 세계화와 선거

개방경제, 사회적 보상, 그리고 전략적 위임

I. 서론

이 장은 개방형 경제체제에서 사회적 보상(social compensation)을 요구하는 하나의 선거적 메커니즘을 분석한다. 보다 구체적으로, 이 논문은 지역통합이 가속화되면서 역내 개방경제체제를 수립하게 되는 시점에서 유럽 국가들의 투표자들이 투표를 통해 사회적 보상 요구를 표시하는지, 그리고 만일 표시한다면 어떠한 개인적, 제도적 특성들이 투표선택을 결정하는지를 경험적으로 분석한다. 상대적으로 더 확대된 사회적 보상 정책을 추구하는 사회민주당 등 좌파정당들이 집권하였을 때 반드시 사회복지 및 재분배 정책의 확대로 이어질 것이라고 가정하는 것은 다소 순진한 생각인 것으로 보인다. 그러나 투표선택을 통해 분명히 나타난 투표자들의 사회적 보상에 대한 요구를 외면할 경우, 좌파집권정당이 다음 선거에서 재집권할 가능성은 줄어들지도 모른다. 이러한 점에서, 사회보상의 선거적 요구와 유럽의 좌파정당의 선거정치적 운명은 밀접하게 연결되어 있다.[1]

1 서구민주주의 국가들은 좌파와 우파간의 주기적인 정부당파성의 교체가 진행되어 왔다. 여기에서 분명히 해야 할 것은 이러한 시계추(pendlum) 현상을 설명하는 것이 이 논문의 목적은 아니다. 그러한 연구는 이 논문이 기반하고 있는 이론적, 경험적 모델과는 다른 모델을 필요로 하는 것이다.

세계화된 개방경제체제에서 국내정치적 정책선택이 하나의 신자유주의적 방향으로 수렴될 것인지 아니면 정책적 다양성을 유지할 것인지는 많은 연구가 진행된 주제이다(Berger and Dore 1996; Hollingsworth and Boyer 1997; Iversen et al, 2000; Keohane and Milner 1996; Scharpf and Schmidt 2000). 아직 연구의 축적이 체계적으로 이루어지지 않은 연구과제는 세계화라는 거시적 환경이 국내정책의 차별성 또는 수렴으로 이어지는 메커니즘에 대한 개인적 수준(individual-level)의 설명이다. 세계화시대의 민주주의 체제에서 선거참여 등을 통해 선호와 이익을 표출하는 개인들의 요구가 어떻게 반영되어 정책적 결과로 도출되는지에 관한 분석이 필요한 것이다. 이러한 미시적 기초(microfoundation)에 대한 연구의 상대적 결여는 다소 놀랍기도 하다. 왜냐하면, 많은 연구들이 세계화된 경제체제에서 신케인즈주의적, 사회민주주의적 정책들이 가능하다는 점을 주장해왔기 때문이다. 기존의 비교정치경제 연구들은 무역개방과 자본유동성이 재정적자 및 높은 수준의 정부지출(Garrett 1998; Rodrik 1997; Simmons 1999; Swank 2002) 또는 법인세의 증가와(Adam and Kammas 2007; Quinn 1997; Swank and Steinmo 2002) 긍정적인 상관관계를 갖는다는 점을 밝혀왔다. 그럼에도 불구하고, 중요한 것은, 기존 연구들이 선거정치적 수요측면에서의 이야기를 체계적으로 제시하지 않았다는 점이다.

다른 한편, 비교정치행태연구들은 국내경제가 점차 세계시장으로 편입되는 환경적 변화가 투표행태에 어떠한 영향을 미치는지에 대해 상대적으로 소홀히 다루어왔다. 최근 들어 북미자유무역협정이후 미국의 투표자들이 페로를 지지했던 양상에 관한 연구나(Mughan and Lacy 2002) 서구 투표자들이 세계화된 상황에서 집권정당이 직면하는 정책적 제약들을 인지하여 경제투표의 양상이 덜 뚜렷해진다는 연구(Hellwig 2001)가 진행되었다. 그럼에도 불구하고, 이러한 연구들조차 경제환경의 변화가 투표자들의 당파적 투표행태에 어떠한 영향을 미치는가라는 중요한 주제에 대해서는 간과하였다(Keyser 2007).

이러한 학문적 배경을 토대로, 이 장은 지역통합과 경제개방에 따라 조건지어질 사회복지정책에 대한 유권자의 합리적 예측이 어떻게 투표선택으로 이어지는가를 탐색한다. 서유럽 국가들의 평균 무역의존도(GDP 대비 수출입액)는 1984-87년 평균 64.3에서 1992-95년 평균 70.2로 증가하였다. 금융개방도(국경을 넘나드는 자본이동에 대한 법적, 제도적 규제의 부재)는 1984-87년 평균 12에서 1992-95년 평균 13.4로 증가하였다.[2] 이러한 경제환경적 변화를 관찰하면서 투표자들의 선택은 어떠한 양태를 보이는가?

이 연구는 일부 투표자들이 개방경제의 충격을 보다 확대된 사회복지정책을 통해 완화시킬 것이라고 믿는 정당(후보자)에게 투표하는 '전략적 위임'(strategic delegation)을 한다고 주장한다. 전략적 위임의 대상이 되는 정당은 투표자가 가장 선호하는 정당일 수도 있고, 그렇지 않을 수도 있다. 이러한 위임은 전략적인데, 왜냐하면 반드시 자신의 정책선호와 가장 근접한 정당을 찾는 것이 아니라, 선거후 관찰될 정책결과에 대한 합리적 추정에 근거하여 자신이 가장 선호하는 정책결과를 도출하는 데 가장 적절한 것으로 보이는 정당을 선택한다는 행태가 핵심이기 때문이다.[3] 증가하는 자본의 이동은 자본에 대한 조세와 정부지출을 줄이게 될 것이다. 그러나 이 논문의 주장은, 일부 투표자들이 자신의 이념점(ideal point)보다 더 좌파 쪽에 위치한 정당(후보자)을 선택함으로써 자본에 대한 조세와 사회복지지출의 삭감을 방지하거나 완화시킨다. 신자유주의적 경제환경이 부여하는 제약들을 고려하면, 비록 투표자들이 자신의 이념점보다 왼쪽에 위치한 정당을 선택하지만 결국 선출된 정부의 정책결과는 자신의 이념점에 근접한 것이 될 것

2 금융개방도의 척도는 1(완전한 폐쇄)에서부터 14(완전한 개방)이다. 자료는 아이버슨(Iversen 1999)으로부터 추출하여 필자가 계산하였다.

3 중요한 것은 전략적 위임이 전략적 투표(strategic voting)와는 다르다는 점이다. 전략적 투표는 투표자가 각 정당(후보자)의 당선확률에 대한 합당한 예측을 갖고 있는 경우를 전제한다. 전략적 위임은 그러한 전제를 가정하지 않는다(Persson and Tabellini 1992).

이다.

이 장에서는 이러한 이론적 주장을 1996년 유로바로미터(Eurobarmeter 44.2) 서베이에 대한 계량경제학적 분석을 통해 경험적으로 뒷받침한다. 이 시기는 유럽에서 세계화 및 유럽통합의 환경에 대한 시민들의 기대 및 불안이 컸던 시기이며, 국내경제적으로 높은 실업율과 경제성장의 침체를 노정했던 시기이기도 하다. 경험적 모델의 분석 결과는 경제적 통합이 진전될수록 자신의 이념점보다 좌파 쪽의 정당에 투표하는(left-to-the-ideal) 전략적 위임의 가능성이 높아진다는 점을 보여준다. 그러나 이러한 전략적 위임의 가능성이 모든 투표자에게 동일한 것은 아니다. 전략적 위임의 확률은 투표자의 특성에 따라 그리고 정치제도적 차이에 따라 개인별 및 국가별로 다르게 나타난다. 이 논문은 특히 자산 및 노동숙련 정도의 차이, 그리고 국가별 노동시장제도의 차이를 고려한다. 자산소유계층이나 숙련노동에 비해 미숙련노동은 경제통합으로 인해 더 커다란 피해를 보게 될 것이기 때문에 보다 확대된 사회적 보호를 요구할 가능성이 크다. 다시 말해, 미숙련노동계층의 전략적 위임 가능성이 크다. 전략적 위임의 국가적 편차는 노동시장제도의 차이로 설명할 수 있다. 분절화된 노동시장제도를 갖는 나라의 투표자들일수록 폭넓은 사회적 보호에 대한 수요가 강하다. 그것은 왜냐하면, 노동시장에 아무런 제도적 보호장치가 존재하지 않기 때문에 사회적 보호를 정부에 요구할 것이기 때문이다.

이러한 이론적 주장과 경험적 발견들은 개방경제와 복지국가의 확대 및 코포라티즘적 사회조정의 관계를 밝힌 이전의 고전적 연구들(Cameron 1984; Katzenstein 1985)의 주장과 맥락을 같이한다. 그러나 카첸슈타인의 연구가 개방경제와 합의체적 사회조정의 고리를 연결하는 필수불가결한 매개로 사회주의 노동운동, 파시즘과 2차대전의 경험, 그로부터 비롯된 협의주의의 정치문화를 제시하는 것과 달리, 그리하여 다소 맥락특정적(context-specific)이라는 점과 달리, 이 연구가 살펴보는 선거적 기제는 민주주의 정치체제의 보편적 기제라는 점에서 이 연구의 결과는 지리적, 문화적, 또는 역사적 경계를 넘는 것일지도 모른다.

이 장은 다음과 같이 구성된다. 2절에서는 경제개방, 정부의 재정정책, 그리고 경제통합에 관한 개인적 수준의 선호에 관한 기존 연구들을 검토한다. 3절에서는 이 장의 이론적 분석틀을 제시하고 경험적으로 검증 가능한 가설들을 도출한다. 4절은 데이터와 변수, 그리고 경험적 모델을 소개한다. 5절은 경험적 분석의 결과를 논의한다. 6절은 결론이다.

II. 경제개방, 재정정책, 그리고 개인의 정책 선호

경제개방과 국내재정정책의 고리에 관한 논의들은 대부분 자본의 자유로운 이동을 핵심으로 하는 금융자유화가 국내재정정책의 제약으로 이어질 것인가의 여부를 쟁점으로 한다. 경제학자들의 연구 중 하나는 일반적으로 기업들이 세율이 낮은 나라에 과도한 집중투자를 하고 세율이 높은 나라에서 과도한 투자회피가 발생한다는 것을 보여준다(Frenkel, Razin, and Sadka 1991). 따라서 이론적으로 볼 때, 균형점에서 기업에 대한 최적의 법인세율이 0이라는 것을 알 수 있다(Gordon and MacKie-Mason 1995). 스타인모(Steinmo 1994)는 자본이동의 자유화가 진전됨에 따라 정부는 법인세율을 낮추고 다국적기업이나 자본가 계층의 조세부담을 덜어주게 된다고 주장한다. 더 나아가 스트레인지(Strange 1996)는 초국적 기업들의 힘이 조세정책을 포함한 일반적인 국가능력을 넘어섰다고 까지 주장한다. 반면에 시몬즈(Simmons 1999)는 다소 상반된 결과를 제시한다. 즉, 국가간 경계를 넘나드는 자본이동은 국내 긴축재정과 상관관계가 있는 반면에, 무역개방은 재정적자 및 공공부문의 확대와 상관관계가 있다는 것이다.

이러한 이론적 논의들과는 달리 경험적 지표들은 OECD국가들 간에 조세 및 복지정책에 커다란 편차가 여전히 존재하고 있음을 여실히 보여준다. 흥미롭게도 일부 연구들은 이러한 현실세계의 지표와 조응하는 연구결과들을 발표해왔다. 월러스틴과 쉐보르스키(Wallerstein and Przeworski 1995)는 투자로부터 비롯되지 않은 이윤에 대한 높은 세율은 자본이탈(captial flight)로 이어지지 않는다는 점을 보여준다. 퀸(Quinn 1997)과 스왱크와 스타인모(Swank and Steinmo 2002)의 경험적 분석은 자본자유화가 법인세증가와 양(+)의 상관관계가 있음을 밝히고 있다. 베이징거와 할레버그(Basinger and Hallerberg 2004) 또한 자본의 자유로운 이동과 국가간 조세율의 수렴은 정치적, 제도적 맥락에 따라 조건지어진다는 점을 보여주었다. 개럿(Garrett 1998)의 연구는 좌파-노동의 힘의 증가가 높은 무역개방도와 자본이동에도 불구하고 높은 수준의 정부지출로 이어진다는 것을 보여준다. 개럿은 이 퍼즐에 대한 해답을 정치적 수요의 측면에서 찾는다: "세계화와 경제불안의 연관성에 비추어 볼 때, 부와 위험의 재분배를 통해 시장으로부터 비롯되는 불안정을 완화시키는 정부 정책들이 대중들에게 인기가 있다는 점은 전혀 놀라운 일이 아니다"(Garrett 1998: 7). 이러한 논의들에도 불구하고, 홀(Hall 1999)이 지적하듯이, "국제경제의 변화와 경제통합의 정치적 효과들이 유권자 전체에 어떠한 방식으로 영향을 미치는지"(p.146)에 관한 체계적 연구는 거의 전무하다.

경제통합에 관한 개인 선호에 관한 연구들은 개인적 이질성(individual heterogeneity)이 어떻게 경제통합과 개방에 관한 견해와 선호에 영향을 미치는지에 초점을 맞춘다. 많은 연구들은 개인들이 그들이 위치한 사회경제적 조건에 따라 경제통합으로 인한 정책들로부터 파생되는 이득과 비용이 차이가 있음을 인지한다고 전제한다. 따라서 경제통합에 관한 개인들의 이러한 '공리주의적' 평가는 통합으로부터 비롯되는 개인후생과 복지의 차이에 대한 평가와 연결이 되어 있는 것이다. 베커(Becker 1980)는 교육과 훈련을 통한 인적자본(human capital)의 축적이 개인의 소득을 증가시키고 실업의 위험을 감소시킨다고 주장하면서, 경제개방의 환경에서 높은 수준의 인적자본의 소유자들과 그렇지 못한 사람들 간에 정책 선호의 차이가 존재한다는 점을 지적한다. 게이블(Gabel 1998)은 경제통합에 대한 선호의 가장 핵심적인 결정요인을 소득수준 및 자본자산 소유 여부라고 주장한다. 예를 들어, 유럽통화연합(EMU: European Monetary Union)은 금융자산 소유자들에게 낮은 인플레이션이라는 보편적인 혜택을 부여한다. 반대로, 저소득층은 금융자본화로 인해 타격을 받게 된다. 자본자산 소유자와 숙련노동자들은 복지국가의 축소와 이를 통한 해외자본의 투자의 활성화로 이득을 취할 것이다. 그러나 미숙련노동자들은 경제통합이 진행될수록 사회복지프로그램에 의존할 가능성이 더 커질 것이다. 숙련노동은 쉽게 대체가능하지 않은 반면에, 미숙련노동은 특히 노동의 이동이 진행되면서 더욱 대체가능한 노동시장의 상품이 되기 때문이다(Iversen 2005).

공공여론을 분석한 연구들은 대체로 이러한 논의를 뒷받침한다. 앤더슨과 폰투손(Anderson and Pontusson 2007)은 개인적 수준에서 고용불안은 그가 속한 나라의 해외시장의존도가 높을수록 증대한다는 점을 밝히고 있다. 비슷한 맥락에서, 세계화된 경제체제에서도 대부분의 나라에서 복지국가에 대한 대중들의 지지는 지속되고 있다는 점을 보여준다.

그러나, 경제개방 및 통합에 관한 개인들의 선호가 어떠한 방식으로 투표행태로 이어지는가는 기존연구들에서 밝히고 있지 않다. 또한, 제도의 역할에 관한 논의도 간과되어 있다. 이익(interest)이 정책(policy)으로 이어지기까지는 제도적 맥락(institutional context)의 여과가 필수불가결하다. 경제통합의 영향들이 국내정치적, 제도적 맥락을 통해 어떻게 여과되는지를 고려하는 것이 중요하다.[4] 따라서 개방경제에서 개인들의 투표선택을 분석하는데 비교적 시각에서 제도적 맥락의 효과를 고려하는 것이 중요하다. 이러한

4 이것은 비교정치경제의 중요한 연구주제중의 하나이다. 이익-제도-정책의 고리에 관한 논의들은 커헤인과 밀너(Keohane and Milner 1996) 참조.

점을 고려하여 다음 장에서 이 장의 이론적 분석틀과 검증가능한 가설들을 제시한다.

III. 이론적 분석틀과 가설

1. 이론적 분석틀

이 장의 이론적 분석틀은 유럽연합 국가들의 재정정책결정에 관한 퍼슨-타벨리니 모델(Persson and Tabellini 1992)을 확대 발전시켜 투표선택의 문제에 적용한다. 이 이론적 분석틀의 과제는 개인들이 경제개방에 따른 정책적 제약을 고려한 후 그들의 경제적 후생에 근거하여 어떻게 투표하는가를 특정화(specify)하는 것이다. 논의의 명료함을 위하여, 여기서 경제적 후생은 교과서적 의미에서 임금소득의 소비, 정부의 소득이전, 그리고 자본투자에 따른 이득으로부터 오는 효용을 가리킨다. 투표자의 투표 결정규칙은 서로 다른 미래의 정책결정자하에서 예상되는 자신의 경제적 후생을 비교하는 것이다. 따라서 투표선택은 경제개방과 그에 따른 정책적 제약의 상황 하에서 어떤 정당(후보자)이 가장 투표자의 선호에 근접하는 정책결과를 가져올 것인가에 대한 예상에 근거한다.

이 장의 이론적 분석틀은 두 나라 사이의 세 단계에 걸친 전략적 상호작용(strategic interaction)으로 이루어진다. 첫 번째 단계에서, 두 나라에서 동시에 다수제 제도를 통해 정부가 선출된다.[5] 두 번째 단계에서 두 나라의 정부는 동시에 조세율을 결정한다.[6] 여기에서 정책결정의 동시성(simultaneity)을 상정하는 것은 유럽연합 내 국가들의 재정정책의 조화와 조정을 추구하

5 이러한 선거제도에 대한 가정은 다소 제한적인 것으로 보인다. 그러나 경험적 분석에서는 다수제와 비례대표제의 선거제도의 차이를 모델에 포함시킨다.

6 여기에서 정당의 선거전 조세율 공약에 대한 신뢰할만한 헌신(credible commitment)은 존재하지 않는 것으로 가정한다.

려는 노력이 전혀 현실성이 없다는 점을 반영한다. 동시에 조세율을 결정한다고 상정하는 이 분석틀에서 정부들 간의 조정의 여지는 존재할 수 없다. 마지막으로 세 번째 단계에서, 두 정부의 조세율을 비교하여, 두 나라의 자본투자가들이 투자결정을 한다. 여기에서 가정은 해외에 투자하는 유일한 이유는 조세율의 차이로 인한 수익을 높이기 위한 것이라는 점과 자본조세의 '투자국'(source) 원칙이 적용된다는 점이다.[7]

이 모델에 대한 분석은 다음과 같이 역귀납법(backwards induction)을 적용하여 진행된다. 균형점은 다음과 같은 최적성(optimality) 조건들을 충족해야 한다. 첫째, 주어진 조세율을 고려할 때, 투자결정은 경제행위자에게 최적의 선택이어야 한다. 둘째, 경제행위자가 조세정책에 어떻게 대응하는지 그리고 상대국가의 조세율이 어떤 수준에서 책정되는지를 관찰하게 되는 상황에서 볼 때, 한 나라의 조세정책은 그 정책결정자의 입장에서 최적의 선택이어야 한다. 마지막으로, 두 정부의 정책결정자가 조세율을 어떤 수준에서 결정하는지와 상대 정부의 정체성(identity)을 관찰하는 시점에서, 한 나라의 정책결정자는 다른 후보자들을 다수의 지지에 의해 누르고 선출되어 있어야 한다.

두 번째와 세 번째 단계에 대한 분석은 관습적 통설로 이어진다. 자본은 세율이 높은 나라로부터 세율이 낮은 나라로 이동하여 투자하게 된다. 그리고 이러한 상황을 예상하고 두 정부는 자본의 유치를 위해 경쟁적으로 낮은 조세율을 책정하게 되는 조세율경쟁으로 치닫게 된다. 이제 첫 번째 단계인 선거와 투표행태에 대해 분석한다.

투표자들의 조세정책 선호가 단봉형(single-peaked)이고 정책선호가 개인의 소득수준에 따라 결정된다고 가정하면, 다수제하에서 선거결과는 중

7 크게 보아 자본에 대한 조세의 원칙을 '투자국'(source) 원칙과 '거주국'(residence) 원칙으로 구분할 수 있다. 투자국 원칙은 어느 나라 출신이 자본을 소유하건 간에 그 나라에 투자된 자본 전부에 조세하는 원칙이다. 반면에 거주국 원칙은 투자된 자본의 소유자가 거주하는 나라의 조세율이 적용되는 원칙이다.

위투표자(median voter)의 선호를 반영하게 된다. 즉, 중위투표자가 선호하는 정당/후보자/정책결정자가 선거에서 승리하는 것이다. 그런데, 정책결정자가 선출이 되고나면 그 정책결정자는 다른 나라 정책결정자와 동시에 정책을 결정하게 된다. 그러나 선거에서 투표자가 대안적인 정책들을 비교하고 정책의 효과에 대한 예상을 기반으로 하여 그들에게 최적의 후보를 선택하게 되는 시점에서는 다른 나라 정책결정자의 정책결정을 관찰하지 못한다. 다시 말해, 투표자들은 상대 정부의 조세율이 결정되기 이전에 정부의 정책에 대한 사전(*ex ante*) 평가를 하는 반면에, 자국 정부의 정책결정은 다른 나라 정부의 조세정책 결정과 동시에 사후(*ex post*) 평가를 하게 되는 것이다. 이 차이는 매우 중요한데, 왜냐하면 비록 투표자와 선출된 정책결정자의 정책선호가 꼭 일치한다 하더라도 그들의 사전 평가와 사후 평가는 일반적으로 다르기 때문이다. 이것이 의미하는 바는 사전(*ex ante*) 자본에 대한 최적의 조세율은 사후(*ex post*) 최적 조세율보다 높을 것이라는 점이다. 따라서 사후에 발생하는 자국 정부 정책결정자의 인센티브 제약 때문에, 정치적 균형(political equilibrium)은 투표자들이 다수의 선호와는 다른 정책적 선호를 갖는 정당(후보)에게 정책결정권을 위임(delegate)한다는 것이다. 다시 말하면, 투표자들이 사전 최적 자본조세율(*ex ante* optimal captial tax rates)을 유도하기 위해서, 중위투표자가 선호하는 정당(후보자)보다 더 왼쪽에 있는 정당(후보자)을 선출하게 된다.

이러한 분석은 다음과 같이 해석될 수 있다. 자본이동으로부터 비롯되는 국가간 조세경쟁과 자유무역으로부터 초래되는 위험(risk)의 심화가 유권자들의 불안과 취약성을 강화시켰고 따라서 유권자들은 사회적 보상을 정치적인 수단을 통해 요구하는 것이다. 그 정치적 수단의 메커니즘의 하나가 '정책결정자의 전략적 위임'(strategic delegation of the policy maker)인 것이다.

2. 가설

위에서 제시된 이론적 분석틀은 개인간 혹은 국가 간 이질성(heterogeneity)을 고려하지 않고 있다. 비교연구의 시각에서, 이 장의 경험적 분석에서 검증될 가설들은 개인적 이질성(individual heterogeneity)과 비교제도적 맥락(comparative institutional context)에 초점을 맞추어 도출된다. 즉, 가설들이 핵심적으로 제기하는 문제는 다음과 같다. 어떠한 특성을 갖는 투표자들이 더 전략적 위임 양상의 투표선택을 할 가능성이 높은가? 전략적 위임의 투표선택을 할 인센티브는 어떠한 제도적 맥락에서 더 강하게 작용하나?

개방경제는 선택 가능한 국내정책의 대안들을 상당부분 제약한다. 정책결정자들이 경제정책 및 사회정책을 결정할 때 이러한 개방경제의 환경을 고려하지 않을 수 없기 때문이다. 이러한 상황을 고려한 투표자들은 무역개방과 자본의 자유로운 이동으로 비롯되는 조세경쟁의 효과를 사회적 보상을 통해 완화할 수 있는 정당(후보)을 선택하게 된다. 따라서 우리는 특정의 투표자들이 이러한 '전략적 위임'을 할 것이라 생각할 수 있다. 개방경제가 제시하는 조건 및 환경이 신자유주의적 정책을 유도하기 때문에 사회적 보상체계 및 정책을 통해 신자유주의에 균형(balancing)을 맞출 수 있는 정당에 정책결정을 전략적으로 위임하는 것이다. 따라서 이러한 이론적 논의에 기반하여 우리는 다음과 같은 가설을 도출할 수 있다: **개방경제일수록, 그렇지 않은 나라보다, 개인은 자신의 이념점보다 왼쪽에 위치하는 정당을 지지할 가능성이 크다**(가설 1).

이 분석은 퍼슨-타벨리니 모델(Persson and Tabellini 1992)을 더 발전시켜 개인적 특성과 비교제도적 맥락의 효과를 검토한다. 특히, 이 장은 자본소유 여부 및 숙련-미숙련노동이라는 개인적 특성의 차이와 노동시장제도라는 비교제도적 맥락의 영향을 분석한다. 우선, 헥셔-올린 모델(Hecksher-Ohlin model)이 제기하는 세 가지 요인의 효과를 검토한다. 여기에서 세 가지 요인은 한 경제구조를 구성하는 다양한 구성원의 핵심적 특징으로서 자본-숙련노동-미숙련노동(capital-skilled labor-unskilled labor)을 가리킨다. 우리의 관심은 이 세 요인이 경제개방과 더불어 어떠한 이익-손실구조와 그에 따른 정책선호를 가질 것인가이다. 일반적으로 자본소유층은 자본의 자유로운 이동으로 인해 가장 커다란 수혜를 얻는 집단이다. 비슷한 맥락에서, 숙련노동은 무역개방 및 자본이동성의 증가라는 구조적 환경의 변화에도 불구하고 대체가능한 상품이 아니기 때문에, 개방경제에서 이익을 얻거나 또는 최소한 개인후생의 현상유지가 가능하다. 그러나 미숙련노동은 경제의 개방이 진행되면서 보다 저임금의 노동력에 의해 대체가능할 뿐만 아니라 특히 선진자본주의국가에서 미숙련노동에 기반하는 많은 산업들이 비교우위의 메커니즘에 의해 사양의 경로에 접어들 가능성이 있다. 이러한 논의를 통해 다음의 가설을 도출할 수 있다: **자본소유층과 숙련노동보다는 미숙련노동이 자신의 이념점보다 왼쪽에 위치하는 정당을 지지할 가능성이 크다**(가설2).

비교제도적 효과와 관련하여, 노동시장제도(labor market institutions) 효과는 주목할 만하다. 포괄적인(encompassing) 노동시장제도는 임금인상억제를 통해 세계시장에서의 경쟁력 제고와 높은 수준의 사회복지 및 재분배정책의 선순환구조를 가능케 하는 제도적 기제이다. 여기에서 아이버슨과 소스키스(Iversen 2005; Hall and Soskice 2001)의 자본주의의 다양성의 논의를 접목시키면, 특정기술(asset-specific skills)에 기반하는 생산레짐에서 노동자들의 지속적인 특정기술 투자를 유도하기 위한 제도적 기제로서 각종 사회적 보호(고용보호, 실업보호 등) 및 포괄적인 임금협상기제를 통한 임금보호를 갖는 나라에서 개인은 개방경제하에서도 자신이 투자해온 기술에 대한 위협을 덜 느끼게 될 것이다. 따라서 이러한 포괄적 노동시장제도를 갖는 나라의 개인들은 상대적으로 전략적 위임의 인센티브가 그리 강하지 않다. 반대로, 파편화되고 분절화된 노동시장제도를 갖는 나라의 경우, 노동자들은 아무런 사회적 안전망을 갖고 있지 않다. 노동시장으로부터 창출되는

〈표 1〉 전략적 위임과 변수효과의 기대방향

변수	방향	가설
무역개방	+	가설1
자본계층	-	가설2
미숙련노동자	+	가설2
노동시장제도 중앙화	-	가설3

고용과 실업, 그리고 임금은 시장의 변동에 따라 좌우된다. 이러한 조건에서 세계화 또는 개방경제는 시장의 변동을 더 촉진시킨다. 이는 개인들이 느끼는 경제불안을 가중시킨다. 따라서 탈중앙화된 노동시장제도를 갖는 나라의 개인들이 상대적으로 선거기제의 메커니즘을 자신의 경제후생 및 복지를 증진시키기 위한 수단으로 삼을 가능성이 더 크다. 따라서, 다음의 가설을 제시할 수 있다: **분절화되고 탈중앙화된 노동시장제도라는 제도적 맥락에서 노동자들은 자신의 이념점보다 왼쪽에 위치한 정당을 지지할 가능성이 크다**(가설 3).

〈표 1〉은 이러한 세 가설들이 제시하는 각 설명변수들의 영향력의 방향을 보여준다.

IV. 데이터 및 경험적 모델

위에 제시된 이론적 분석틀과 가설을 검증하는 체계적 연구는 다음과 같은 정보를 필요로 한다: 투표자의 이념적 정책공간에서의 이념점(ideal point); 투표자가 선택한 정당의 이념적 정책공간에서의 이념점; 개인의 자산/숙련기술 소유여부; 각 나라의 경제적 개방 정도; 각 나라의 노동시장제도의 중앙화 정도. 이 장의 경험적 분석은 이러한 정보를 유로바로미터(*Eurobarometer*) 서베이 데이터, 정당정치 전문가들이 추정한 각 정당의 이념점, 경제개방정도와 노동시장제도 중앙화를 나타내는 국가적 수준의 지표들을 결합하여 구성한다. 그런데, 노동시장 중앙화 지표는 1990년대 중반까지만 존재한다. 이러한 자료상의 제약 때문에, 그리고 어쩌면 세계화에 대한 움직임, 슬로건, 아이디어들이 활발하게 유포되었던 시기라는 점에서, 이 장이 경험적으로 검증하는 유로바로미터 자료는 1996년의 자료이다. 정당의 이념점 측정자료가 유로바로미터에 포함된 모든 나라들을 포함하지 않기 때문에, 여기에서는 정당의 이념점 추정치가 존재하는 10개의 유럽연합 소속 국가로 제한한다.[8]

1. 변수 및 측정

일차원적 공간이론(spatial theory)에서 논의하듯이, 투표자가 지지하는 정당을 결정하는 기준은 자신의 이념점과 정당들의 정책의 이념적 자리의 거리이다. 유로바로미터는 다음의 질문을 포함한다: "정치적 사안에 대해 흔히 '좌'와 '우'를 이야기합니다. 당신의 견해를 이 스케일의 어디에 위치시키시겠습니까?" 여기에서 1은 좌파, 10은 우파를 가리킨다. 불행히도, 유로바로미터는 응답자로 하여금 그 나라의 정당들을 이 이념적 스케일에 위치시키는 질문은 포함하지 않는다. 따라서 하나의 대체측정으로서 이 장은 정당의 이념적 위치에 관한 전문가판단 자료(expert judgments)를 사용한다(Castles and Mair 1984; Huber and Inglehart 1995). 캐슬과 마이어의 자료는 유럽과 미국의 115명의 정당정치 전문가 서베이에 근거한다. 이 스케일은 0(극좌)에서 10(극우)인데, 2.5는 중도좌파, 5는 중도, 그리고 7.5는 중도우파를 가리킨다. 각 정당들의 이념적 위치는 각 전문가의 응답의 평균값을 구한 것이다. 후버와 잉글하트의 자료는 세계 800명 이상의 정당정치 전공학자들의 서베이를 통해 42개 국가 정당들의 이념적 위치를 추정한다. 스케

8 이 10개 나라들은 오스트리아, 벨기에, 덴마크, 핀란드, 프랑스, 독일, 이탈리아, 네덜란드, 스웨덴, 그리고 영국이다.

일은 1(좌파)에서 10(우파)이다. 후버-잉글하트 자료가 보다 더 최근 추정을 포함하고 있다는 점에서 이 분석에서는 후버-잉글하트의 자료를 사용한다. 유로바로미터 서베이 응답자가 어느 정당을 지지하는지에 대한 정보는 다음의 문항에서 추출한다: "다음 총선거에서 어느 정당에 투표하시겠습니까?"

이러한 세 가지 정보를 바탕으로 이 경험적 분석의 종속변수는 다음과 같이 측정된다.

[응답자의 이념점 - 지지하는 정당의 이념점]

이 측정이 음수(-)로 나타나면 그것은 응답자의 이념점보다 지지정당의 이념점이 오른쪽에 위치한다는 것을 의미한다. 반대로 양수(+)로 나타나면 응답자의 이념점이 지지정당의 그것보다 오른쪽에 위치하는 경우로서, 이는 자신의 이념점보다 왼쪽에 위치한 정당에 대한 지지를 나타내는 것이라 볼 수 있다. 위 측정이 양수인 경우, 즉 자신의 이념점보다 왼쪽에 위치한 정당을 선택한 경우에 1, 그렇지 않은 경우에 0으로 코딩한다.

개인적 특성을 측정하기 위해, 세 가지 부존요소(three factor endowments)를 적용하는데, 여기에서 자본층(capital)은 응답자가 자본소유층이거나 상위전문직일 경우에 1, 그렇지 않을 경우에 0으로 코딩한다. 미숙련노동(unskilled)은 응답자가 미숙련노동자일 경우에 1, 그렇지 않은 경우 0으로 코딩한다. 따라서 숙련노동(skilled)은 준거범주(reference category)가 된다. 이 장의 가설이 맞다면, 자본층은 자신의 이념점보다 왼쪽에 위치한 후보를 지지하는 전략적 위임의 가능성이 숙련노동에 비해 작은 반면에, 미숙련노동은 이러한 전략적 위임의 가능성이 숙련노동보다 커야 할 것이다.

투표선택에 영향을 미칠 수 있는 다른 개인적 특성들도 통제변수로 모델에 포함한다. 인적 자본의 영향력을 포착하기 위해 교육수준(educational attainment)을 포함한다. 이 변수의 코딩 1은 응답자가 15세 이전에 공식교육을 마쳤을 경우, 2는 16-19세 사이에, 그리고 3은 20세 이상 되어 공식교육을 마쳤을 경우를 가리킨다. 또한 연령(Age)도 모델에 포함하는데, 이 변수는 응답자의 나이가 18-24세일 경우 1, 25-39세일 경우 2, 40-54세일 경우 3, 그리고 55세 이상일 경우 4로 코딩한다. 그리고 더미변수 성별(Gender)을 포함한다. 코딩 1은 남성, 0은 여성을 가리킨다. 또한 유럽통합의 진전속도에 대한 응답자의 견해를 통제변수로 포함한다. 그 이유는 유럽통합의 진전속도가 지나치게 빠르다고 생각하는 사람일수록 통합에 대한 하나의 균형으로 유럽통합에 반대하는 혹은 소극적인 정당을 지지할 가능성이 높기 때문이다. 잘 알려져 있듯이 유럽의 사회민주당들은 유럽통합에 찬성하는 입장을 갖고 있으며 이는 유권자들에게 잘 인식되어 있다. 유럽통합이 응답자 자신에게 희망적으로 인식되는지 아니면 절망적으로 다가오는지를 묻는 설문문항에 대한 응답은 어쩌면 개인들이 자본층인지, 숙련노동인지, 아니면 미숙련노동인지에 따라 체계적으로 다를지도 모른다. 이러한 점을 고려하면서 이 변수를 경험적 모델에 포함한다.

이 분석은 다음의 비교제도적 맥락을 반영하는 변수들을 포함한다. 1996년 유로바로미터 데이터를 분석하기 때문에, 제도적 변수들은 시기적으로 1995년 또는 그 이전의 시기의 데이터 포인트를 모델에 포함시킨다. 이 장은 노동시장제도 중앙화(centralization)를 모델에 포함한다. 노동시장제도의 중앙화 정도는 산업관계와 전체 정치경제체제에서 전체고용자와 피고용자가 얼마나 조직적으로 포괄적이며(encompassing) 또한 행태적으로 조정능력(coordinating capacity)이 존재하는가를 나타내는 지표이다. 노동시장제도 중앙화의 정도가 높을수록 경제행위자들이 전략적 상호작용에서 발생할 수 있는 각종 외부성(externalities)을 내면화(internalize)하여 사회경제적으로 최적의 상태를 모색할 가능성을 높인다. 중앙화된 노동시장제도의 효과들 중에는 상대적으로 균등한 임금의 분배, 그리고 다양한 사회적 보호의 확충 — 고용보호, 실업보호, 그리고 임금보호 — 등이 포함된다. 이 장의 연구주제와 관련하여, 중앙화된 노동시장제도를 가진 나라에서는 투표자들이 자신의 이념점보다 왼쪽에 위치한 정당을 지지하는 전략적 위임의 인센티브가 그렇지 않은 나라의 투표자들보다 작다는 점을 지적하는 것이 중요하다. 따라서, 이 장의 가설이 맞다면, 노동시장제도 중앙화라는 변수의 계수는 음(-)이어야 할 것이다. 노동시장제도 중앙화 데이터는 각국의 1993년 지수를 사용하며 이는 아이버슨(Iversen 1999)으로부터 가져왔다.[9]

다른 하나의 제도적 맥락을 나타내는 변수로 이 장의 경험적 모델은 선거제도를 포함한다. 선거제도가 단순다수제에 기반한 정부라면 1로 코딩하고 비례대표제 또는 혼합형 체제일 경우 0으로 코딩한다. 자료는 월덴도프 외(Woldendorp et al. 1998)로부터 가져왔으며 1995년 지표를 사용하였다. 또한, 경제개방도를 측정하기 위해서 이 장은 무역개방도(trade openness)를 사용한다. 무역개방도는 GDP대비 수출과 수입의 비율로 측정되는데 여기에서는 각국의 1995년 자료를 사용하였다. 자료는 OECD(1999)로부터 가져왔다.[10]

2. 경험적 모델

자신의 이념점보다 왼쪽에 위치한 정당에 대한 지지에 미치는 개인적 특성과 비교제도적 맥락의 영향을 경험적으로 추정하는 데 있어 중요하게 고려할 사항은 데이터가 두 가지 다른 분석수준(unit of analysis)을 포함한다는 점이다. 즉, 개인적 수준의 관찰과 제도적/국가적 수준의 관찰이 동시에 포함되어 있는 것이다. 이러한 다층 데이터구조(multi-level data)를 고려하지

9 노동시장제도의 중앙화 정도는 대부분의 국가들에서 시간의 흐름에 따라 변하지 않는 특성이 있거나(time-invariant) 또는 변화의 정도의 차이가 크지 않은 경우가 대부분이다.

10 금융개방도(financial openness)는 1996년의 시점에서 유럽연합 내 거의 모든 나라들이 측정의 최대치(14)를 갖게 된다. 변수의 편차가 작은 관계로 이 경험적 분석은 무역개방도만을 사용한다.

않은 경험적 모델은 비록 추정계수의 편향(bias)으로 귀결되지는 않지만 표준오차의 정밀성이 떨어진다(inefficient). 더 정확하게 말하자면, 표준오차를 과소추정(underestimate)하게 되어 경험적 검증의 결과를 과신(overconfident)하게 되는 결과로 이어진다(Steenbergen and Jones 2002). 따라서 이 장의 경험적 분석은 다층 데이터구조에 적합한 혼합효과모델(mixed-effects model)을 사용한다(Pinheiro and Bates 2000). 이 분석의 종속변수가 이항구조로 측정되었기 때문에 로짓(logit) 분석을 수행한다.

$$Logit(\text{전략적위임})_i = \beta_{0j} + \sum_{k=1}^{K} \beta_k X_{ik} + \epsilon_{ij}$$

여기에서 i는 개인, j는 국가를 나타낸다. 혼합효과모델은 절편 β_{0j}가 국가별로 다르게 이루어지고 편차를 보인다는 점을 고려한다. 즉, 국가특정(country-specific)의 절편은 다음과 같이 추정된다.

$$\beta_{0j} = \gamma_{0j} + \gamma_1 \text{노동시장제도중앙화}_j + \gamma_2 \text{무역개방도}_j + \gamma_3 \text{정부형태}_j + u_j$$

여기에서 u_j는 국가 간 고유한 오차항이다. 위의 두 수식을 결합하여, 다음의 모델을 경험적으로 추정할 수 있다.

$$Logit(\text{전략적위임})_i = \gamma_{0j} + \gamma_1 \text{노동시장제도중앙화}_j + \gamma_2 \text{무역개방도}_j + \gamma_3 \text{정부형태}_j + \sum_{k=1}^{K} \beta_k X_{ik} + u_j + \epsilon_{ij}$$

위의 모델에서 γ는 국가수준 변수들의 고정효과(fixed effects)를 나타내며 β는 개인수준 변수들의 고정효과를 가리킨다. u_j와 ϵ_{ij}는 국가수준과 개인수준의 임의효과(random effects)이다.[11]

11 개인수준의 오차는 각 국가수준 내에서 서로 독립적이고 상수의 분산을 갖는 것으로 가정된다. 즉 $E(\epsilon_{ij}) = 0$, 그리고 $V(\epsilon_{ij} = \sigma^2 I_n)$이라 가정된다. 국가수준 임의효과는 기대평균 0과 분산 ψ^2를 갖는 보통분포(normal distribution)라 가정된다. 위의 경험적 모델은 R의 glmmPQL 패키지를 사용하여 추정하였다. STATA에서 xtlogit을 사용한 분석도 아래에서 발표될 결과와 질적으로

〈표 2〉 개방경제하에서 좌파에 대한 '전략적 위임' 투표 결정요인

변수	모델 1	모델 2
개인적 특성(β)		
자본소유층	-0.17**	-0.10
	(0.08)	(0.08)
미숙련노동	0.24***	0.24***
	(0.06)	(0.06)
연령	0.03**	0.07***
	(0.01)	(0.01)
교육수준	0.05**	0.11***
	(0.02)	(0.02)
성별	0.10***	0.10***
	(0.03)	(0.03)
통합속도에 대한 선호	0.01	-0.002
	(0.01)	(0.01)
제도적 맥락(γ)		
사회복지지출		-0.17
		(0.55)
무역개방도		1.33***
		(0.06)
노동시장제도 중앙화		-5.04***
		(0.19)
단순다수제		-0.28***
		(0.04)
상수	-1.53***	-1.70***
	(0.07)	(0.21)
2-Log Likelihood	-39640.4	-38263.3
N	37889	37889

주): * p 〈 .1, ** p 〈 .05, *** p 〈 .01 (two-tailed test)

V. 경험적 분석결과

〈표 2〉는 전략적 위임에 영향을 미치는 개인적 특성 및 제도적 효과에 대한 혼합효과모델(mixed effects model)의 경험적 분석결과를 보여준다. 모델 1은 제도적 맥락을 고려하지 않고 개인적 특성 변수만 포함시킨 것이고 모델 2는 개인적 특성과 제도적 맥락을 함께 경험적 모델에 포함한 것이다. 따라

동일한 분석결과를 보여주었다.

서 모델 1은 단순 로짓 분석과 동일하다.[12] 분석결과는 대체로 이론적 가설이 예측한 방향으로 해당 변수가 영향력을 행사하는 것으로 나타났다. 또한 제도적 맥락의 고려와는 독립적으로 개인적 특성의 영향력과 그 효과의 방향은 하나의 변수(자본소유층)를 제외하고는 동일한 것으로 나타났다.

분석결과는 자본소유층인 경우 숙련노동(준거범주)에 비해 자신의 이념점보다 왼쪽에 위치한 후보에 대한 전략적 위임의 투표선택을 할 가능성이 적은 것으로 나타났다. 반대로 미숙련노동은 숙련노동에 비해 전략적 위임의 투표선택을 할 확률이 훨씬 높은 것으로 나타났다. 이러한 경험적 발견은 이 장의 가설 2를 기각할 수 없다는 것을 분명하게 보여준다. 이 경험적 발견은 우리의 이론적 기대와 일치하게 미숙련노동이 변화하는 경제적 환경에서 전략적으로 자신의 이념점보다 좌측에 위치한 정당을 지지함으로써 보다 더 많은 사회적 보호와 고용증진 정책을 요구하는 정치행태를 보인다는 점을 나타낸다. 〈표 2〉는 인구학적 변수들과 관련하여, 연령이 높을수록, 교육수준이 높을수록, 그리고 남성일수록 자신의 이념점보다 왼쪽에 위치한 정당에 투표하는 전략적 위임의 행태를 보인다는 점을 나타낸다. 이 결과는 일견 해석하기 어려운 패턴을 보여준다. 왜냐하면, 교육수준이 높을수록, 또는 남성이 교육수준이 낮은 경우나 여성보다 개방경제에서 더 경쟁력이 있다고 볼 수 있기 때문이다. 그런데, 유럽의 국가들의 다양한 복지국가레짐에서 어떤 경우는 실업보호, 고용보호, 그리고 임금보호 등의 복지공급에 대한 선호의 강도가 교육수준이 높을수록 또는 남성인 경우 더 강하다고 볼 수 있다(Cusack et al. 2006). 시장통합이 가속화되는 상황에서 이러한 집단들의 복지공급에 대한 선호가 전략적 위임의 투표행태로 나타난다고 해석할 여지도 있다. 다소 놀랍게도, 유럽연합의 통합속도에 대한 개인의 견해는 전략

12 종속변수를 이항(dichotomous)으로 코딩하지 않고 구간척도(interval scale)로 코딩한 이후 MLE를 이용하여 모델을 추정하였을 경우에도 〈표 2〉에서 나타난 결과들과 질적으로 동일한 결과를 도출하였다.

적 위임의 정치행태에 아무런 영향도 미치지 않는 것으로 나타났다.

제도적 맥락의 효과를 보면, 경험적 분석결과는 무역개방도가 높을수록 투표자들의 전략적 위임의 확률이 높아진다는 점을 보여 준다(가설 1). 우리의 이론적 기대에 부합하게 세계시장에서의 경쟁에 더 의존하는 국가의 투표자들일 수록 그렇지 않은 나라의 투표자들에 비해 보다 더 많은 사회적 보상과 보호를 요구하면서 자신의 이념점보다 좌측에 있는 정당을 지지하게 되는 것이다. 이 결과는 캐머론과 카첸슈타인 등이 오래전 밝힌 경제개방과 커다란 복지국가의 상관관계를 설명하는 하나의 메커니즘으로 투표자들의 전략적 위임이 작동하는 것일 수도 있다는 점을 함의한다. 그러나 여기에서 주의해야 할 것은 선진민주주의 국가들에서 경제개방도, 코포라티즘, 강한 조직노동, 조정력 있는 자본가들의 존재, 선거적으로 경쟁력 있는 좌파정당의 존재, 비례대표제의 선거제도, 그리고 커다란 복지국가라는 현상은 상당한 정도로 체계적으로 병존한다는 사실이다. 이는 수많은 정치경제 연구자들로 하여금 이러한 중요한 정치적, 제도적, 경제적 현상들의 인과관계를 수립하는데 매진하게 만든 경험적 사실이다. 이 점을 염두에 두어야 하는 이유는, 이 장의 경험적 분석결과의 해석과 관련하여, 무역개방도가 투표자들의 전략적 위임 가능성에 긍정적 영향을 미치는 것은 비례대표제라는 선거제도 및 집권경험이 있거나 현재 집권하고 있는 사회민주당의 존재를 전제하는 것이라는 해석이 가능하기 때문이다.

선진민주주의 정치경제에서 발견되는 다양한 정치적, 제도적, 경제적 현상들의 인과관계를 밝히는 것은 이 장의 범위를 벗어나는 일이다. 그러나 이 장의 경험적 모델은 비례대표제와 다수제의 선거제도적 구분을 포함한다. 두베르제(Duverger) 이후 많은 비교정치제도 연구자들이 밝혔듯이 선거제도가 유효정당의 수, 그리고 정당체제의 양태에 미치는 영향은 매우 크기 때문이다. 더욱이 아이버슨과 소스키스(Iversen and Soskice 2006)가 경험적으로 보여주듯이 비례대표제의 선거제도하에서 중도좌파정당의 집권이 훨씬 많았던 반면에, 단순다수제하에서는 중도우파정당의 집권이 경험적으로 훨씬 빈번했다. 이 경험적 모델의 분석결과는 단순다수제의 선거제도를 갖는 나라의 투표자들은 비례대표제 또는 혼합형 제도를 갖는 나라의 투표자들에 비해 전략적 위임의 확률이 낮다는 점을 보여준다. 이 결과는 단순다수제하에서, 투표자의 시각에서 볼 때, 선거정치적으로 경쟁력 있는 좌파정당이 부재하거나, 혹은 단순다수제하에서 좌파정당이 중위투표자에게 호소할 수 있는 프로그램들에 초점을 맞추며 이념적 지형의 중도로 움직이는 경향이 있기 때문이라 볼 수도 있다(예컨대, 블레어하의 영국 노동당).

노동시장제도의 중앙화 정도는 전략적 위임의 가능성에 부정적인 영향을 미치는 것으로 나타났다(가설 3). 즉, 노동시장제도가 중앙화된 나라의 투표자들은 자신의 이념점보다 좌측에 위치한 정당에 대한 전략적 위임을 할 확률이 다른 노동시장제도적 맥락에 있는 투표자들보다 작다는 것이다. 이 결과는 중앙화된 노동시장제도가 부재한 경우, 즉 임금협상이나 고용보호, 실업보호 등을 요구할 수 있는 노동시장제도적 기제가 존재하지 않는 경우에 유권자들은 투표를 통해 사회적 보호를 요구하는 경향이 강하다는 점을 의미한다. 그러나 사회복지지출 변수로 포착되는 복지국가의 크기는 투표자들의 전략적 위임의 경향성에 아무런 체계적 영향을 미치지 않는 것으로 분석되었다.

이 절에서는 자신의 이념점보다 좌측에 위치한 정당에 전략적 위임을 하는 투표행태에 영향을 미치는 요인으로 자본소유 여부 및 숙련 정도로 구분되는 개인적 특성, 노동시장제도적 맥락, 그리고 경제개방화 정도를 예측한 이론적 가설에 조응되는 경험적 분석결과를 제시하고 그 함의에 대하여 논의하였다. 가설대로 미숙련노동일수록, 낮은 수준의 노동시장제도 중앙화를 갖는 나라의 투표자일수록, 그리고 개방경제체제를 갖는 나라의 투표자일수록 전략적 위임의 경향이 높은 것으로 나타났다.

VI. 결론

이 장은 높은 수준의 경제개방하에서 자신의 이념점보다 좌측에 있는 정당에게 정책결정을 위임하는 '전략적 위임'의 인센티브가 존재한다는 점을 보여주었다. 이러한 전략적 위임의 인센티브는 투표자들이 경제개방하에서 예견되는 여러 정책적 제약들을 기대한 상태에서 사회적 보상과 보호를 요구하기 위한 목적에서 비롯된다. 위임된 정책결정자들이 세계화와 세계시장에서의 경쟁상황에 영향을 받아 사후적으로 그들의 사회정책 및 복지정책 관련 선거공약을 준수하지 않을 수 있기 때문에, 투표자들이 보다 더 좌파적인 정책결정자를 전략적으로 위임하는 것은 사회복지정책의 실행을 보장하는 하나의 메커니즘이 된다. 비록 세계화의 맥락에서 제약을 받게 되더라도 보다 더 좌파적인 정책결정자의 정책은 상대적으로 중도좌파적인 사회복지정책으로 사후(*ex post*) 수정될 것이기 때문이다. 이 장의 경험적 분석은 이러한 논리가 개인적 수준의 데이터를 통해 검증된다는 점을 보여주었다.

나아가 이 장은 전략적 위임의 투표행태가 개인적 특성에 따라 차별적으로 나타날 수 있다는 점을 보여주었다. 자본소유자는 상대적으로 전략적 위임의 투표행태 가능성이 낮은 반면에, 미숙련 노동은 숙련노동에 비해 전략적 위임의 확률이 훨씬 높다. 세계화와 더불어 선진민주주의국가의 생산요소 중 가장 열 위에 놓이게 되는 것은 미숙련 노동이다. 스톨퍼-사무엘슨 공리(Stolper-Samuelson theorem)가 보여주듯이, 선진민주주의국가에서 가장 많은 생산요소인 자본과 숙련노동은 경제개방으로부터 이익을 얻는 반면에 미숙련노동은 손실을 받게 된다. 이는 미숙련노동이 사회적 보상을 위한 전략적 위임의 투표행태를 할 인센티브가 존재한다는 점을 보여준다. 이 장의 경험적 분석 또한 이러한 이론적 기대와 일치하는 결과를 보여주었다.

이 장의 이론적 검토와 경험적 분석으로부터 다음의 두 가지 함의를 도출할 수 있다. 첫째, 전략적 위임의 선거정치적 메커니즘은 카첸슈타인, 개럿

등의 사회적 보상 테제(social compensation thesis)의 선거정치적 표현이라 할 수 있다. 폴라니(Polayni 1944)는 자본주의 사회가 자기규제적인 시장의 팽창에 대해 인간적/사회적 비용을 완화시키기 위한 대항운동들(counter-movements)로 맞서왔다고 지적한 바 있다. 이 장에서 분석한 전략적 위임의 투표행태 또한 세계화와 세계시장에서의 무한경쟁이라는 거시 환경적 맥락에 대응하기 위한 하나의 대항운동의 선거적 메커니즘이라 볼 수 있다. 둘째, 세계화와 선거적 결과를 연결짓는 학문적 시도에서 제도적 맥락의 효과를 간과할 수 없다는 점이다. 이 장이 보여주듯이, 노동시장제도의 형태와 선거제도가 투표자들이 세계화와 사회정책 및 복지국가의 연관성을 이해하는데 커다란 영향을 미칠 수 있는 것이다. 정치경제학자들이 분석한 바 있듯이(예컨대, Keohane and Milner 1996; Swank 2002), 세계화는 국내 정치제도적 필터를 거쳐 정책적 결과로 이어진다. 이 장의 경험적 분석에서 나타난 제도적 맥락의 효과는 이러한 점을 분명히 보여준다.

참고문헌

Adam, Antonis, and Pantelis Kammas. 2007. "Tax Policies in a Globalized World: Is It Politics After All?" *Public Choice* 133: 321-341.

Anderson, Christopher, and Jonas Pontusson. 2007. "Workers, Worries and Welfare States: Social Protection and Job Insecurity in 15 OECD Countries." *European Journal of Political Research* 46: 211-235.

Basinger, Scott, and Mark Hallerberg. 2004. "Competing for Capital." *American Political Science Review* 98(2): 261-276.

Berger, Suzanne, and Ronald Dore. (Eds.) 1996. *National Diversity and Global Capitalism.* Ithaca, NY: Cornell University Press.

Cameron, David. 1978. "The Expansion of the Public Economy." *American Political Science Review* 72: 1243-61.

Cusack, Thomas, Torben Iversen, and Philipp Rehm. 2006. "Risks at Work: The Demand

and Supply Sides of Government Redistribution." *Oxford Review of Economic Policy* 22(3): 365-389.

Frenkel, Jacob A., Assaf Razin, and Efraim Sadka. 1991. *International Taxation in an Integrated World*. Cambridge, MA: The MIT Press.

Frieden, Jeffry A., and Ronald Rogowski. 1996. "The Impact of International Economy on National Policies: An Analytic Overview." In *Internationalization and Domestic Politics*. (Eds.) Robert O. Keohane and Helen V. Milner, New York: Cambridge University Press.

Gabel, Matthew. 1998. *Interests and Integration: Market Liberalization, Public Opinion, and European Union*. Ann Arbor: The University of Michigan Press.

Garrett, Geoffrey. 1998. *Partisan Politics in the Global Economy*. New York: Cambridge University Press.

Gordon, Roger H., and Jeffrey K. MacKie-Mason. 1995. "Why Is There Corporate Taxation in a Small Open Economy: The Role of Transfer Pricing and Income Shifting." In *The Effects of Taxation on Multinational Corporations*. (Eds.) Martin Feldstein, J. Hines, and Glenn Hubbard. Chicago: The University of Chicago Press.

Hall, Peter. 1999. "The Political Economy of Europe." In *Continuity and Change in Contemporary Capitalism*. (Eds.) Herbert Kitschelt et al. New York: Cambridge University Press.

Hall, Peter, and David Soskice. (Eds.) 2001. *Varieties of Capitalism: The Institutional Foundations of Comparative Advantage*. Oxford: Oxford University Press.

Hellwig, Timothy. 2001. "Interdependence, Government Constraints, and Economic Voting." *The Journal of Politics* 63(4): 1142-1162.

Hollingsworth, J. Rogers, and Robert Boyer. (Eds.) 1997. *Contemporary Capitalism: The Embeddedness of Institutions*. New York: Cambridge University Press.

Huber, John D., and Ronald Inglehart. 1995. "Expert Interpretations of Party Space and Party Locations in 42 Societies." *Party Politics* 1(1): 73-111.

Iversen, Torben. 1999. *Contested Economic Institutions*. New York: Cambridge University Press.

Iversen, Torben. 2005. *Capitalism, Democracy, and Welfare*. New York: Cambridge University Press.

Iversen, Torben, Jonas Pontusson, David Soskice. (Eds.) 2000. *Unions, Employers, and Central Banks*. New York: Cambridge University Press.

Iversen, Torben, and David Soskice. 2006. "Electoral Institutions and the Politics of Coalitions: Why Some Democracies Redistribute More than Others" *American Political Science Review* 100(2): 165-182.

Katzenstein, Peter. 1985. *Small States in World Markets: Industiral Policy in Europe*. Ithaca, NY: Cornell University Press.

Keohane, Robert, and Milner, Helen. (Eds.). 1996. *Internationalization and Domestic Politics*. Princeton: Princeton University Press.

Keyser, Mark Andrea. 2007. "How Domestic Is the Domestic Politics?" *Annual Review of Political Science* vol.10.

Mughan, Anthony, and Dean Lacy. 2002. "Economic Performance, Job Insecurity, and Electoral Choice." *British Journal of Political Science* 32: 513-533.

Persson, Torsten, and Guido Tabellini. 1992. "The Politics of 1992: Fiscal Policy and European Integration." *Review of Economic Studies* 59: 689-701.

Pinheiro, Jose C., and Douglas M. Bates. 2004. *Mixed-Effects Models in S and S-Plus*. New York: Springer.

Polanyi, Karl. 1944. *The Great Transformation*. Boston: Beacon.

Quinn, Dennis. 1997. "The Correlates of Change in International Financial Regulation." *American Political Science Review 91*(September): 531-551.

Rief, Karlheinz, and Erick Marlier. *Eurobarometer 44.2 BIS: Mega-Survey: Policies and Practices in Building Europe and the European Union.* January-March 1996. Conducted by INRA(Europe), Brussels. [producer]. 1996. Koeln, Germany: Zeutralarchiv fuer Empirische Sozialforschung/ Ann Arbor, MI: Inter-University Consortium for Political and Social Research [distributor]. 1998.

Rodrik, Dani. 1998. "Why Do More Open Economies Have Bigger Governments?" *Journal of Political Economy* 106(5): 997-1032.

Scharpf, Fritz W., and Vivien A. Schmidt. 2000. *Welfare and Work in the Open Economy*. Vol.1. Oxford: Oxford University Press.

Simmons, Beth. 1999. "Internationalization of Capital." In *Continuity and Change in Contemporary Capitalism*. (Eds.) Herbert Kitschelt et al. New York: Cambridge University Press.

Steenbergen, Marco R., and Bradford S. Jones. 2002. "Modeling Multilevel Data Structures." *American Journal of Political Science* 46(1): 218-237.

Steinmo, Sven. 1994. "The End of Redistribution? International Pressures and Domestic Tax Policy Choices." *Challenge*. Nov/Dec: 9-17.

Strange, Susan. 1996. *The Retreat of the State: The Diffusion of Power in the World Economy*. New York: Cambridge University Press.

Swank, Duane. 2002. *Global Capital, Political Institutions, and Policy Change in Developed Welfare States*. New York: Cambridge University Press.

Swank, Duane, and Sven Steinmo. 2002. "The New Political Economy of Taxation in Ad-

vanced Capitalist Democracies." *American Journal of Political Science* 46: 642-655.
Wallerstein, Michael, and Adam Przeworski. 1995. "Capital Taxation with Open Border." *Review of International Political Economy* 2(Summer): 425-445.
Woldendorp, Jaap, Hans Keman, and Ian Budge. 1998. "Party Government in 20 Democracies: An Update." *European Journal of Political Research* 40(1): 231-260.

7. 실업문제와 투표자 선택

I. 서론

고용문제의 이슈 현저성(issue salience)의 정치적 영향은 무엇인가? 투표자들은 선거를 통해 고용상황에 대한 우려를 어떠한 방식으로 나타내는가? 경제투표 연구의 오랜 전통에 비해 고용상황의 이슈 현저성과 투표자 선택의 관계, 고용문제와 투표자 선택 관계에서 나타나는 개인적 이질성의 연구가 이루어지지 않았다.

기존 연구들은 좌파정부 아래서 고용상황의 이슈 현저성이 투표자 선택에 미치는 효과에 대한 예측에서 다양한 해석과 차이를 보인다. 어떤 연구들은 투표자들이 그들의 고용상황에 대해 우려할 때 (좌파) 정부의 현직자를 응징할 것이라고 주장한다(cf. Erikson 1989). 고용문제가 현저하게 증가하는 것은 현직자가 경제운영에 미숙했다는 것을 나타내는 징표이기 때문이다. 회고적 경제성과 투표(retrospective economic performance voting)는 이러한 관점과 연결된다.

다른 연구들은 고용상황에 대해 증가하는 우려에도 불구하고 좌파 현직자는 지속적인 지지를 유지할 것이라고 주장하는 데, 이는 좌파정부가 고용성장과 고용안정을 촉진시킬 수 있다고 알려져 있기 때문이다. 이와 반대로, 우파정부는 가격 안정성을 유지할 것이라고 알려져 있다. 당파적 투표 이론

(partisan theories of voting)에 따르면 정당들은 특정한 이슈 영역을 '소유'하고 있다(Budge and Farlie 1983; Hibbs 1979; Petrocik 1996). 특정한 정당이 유능하다고 알려진 이슈를 중심으로 선거 캠페인이 진행될 때, 그 정당이 선거에서 이길 확률이 높아진다. 이러한 관점에서 투표의 이슈 소유권 이론(the issue ownership theory of voting)은 전망적 투표 이론(theories of prospective voting)과 연결된다. 이슈투표 연구에서 이슈들이 선거 결과에 중요한 역할을 한다는 사실은 논란의 여지가 없다. 오히려 이슈투표 연구들은 이슈가 얼마나 중요한지, 어떠한 이슈가 중요한지, 그리고 어떠한 방식으로 불확실성이 선거에서 역할을 하는지에 대해 분석해 왔다(Alvarez and Nagler 1995; Bartels 1986; Carmines and Stimson 1980).

좌파정부하에서 고용상황의 이슈 현저성이 투표자 선택에 미치는 효과를 설명하고 예측하는 데 이론적 모호성이 존재하기 때문에 경험적 증거 또한 결론에 이르지 못했다. 좌파 현직자에 대한 투표에서 실업은 어떠한 체계적 관계가 없다고 알려졌지만(Anderson 1995), 높은 수준의 '책임의 명확성'(clarity of responsibility)의 맥락에서는 좌파정부의 득표에 부정적인 효과를 가져올 것이라고 알려져 있다(Powell and Whitten 1993).

이 장은 이러한 연구질문의 이론적, 경험적 모호성을 해결하기 위해 다음의 두 가지 방법을 제시한다. 첫째, 이슈 현저성이 투표자의 과거 정치적 충성도에 미치는 효과를 고려하여 고용상황의 이슈 현저성 효과를 분석한다. 투표자의 과거 투표선택의 여하에 따라 고용상황의 이슈 현저성에 대한 투표자들의 상이한 반응을 예측할 수 있다. 선거에서 투표자들이 고용문제가 가장 현저한 이슈라고 생각할 때, 과거에 우파정당을 지지한 투표자들은 그들의 정치적 선택을 중도좌파정당으로 바꿀 것이다. 또 다른 하나는 고용상황의 이슈 현저성과 투표자 선택의 관계에서 투표자의 이질성(heterogeneity)을 분석하는 것이다. 구체적으로, 투표자들은 그들의 소득수준에 따라 다른 투표행태를 보일 것이다. 이후에 구체적으로 논의하겠지만, 중간소득의 투표자들은 고용문제가 현저하게 증가할 때 고용안정을 기대하고 그들의 선거지지를 중도좌파정당으로 바꿀 것이다.

이러한 이론적 주장들은 2002 한국 대통령 선거 서베이 자료를 활용하여 검증된다. 2002 한국 대통령 선거는 흥미롭고 중요한 사례를 제시한다. 1997년 금융위기와 IMF 구제 이래로 한국 정부는 신자유주의 경제정책과 노사관계에 관한 법적, 실제적 관습의 구조적인 재점검(structural overhaul of legal and practical traditions)을 포함한 다양한 경제적 구조개혁을 추구해왔다. 1998년의 7%의 실업률은 한국에서 가장 높은 기록이었으며 유권자들 사이에서 고용상황의 주관적인 우려들이 퍼져나갔다. 2002년 대통령 선거의 결과는 중도좌파 집권당 후보인 노무현의 승리로 나타났다.[1] 선거 결과가 회고적 경제투표 이론의 이론적 예측과 반대로 나타났지만, 당파적 이슈 현저성 소유의 이론(partisan salience of issue ownership)을 증명하는 것으로 보인다. 회고적 투표 이론의 관점에서 2002년 선거 결과는 이례적인 사례인데, 높은 실업률과 유권자들 사이에서의 고용상황에 대한 우려가 널리 퍼져있는 상황에서 집권정당의 후보가 선거에서 승리했기 때문이다. 회고적 경제투표 이론은 악화되는 고용상황에 대해 투표자들이 집권당을 응징할 것이라고 예측한다. 그러나 2002년의 선거 결과는 회고적 경제투표의 예측과 반대되는 결과를 보였다. 이 장의 기여는 집합수준의 경제투표 관점에서 변칙 사례에 해당하는 2002년 한국 대통령 선거의 반직관적인 결과에 대한 미시적 수준의 통계분석연구를 제시하는 것이다.

저발전된 국가들에서 경제적 불안정성과 취약성에 대한 최근의 학문적 논의들은 경제의 구조적 개혁이 고용상황에 대한 개인들의 폭넓게 증가하는 우려를 수반한다는 것을 증명한다(Gill and Ilahi 2000; Rodrik 2001). 그러

1 이 장에서 사용된 좌우 구분은 자연스러운 방식이다. 유럽국가들의 전통적 좌우 구분은 이 장에서 사용된 한국의 맥락과는 개념적, 경험적으로 다르다. 그러나, 이념적 스펙트럼에 따라 정책적 차이가 존재하듯이 좌우 구분을 사용할 수 있다고 생각한다.

나, 고용상황에 대한 이러한 우려의 선거적 결과는 거의 연구되지 않았다. 이 장은 고용문제와 투표행태를 연결하는 경제투표연구의 지리적 범위를 넓힐 뿐만 아니라, 동아시아의 신생민주주의에서 나타나는 고용상황에 대해 증가하는 우려의 선거적 결과를 탐색한다.

이 장은 다음과 같이 구성된다. 다음 부분에서는 고용문제와 투표전환 사이의 관계에 대한 이론적인 틀을 제시한다. 세 번째 부분에서는 한국 선거정치의 맥락을 설명한다. 네 번째 부분에서는 투표전환의 경험적 모델을 소개하고 경험적 결과를 제시한다. 마지막 부분은 결과를 요약하고 이에 대한 함의를 논의하며 결론을 맺는다.

II. 고용문제와 투표전환

1990년대 선진민주주의 국가에서 경제적 침체와 1980년대 저발전된 국가들의 신자유주의 안정정책은 고용의 불안정으로 이어졌다(Pontusson 2005; Rodrik 2001). 여러 연구들을 통해 선진민주주의 국가들과 저발전된 국가들 모두에서 고용문제와 경제적 불안정성의 문제가 널리 퍼져 있다는 사실을 알 수 있다. 증가하는 실업은 대중의 정치행태와 정당의 정책과정에 영향을 미친다고 알려져 있다(Anderson 2001; Garrett 1998).

높은 실업률이 반드시 높은 수준의 실업의 이슈 현저성으로 이어지지 않는다. 한 국가의 높은 실업률이 다른 국가의 낮은 실업률보다 적은 선거적 부담을 가져올 것이라고 예측할 수도 있다. 유권자들 사이에서 실업문제가 매우 중요한 선거이슈일 때 실업은 정치적으로 많은 비용이 든다(Kwon 2008: 520). 게다가, 실업문제는 칼마인스와 스팀슨(Carmines and Stimson 1980)이 '쉬운 이슈(easy issue)'라고 명명한 이슈, 즉 이슈투표자들의 사고의 복잡성을 요구하지 않는 이슈들로 생각될 수 있다. 칼마인스와 스팀슨

(1980)이 주장했듯이 '쉬운' 이슈들은 선거결과에 중요한 역할을 한다.

그러나, 경제투표와 당파적 투표 이론들은 실업의 이슈 현저성의 선거적 영향에 대해 엇갈린 이론적, 경험적 이해를 제시한다. 첫째, 경제투표 연구들은 경제 침체기가 집권당에 대한 지지의 감소와 연관되는데, 국가 간(Powell and Whitten 1993; Norpoth et al. 1991) 및 개인, 그룹 간 이질성이 존재한다고 밝혔다(Duch et al. 2000). 회고적 경제투표 관점에 따르면 실업의 문제가 정치적으로 중요한 이슈가 될 때, 현직자를 보상 또는 처벌하는 투표자들의 경향이 뚜렷할 것이라고 예측할 수 있다.

투표자들의 관점에서 고용문제는 현직자의 경제성과에 대한 평가와 별개의 문제가 될 수 있다(Kwon 2008). 투표자들의 현직자에 대한 경제성과 평가는 경제성과뿐만 아니라 전반적인 정부의 성과까지 고려된다. 게다가, 정치적 당파성은 투표자들이 현직자의 경제성과를 인식하는 데 체계적인 영향을 미친다고 알려져 있다(Anderson et al. 2004; Evans and Andersen 2006). 그러나, 실업의 이슈 현저성은 경제적 측면의 구체적인 한 단면을 포착한다. 투표자의 정치적 충성은 이러한 두 차원을 분류하는 데 단서가 될 수 있다. 즉, 집권당의 지지자들은 현직자의 경제성과 평가에 관대할 것이지만,[2] 또한 그들은 국가 내의 특정한 이슈의 현저성을 인식하고 동의할 것이다. 반대로, 상대편은 현직자의 경제성과를 더욱 엄격하게 평가할 것이지만, 그들은 국가의 가장 현저한 이슈에 동의하지 않을 것이다. 게다가, 실업의 문제는 경제적 차원뿐만 아니라 사회적 차원을 수반한다(Blount 2002). 즉, 실업의 문제는 인플레이션, GDP 성장, 이자율과 같은 경제적 문제들과 개념적으로 다른 것으로 인식될 것이다. 따라서, 실업의 이슈 현저성은 경제성과의 평가와 별개로 구성될 수 있다.

둘째, 당파적 투표 연구에서는 좌파정당이 고용증진에 더욱 유능하고, 우

2 투표자들의 경제성과의 평가에 대한 내생성 문제는 경제투표 연구에서 많이 연구된 주제이다. 예를 들어, Wlezien et al.(1997), Anderson et al.(2004), Evans and Andersen(2006).

파정당은 낮은 인플레이션을 추구한다는 점을 투표자들이 인식한다는 것을 밝혔다(Hibbs 1979; Chapell and Keech 1988). 여러 경험적 연구들은 또한 좌파정부가 집권할 때 실업률이 감소하며, 우파정부들은 가격안정성을 유지한다는 것을 증명해왔다(e.g., Alesina and Roubini 1997). 기존 연구들은 좌파정당과 우파정당의 당파적 현저성에 대한 이론들을 수립했다(Budge and Farlie 1983). 좌파정부들은 고용안정성을 효과적으로 가져온다고 알려져 있다. 투표자들의 이슈투표는 그들이 특정한 이슈에 대해 정당들이 유능하다고 인식하는 것에 영향을 받는다(Petrocik 1996).

그러나 경험적 증거들은 충분한 결론을 제시하지 못한다. 실업이 좌파 현직자에 피해를 주지 않는다고 보고되기도 했지만(Anderson 1995), 실업은 '책임의 명확성'이 높은 나라들에서 좌파 현직자의 득표에 부정적인 영향을 준다(Powell and Whitten 1993). 실업의 이슈 현저성은 개인적 이념 또는 노동시장 변화의 취약성의 결과라고 추론할 수 있다. 그러나 다른 조건이 동일하다면, 과거 우파 지지자들은 실업이 가장 현저하게 인식될 때 좌파정당으로 지지를 바꿀 것이다(Kwon 2008). 여러 연구들은 전통적인 당파적 투표 이론을 뒷받침하는 증거를 제시했다(Grafstein 2000; 2005). 실업에 대한 우려가 성장에 유능한 정당에 투표하는 경향을 증가시킨다고 알려져 있다(유럽의 사회민주주의 정당들과 미국의 민주당; Grafstein 2005). 투표가 정책적 동기에 의해 이루어진다는 점에서 실업문제가 현저할 때, 강한 사회보장정책을 실시하는 정당에 대한 선거지지가 증가할 것이다.

이 장에서는 투표자의 과거 투표선택과 이슈 현저성의 효과의 관계에 초점을 두고 이론적 주장을 제시한다(Kwon 2008: 521). 이 주장은 전통적인 당파적 투표 이론의 틀에서 벗어난 것이다. 전통적인 당파적 투표 이론은 매우 정태적이다. 비록 이론이 투표선택에서 개인간 다양성을 설명할 수 있지만, 투표자 선택의 변화를 설명하기에 충분하지 않다. 전통적인 당파적 투표 이론은 투표자들의 선택 변화를 설명하기 위해서 경제구조 내의 개인의 지위나 위치 변화에 기대어 설명할 수 밖에 없다. 따라서, 기존의 당파적 투표 모델은 한 선거에서 다음 선거로 이행할 때, 개인의 경제적 지위나 위치가 변화하지 않았음에도 투표선택의 변화가 나타난 것에 대한 퍼즐을 설명할 수 없다. 이러한 퍼즐은 이슈 현저성의 효과와 투표선택의 변화를 분석하는 것을 통해 해결될 수 있다. 이슈 현저성의 내생성(endogeneity) 문제가 있을 수 있다는 점을 지적해야 한다(e.g., Wlezien et al. 1997; Anderson et al. 2004; Evans and Andersen 2006). 다시 말하면, 경제적, 정치적 요인들이 선거의 이슈 현저성에 대한 인식에 영향을 미친다. 직업, 소득수준, 당파적 정체성, 이념적 선호 및 경제적 조건의 변화가 특정한 이슈를 가장 현저하다고 평가하는 성향에 작용할 것이다. 특히, 개인, 가계 또는 국가의 경제적 상황에 대한 개인적 평가는 이슈 현저성에 대한 개인의 인식에 영향을 미칠 것이다. 이러한 관점에서 경제투표는 이슈 현저성과 연결되어 있다. 경제인식은 이슈 현저성에 영향을 받는다. 그러나 앞서 언급했듯이, 실업의 이슈 현저성과 경제상황의 투표자 평가는 연관되어 있지만 별개의 차원이다.[3] 따라서, 이 장은 실업의 이슈 현저성의 동태적(dynamic) 효과에 대해 분석한다. 특히, 실업의 이슈 현저성은 중도좌파 정당으로 전환을 야기한다고 주장한다.

그런데 실업의 이슈 현저성의 효과는 동질적이지 않을 것이다. 소득수준과 투표선택의 상관성에 기반한 집단 이질성(group heterogeneity)의 아이디어는 다음과 같이 설명될 수 있다.[4] 불안정한 고용 상황에 직면했을 때 중간소득의 개인들은 좌파정당에 투표할 가능성이 높다. 중간소득집단이 다른 집단에 비해 실업문제에 대해 더욱 민감하게 반응 하는 데 두 가지의 메커니즘이 작용한다. 첫째는 당파적 메커니즘이다. 중간소득집단은 덜 당파적이고, 중도적인 투표자들이기 때문에 후보자, 이슈, 또는 선거 캠페인 등에 따

3 이 장은 두 연속된 선거에서 나타난 투표 안정보다 투표 전환에 집중하기 때문에 과거의 투표선택을 이슈 현저성의 도구로 사용할 수 있는 가능성을 다루지 않는다.

4 이 절에서 전개되는 논의의 아이디어는 에들런드와 판데(Edlund and Pande 2002)로 부터 빌려왔다.

라 투표선택을 바꿀 가능성이 높다. 중간소득집단은 특정한 정당과 유리되며 따라서 저소득층이나 고소득층 집단보다 더 이질적이다. 고용문제의 현저성과 같은 단기적인 선거이슈의 영향이 중간소득집단의 투표전환에 중대한 작용을 할 것이다.

둘째, 노동시장 메커니즘이 있다. 구체적으로 저소득층 집단은 다른 집단보다 실업의 위험에 노출되어 있고, 그들은 투표선택에 있어서 실업의 이슈에 덜 민감하다. 이와 대조적으로, 고소득층의 투표선택에서 실업에 대한 고려는 특별한 영향을 미치지 않을 것이다. 그러나, 중간소득집단의 직업 안정성은 다른 집단보다 더 위협받기 때문에 중간집단의 실업에 대한 민감성이 가장 크다. 분명히, 부유하거나 빈곤한 층에 속하는 개인들은 그들이 좌파 또는 우파를 선택하기에 충분히 부유하거나 가난하기 때문에 그들의 투표선택을 바꾸지 않을 것이다. 중간소득집단에서 실업문제의 효과가 좌파정당의 지지에 미치는 영향은 양(+)의 효과를 보이며, 중간소득계층의 투표자들은 위태로운 실업상황에서 투표선택을 바꿀 것이다. 고용 문제가 현저하게 증가할 때 중간집단은 좌파정부를 지지할 것이다. 따라서, 소득수준에 따라 실업의 이슈 현저성의 조건적 효과를 기대할 수 있다. 이러한 점에서, 중간소득집단에서 실업의 이슈 현저성의 효과가 가장 크다는 것을 주장한다.

III. 한국의 선거 정치

1987년 민주적 전환 이후 한국에서는 치열한 선거가 벌어졌다. 한국의 대통령 선거는 강한 대통령제 성격으로 인해 많은 관심과 경쟁의 대상이 되어왔다. 대통령 선거의 승자는 단순 다수제로 결정되며 임기 제한(5년 단임제)이 있다. 헌정구조상 한국은 '책임의 명확성'이 강한 나라이다(Powell and Whitten 1993). 한국 투표자들의 시각에서 정치제도는 '정부 책임성'을 평가하는 도구로 선거를 이용할 인센티브를 제공한다(Powell 2000). 민주적 전환 이후 한국의 모든 대통령 선거는 매우 근소한 득표 차이를 보였고, 다수의 대중적 지지를 받은 후보는 없었다. 1987년 선거에서 노태우는 겨우 36.6%로 선거에서 승리했다. 1992년의 경우, 김영삼은 전체 투표의 42%만을 차지했음에도 승리할 수 있었다. 금융위기의 도래 이후 찾아 온 1997년 선거에서 두 유력 후보의 득표율 차이는 1.6%였으며, 김대중은 40.3%로 승리했다. 2002년 선거는 이와 유사한 경향을 보였다. 노무현은 전체 48.9%를 득표했으며 이회창을 2.3% 차이로 이겼다.

대통령 선거와 국회의원 선거를 포함한 모든 선거에서 지역주의 투표 현상이 강하게 나타나며 반복되었다(Kang and Jaung 1999). 대부분의 정당들은 그들의 지역적 기반(정당의 지도자 또는 대통령 후보의 출신지역)에서 집중된 지지를 얻었으며, 다른 지역에서는 미미한 수준의 지지를 얻었다. 예를 들어, 1997년 대통령 선거에서 집권당인 한나라당은 영남지역에서 61%를 득표했지만, 다른 지역에서 26%만을 얻었다. 반대당인 새정치국민회의는 호남지역에서 95%의 득표를 했으며, 다른 지역에서는 30%의 지지를 받았다. 지역투표가 한 사람의 '사는 곳' 또는 '출신지'에 기반하는지에 관한 경험적 연구가 진행되어왔다. 기존 연구들은 고향(출신지)이 현재 사는 지역보다 투표행태에 더 많은 영향을 미친다고 분석한다(cf. Lee K-Y 1998).

1997년 한국 대통령 선거의 경제와 투표의 상관관계를 분석하기 위해 이현우(Lee H-W 1998)와 황아란(Hwang 2000)은 1997년 대통령 선거에서 경제 상황에 관한 개인적 인식이 과거 선거에서 나타난 인식들과 뚜렷한 차이를 보인다고 설명한다. 1997년 선거가 시작하기 2주전 금융위기와 IMF 구제금융이 발생했고, 이는 경제순환에서 예측할 수 있는 범위의 경제침체가 아니었다. 분명, 1997년의 경제 위기는 한국 역사에서 경제적 이슈의 현저성이 가장 두드러지게 나타난 시기였다. 이현우(Lee H-W 1998)는 1997년 대통령 선거가 투표자들의 집권당에 대한 회고적 처벌과 전망적 투표를 보여준다고 주장한다. 또한 그는 지역투표 경향성이 약한 데 비해 경제투표가 현저하게 나타났다고 지적한다.

다음으로는 선거정치의 정치적 차원을 고려해야 한다. 이 장의 목적은 고용과 연관된 정책 이슈를 다루는 것이다. 미국 경영 전문지 포브스의 분석에 따르면 한국의 노동시장 유연성은 OECD 17국 가운데 3위이며, 미국과 캐나다가 각각 1위와 2위를 차지했다(Forbes, January 30, 2003; Lim and Jang 2006: 453). 쉬운 정리해고와 같은 노동시장 유연화를 촉진하기 위한 정부정책으로 비정규직, 저임금 노동자가 급증했다. 예를 들어, 1997년 위기 이전에 전체 임금자의 40%를 차지한 비정규직 노동자 비율은 2003년 55.4%에 달했다(Kim 2003). 게다가 그들의 임금수준은 정규직 노동자의 절반에 미치는 정도이다. 임금 격차 이외에도 비정규직 노동자들은 퇴직금, 보너스, 연금, 건강, 실업보험을 포함한 보험에 관련해서 차별적 대우를 받고 있다. 놀랍지 않게도, 금융위기와 신자유주의적 개혁 이후 부유층과 빈곤층의 소득격차는 크게 벌어졌다. 가처분 소득의 지니계수는 1996년 0.298에서 2000년 0.358로 증가했다(Kim 2003). 한 분석에 따르면 한국의 90/10 비율(상위 10%와 하위 10%의 소득 차이)은 OECD 국가에서 가장 컸으며(5.6), 미국(4.3)이 뒤를 이었다(Lim and Jang 2006: 456). 이러한 결과로 유권자들 사이에 경제적 불안정성과 취약성이 뚜렷하게 증가한 것을 확인할 수 있다. 2002년 대통령 선거에서 노무현(중도좌파 집권당 후보자)과 권영길(진보정당 후보)은 보수주의적 반대당 후보인 이회창보다 더 많은 사회보장정책이 포함된 정책 프로그램을 제시했다.

2002년 한국의 유권자들은 어떤 선택을 했는가? 고용문제와 투표 선택 사이에 체계적 연관성을 발견할 수 있는가? 다음 절에서는 이러한 질문에 대해 경험적 분석을 시도한다.

IV. 경험적 분석

1. 분석 모델

고용문제의 이슈 현저성이 투표선택에 미치는 영향을 정확하게 포착하기 위해서 투표자의 이전 투표선택을 고려해야 한다. 그러하지 않을 때, 고용이슈와 현재 시기 투표선택 사이의 허위의 인과관계(spurious relations)로부터 잘못된 추론을 할 가능성을 배제할 수 없기 때문이다.

좌파 투표와 우파 투표의 전환을 포착하기 위해서 우리는 다음과 같은 투표선택의 전환 모델(transition model of vote choice)을 추정한다.

$$P(y_{it} = k \mid y_{it-1} = 1, X_{it}) = \exp(X_{it}\beta) / 1 + \exp(X_{it}\beta)$$

여기에서 $P(y_{it})$는 개인 i가 t시점에 k상태에 속할 확률을 나타낸다. 고용이슈가 중도좌파로의 투표자 전환에 미치는 효과를 검증하기 위해서, 우리는 우파 지지로부터 좌파 지지로 전환한 경우와 꾸준한 좌파 지지의 사례를 살펴본다. 이를 위해 다음과 같은 로짓모형을 추정한다.

$$\mathrm{Logit}(P_{01}) = \mathrm{logit}[P(y_{it} = 1 \mid y_{it-1} = 0)] = X_{it}\beta_0$$
$$\mathrm{Logit}(P_{11}) = \mathrm{logit}[P(y_{it} = 1 \mid y_{it-1} = 1)] = X_{it}\beta_1$$

좌파후보에게 투표한 경우 y_{it}는 1의 값을 갖고, 우파후보에게 투표한 경우 0의 값을 취한다. 가설 $\beta_0 \neq \beta_1$는 독립변수들의 효과가 이전 시기 투표선택에 따라 다르게 나타나는지 여부를 검증한다.

2. 데이터와 변수

투표선택의 전환모델을 측정하기 위해, 여기에서는 2002년 한국 대통령 선거 연구 데이터를 사용했다. 서베이자료는 직접대면조사로 2002년 선거 직후 1,200명의 유권자로 이루어졌으며 다층확률 샘플 방식을 사용했다.

이 연구는 투표선택의 전환모델을 측정하기 위해 이와 관련 있는 질문들을 포함한다. 응답자들은 2002년 대통령 선거의 투표선택과 97년 대통령 선거의 투표선택, 그리고 선거의 이슈 현저성에 대해 답했다.[5]

종속변수인 좌파투표(Left vote)를 측정하기 위해 사용된 질문은 다음과 같다: '선거에서 어떤 후보에게 투표했습니까?'. 2002년 노무현 또는 권영길 후보에 투표한 응답자는 1로 코딩을 하였으며, 그 이외는 0으로 코딩하였다. 경험적 결과의 강건성을 확인하기 위해 노무현을 선택한 응답자는 1로, 그렇지 않은 경우는 0으로 재코딩하였고 그 분석 결과는 아래에 제시되어 있다. 또한, 한국 대통령선거의 다자구도 경쟁을 고려하여, 이회창, 노무현, 권영길 후보 투표의 다항로짓모델(multinominal logit model)을 추정하였다. 1997년 또는 2002년 대통령 선거에서 기권한 새로운 투표자나 응답자는 제외하였다. 과거 우파 투표자들이 좌파 후보자로 지지를 바꾸는 대신 기권할 가능성을 확인하기 위해 이회창 후보, 기권 또는 노무현 후보에 투표한 다항로짓모델을 측정하였다.

이슈 현저성 효과를 파악하기 위해 고용문제를 포함시켰으며, 한국사회가 직면한 가장 큰 두 문제 중 하나로 실업을 선택한 응답자들을 1로, 그렇지 않은 경우를 0으로 코딩하였다. 높은 실업률이 나타나는 시기에 경제적으로 불안정하다고 느끼는 개인은 국가의 가장 큰 문제로 고용 안정성을 택할 가능성이 있다. 고용문제 효과가 존재한다면, 이 변수가 중도좌파 후보(노무현 또는 권영길)선택에 양(+)의 효과를 가져올 것이다. 그러나, 이 설문

5 이 연구가 이루어진 시기만 해도 한국선거의 패널데이터가 부재한 상황이었다. 물론 현재는 패널데이터를 활용하여 투표선택을 분석할 수 있다. 여기에서는 응답자가 1997년 대통령 선거에서의 투표선택을 회고적으로 생각해서 답한 문항을 사용할 수밖에 없었다. 회고문항이 갖는 한계는 분명하다. 그러나 회고문항을 통해 살펴본 김대중 지지 비율은 41.2%였는데, 실제 득표율 40.3%와 엄청나게 큰 차이가 나지 않았다.

은 응답자 개인의 고용상황에 대한 개인적 평가의 정보가 포함되지 않았다. 응답자가 한국 사회 내 중요하다고 생각하는 특정 이슈를 선택한 비율을 살펴보면, 정치부패(29%)의 문제를 제외하고, 물가통제(38%), 경제성장(26%), 그리고 고용안정(24%)이 가장 중요한 문제로 거론된다. 유권자 사이의 이슈 현저성 문제에서 다른 정치적, 사회적 문제들은 경제적 문제만큼 중요하지 않다는 것을 확인할 수 있다.

현직자에 대한 평가를 모델에 포함시켰고 응답자들의 김대중 정부(1998-2002) 평가를 측정하였다. 이 변수는 집권정부의 성과에 대한 일반적 평가에 관련된 것이며 경제성과에 대한 것이 아니다. 투표자들의 집권정부의 경제성과 평가가 가장 좋은 측정이지만, 이 서베이는 집권정부의 일반적인 성과에 대한 평가만을 제공한다. 한국 유권자들의 지역투표성향을 고려하여 분석에서 지역투표의 효과를 포함하는 것이 중요하다. 이를 위해 이 장에서는 응답자의 고향(출생지)를 측정하기 위한 변수를 포함했다. 기존연구들은 한국선거에서 출신지역이 응답자들이 주거하는 지역보다 투표선택에 더욱 큰 효과를 가져온다는 것을 발견했다(Lee K-Y 1998). 이러한 이유로 한국의 주요 두 지역을 나타내는 두 개의 더미변수를 포함시켰다. 응답자가 호남지역 출신일 경우 1로, 그렇지 않은 경우는 0으로 코딩하였고, 영남지역 지역 출신 응답자는 1로, 그렇지 않은 경우는 0으로 코딩하였다. 2002년 선거에서 호남지역 출신 투표자들은 노무현 후보를, 영남지역 지역 출신자들은 노무현을 선택하지 않을 것으로 예상할 수 있다. 지역의 고정효과(province-specific fixed effect)를 고려해서, 각 지역의 더미변수를 포함한 모델을 측정하여 결과의 강건성을 확인하였다.

또한 투표자 개인의 좌-우 이념을 나타내기 위해 정치성향을 포함시켰고 1은 보수, 0은 진보를 나타낸다. 정치성향은 투표자의 당파성 또는 투표자가 획득한 가치들을 반영한다. 정치사회화에 관한 연구는 가치성향과 투표선택 사이의 강한 연관성을 발견했다(e.g., Campbell et al. 1960). 2002년

〈표 1〉 2002년 대통령 선거에서의 투표자 전환

		2002년 투표 선택 (t)		
		우파 (y_{it}=0)	중도좌파 (y_{it}=1)	계
1997년 투표선택($t-1$)	우파	350 (73.1)	129 (26.9)	479 (100)
	중도좌파	93 (15.9)	493 (84.1)	586 (100)
	계	443 (41.6)	622 (58.4)	1065 (100)

한국 대통령선거에 관한 최근의 연구들은 투표선택에 이념적 근접성이 미치는 영향을 발견했다(Kang 2003; Jhee 2006; Dalton and Tanaka 2007; Lee 2007). 한국 선거에 대한 경험적 연구들은 좌-우 성향이 2002년 한국 대통령 선거에서 투표선택을 결정하는 중요한 역할을 했다는 것을 지적하며, 이는 호남지역이나 영남지역과 같이 지역주의가 강한 지역보다 지역주의에 영향을 덜 받는 서울 도심 지역에서 두드러지게 나타났다(Kang 2003; Jhee 2006). 다른 조건이 동일 할 때, 진보적인 응답자들은 중도좌파 후보자를 선택할 가능성이 높다. 이 장에서는 나이, 교육수준, 성별(여성=1), 소득의 인구학적 변수를 포함한다. 소득은 월별 가구소득을 측정하였다.

〈표 1〉은 2002년 서베이 데이터에서 투표선택의 지속과 전환의 사례를 보여준다. 26.9%의 기존 우파 투표자들은 노무현 또는 권영길 후보로 전환하였으며, 15.9%의 기존 중도좌파 투표자들만이 우파 후보자로 지지를 바꿨다.

V. 경험적 분석 결과

이 절에서는 2002년 한국 대통령 선거에서 나타난 투표전환의 추정 결과를 제시한다. 고용문제를 가장 핵심적인 문제로 인식한 과거 우파 투표자들은 중도좌파로 자신의 투표선택을 전환하였다. 〈표 2〉는 분석 결과를 보여준다.

〈표 2〉는 고용이슈 효과와 관련해 개인의 투표선택에 대한 다양한 과정이 존재하며, 투표자 과거의 투표선택에 의해 달라진다는 것을 나타낸다. 더욱 구체적으로, 고용문제가 국가의 가장 핵심적인 문제로 여겨질 때 과거 우파 투표자들이 그들의 선택을 중도좌파 후보로 바꿀 가능성은 1.8배로 크다. 그러나, 안정적인 중도좌파 지지자들의 중도좌파 표는 고용문제에 영향을 받지 않는다. 안정적인 중도좌파 투표자들의 선택은 해당 선거의 핵심적 문제에 관한 후보자들의 정책적 입장에 비교적 미미한 영향을 받을 가능성이 높다. 대신, '이념적 선호'(Lee 2007)에 따른 친밀성은 충성도가 높은 중도좌파 지지자들의 선택을 결정한다. 정치성향(보수-진보 차원)에 대한 추정치는 중도좌파 투표자들에 관해 양(+)의 효과를 가지며 통계적으로 유의미하다.

분석결과에 따르면 회고적 투표 논리가 적용될 수 있다. 기존 연구들과 일관적으로, 현직자의 성과를 인정하는 개인들은 중도좌파 후보(집권당의 후보 중 한 명)를 선택할 가능성이 높다. 이러한 경향은 투표자의 과거 투표선택에 상관없이 나타난다. 〈표 2〉를 통해 분석결과에서 지역투표 경향이 발견된다는 점을 알 수 있다. 호남지역의 강한 중도좌파 지지자들은 중도좌파 후보를 선택할 가능성이 높다. 이와 반대로, 영남지역의 투표자들은 과거 정치적 충성도와 관계없이 중도좌파 후보로 지지를 전환할 가능성이 줄어든다.

이념성향의 효과는 지속적이거나 전환적인 투표자들 모두에게 유의미한 양(+)의 효과를 갖는다. 진보적인 투표자일수록 중도좌파 후보자를 선택할 경향이 높다. 이러한 발견은 신도철(Shin 1999)과 이현출(Lee 2007)의 민주적 전환 이후 시기의 한국 공공여론에 대한 분석과 같은 연장선에서 이해될 수 있다. 이념적 친밀성과 투표선택의 연결은 강원택(Kang 2003)과 지병근(Jhee 2006)의 분석에서 발견할 수 있다. 나이와 교육수준의 계수는 통계

〈표 2〉 고용이슈와 좌파 투표 선택

1997년 대선 투표	[1] 우파		좌파		[2] 우파		좌파	
고용이슈	0.52* (0.23)	*0.09*	-0.12 (0.31)		0.63** (0.24)	*0.10*	-0.17 (0.26)	
소득	-0.11 (0.39)		-0.33 (0.73)		-0.09 (0.46)		0.21 (0.66)	
현직자 평가	3.21** (0.73)	*0.55*	2.93** (0.27)	*0.21*	2.78** (0.70)	*0.46*	3.49** (0.38)	*0.30*
이념성향	2.90** (0.45)	*0.50*	2.90** (0.85)	*0.21*	2.94** (0.44)	*0.49*	2.94** (0.65)	*0.25*
연령	-0.01 (0.01)		-0.015 (0.01)		-0.01 (0.01)		-0.016 (0.01)	
교육수준	0.01 (0.15)		0.07 (0.17)		-0.05 (0.16)		-0.04 (0.17)	
여성	-0.37* (0.16)	*-0.06*	0.29 (0.33)		-0.35* (0.18)	*-0.06*	0.15 (0.29)	
호남	-0.79 (1.15)		2.26** (0.53)	*0.16*				
영남	-0.40** (0.17)	*-0.07*	-0.65** (0.20)	*-0.05*				
상수	-2.76** (0.93)		-0.79** (0.47)		-2.70** (1.00)		-1.38* (0.65)	
지역고정효과	No		No		Yes		Yes	
N	463		550		460		522	
Log-likelihood	-220.2		-181.5		-210.7		-180.9	
Correctly predicted	78.4		84.7		78.9		84.7	
Areas under ROC curve	0.79		0.84		0.81		0.84	

주: MLE 추정계수와 강건표준오차(괄호). 이탤릭체로 표시된 숫자는 한계효과를 나타냄. 종속변수는 2002년 대선에서의 좌파투표(노무현 또는 권영길). *p〈.05, **p〈.01.

적으로 유의미하지 않았다. 과거 우파 투표자였던 여성은 지속적인 우파정당의 선거지지를 보인다. 지역 고정효과를 포함시킨 모형과 포함시키지 않은 모형 모두 핵심적인 분석결과는 질적으로 동일하다(모델 [1]과 [2]). 고용문제의 한계효과는 과거 우파투표자들에 각 각 0.09 (모델 [1])와 0.10 (모델 [2])로 측정되었다.

〈표 2〉에 보고된 분석결과가 강건한지를 확인하기 위해서 응답자가 제시했던 중요한 이슈들에 대한 더미변수들을 포함한 모델을 추정하기도 하였고, 노무현 지지만을 1로 코딩한 종속변수를 사용한 모델도 추정하였다. 이러한 다양한 강건성 검증 결과는 투표자들이 다른 이슈를 고려했음에도 불구하고 고용문제가 과거 우파 투표자들의 좌파적 전환에 양(+)의 효과를 가져온다는 것을 보여준다. 또한 고용문제는 기존 우파 지지자들이 노무현 후보로 그들의 지지를 전환하는 계기로 작용한다. 그러나 응답자들이 물가안정을 가장 중요한 문제로 선택했음에도 불구하고, 물가안정은 투표선택에 중요한 역할을 하지 않았다. 인플레이션에 대한 대중의 일반적 반감이 물가안정 문제의 선거적 영향을 분명하지 않게 했을 가능성이 있다(cf. Scheve 2004). 흥미롭게도, 경제성장의 이슈 현저성은 대칭적 방식으로 투표전환과 연관된다. 경제성장을 가장 핵심적 문제로 선택한 과거 우파 투표자들은 중도좌파 후보자로 그들의 지지를 전환한다. 비슷한 맥락에서 과거 중도좌파 지지자들은 경제성장을 핵심적 사안으로 여길 때 우파 후보자로 그들의 지지를 전환할 가능성이 있다. 분석결과에 따르면, 여러 문제들 — 주거, 농업경제 지원, 지역감정 완화, 정치적 화합, 통일 — 이 과거 우파 지지자들이 중도좌파로 전향할 가능성에 상당한 효과를 갖는다. 정치정보의 수준, 노동조합 가입 여부, 실업상태 등의 변수를 모델에 포함하여 분석한 결과도 〈표 2〉에서 보고된 분석결과와 질적으로 동일한 것으로 나타났다.

〈표 3〉은 2002년 한국 대통령 선거에서 고용문제와 투표전환 간의 연관성에 대한 소득집단 간 이질성의 분석 결과를 나타낸다. 고용상황의 이슈 현

〈표 3〉 투표자 소득집단 이질성과 좌파투표 전환

1997년 투표선택	저소득층		중간소득층		고소득층	
	우파	좌파	우파	좌파	우파	좌파
고용 이슈	0.48	-0.06	0.67**	-0.32	4.39	-0.09
	(0.66)	(0.65)	(0.26)	(0.37)	(2.31)	(0.36)
			0.11			

주: MLE 추정계수와 강건표준오차(괄호). 이탤릭체로 표시된 숫자는 한계효과를 나타냄. 종속변수는 2002년 대선에서의 좌파투표(노무현 또는 권영길). 〈표 2〉의 모델과 같은 변수들이 포함되었으나 지면관계상 생략함. *p 〈.05, **p 〈 .01.

저성에 직면하였을 때 우파에서 좌파로 정치적 선호가 전환된 집단은 중간소득집단이다. 통계검증을 통해 투표자의 선택형성이 과거 정치선호에 달려있다는 것을 알 수 있으며, 이는 중간소득집단에 해당된다. 중간소득집단 투표자들 가운데 고용상황의 로짓 변수는 과거 우파와 중도좌파 투표자들 사이에서 체계적으로 상이하게 나타났다(p=.002).

〈표 4〉는 조건부확률에 대한 예측을 나타낸다. 중간소득집단에서 우파에서 중도좌파로 전환하는 조건부 확률을 예상할 때, 고용안정이 가장 중요한 이슈라고 생각하지 않는 투표자들에서는 0.20, 고용안정이 가장 중요한 문제라고 인식하는 투표자들에서는 0.32의 확률이 나타났다. 다시 말하면, 중간소득집단에서 고용문제의 효과는 약 12.5% 포인트로 우파에서 중도좌파로 투표자 전환이 일어날 확률을 증가시킨다.

2002년 대통령 선거에서 다수 후보들이 경쟁에 참여하였다는 것을 고려하여 우리는 다자구도 경쟁모델을 추정했다. 다른 소수 후보자들의 표를 제

〈표 4〉 중간소득집단에서 고용이슈의 효과

		2002년 투표선택 (*t*)			
		우파		좌파	
		(f=0)	(f=1)	(f=0)	(f=1)
1997년 투표선택 (*t-1*)	우파	0.80 [0.74, 0.85]	0.68 [0.50, 0.81]	0.20 [0.15, 0.26]	0.32 [0.19, 0.50]
	좌파	0.06 [0.03, 0.11]	0.09 [0.05, 0.15]	0.94 [0.89, 0.97]	0.91 [0.85, 0.95]

주: 예측조건부확률과 95% 신뢰구간. 응답자가 고용안정을 중요한 이슈로 생각하는 경우(f=1)와 그렇지 않은 경우(f=0). 〈표 4〉의 중간소득집단 분석결과를 바탕으로 조건부확률을 추정한 것임.

외하고 이회창, 노무현, 권영길 후보의 득표에 대한 다항로짓분석을 시행했다. 비교항목 대상은 좌파 후보인 권영길 투표로 놓고 보았을때, 과거 우파 투표자들 중 고용문제를 심각하게 인식하는 유권자들은 권영길 후보보다 우파 정당의 후보자인 이회창 후보에게 덜 투표했다. 이는 좌파 후보자에 투표전환이 일어난 것을 명확히 보여준다. 그러나, 중도좌파 후보인 노무현과 좌파 후보인 권영길 사이에 과거 우파 투표자들의 투표전환은 명확하게 구분되지 않는다.

고용문제의 심각성을 인식할 때 우파 투표자들은 좌파 후보로 전향하는 대신 기권을 택할 가능성도 있다. 이러한 가능성을 고려해서 또한 우파 후보, 좌파 후보, 기권에 대한 투표의 다항로짓분석을 추정했다. 비교항목으로 우파후보에 투표하는 것을 설정하고, 과거 우파투표자들이 고용문제의 심각성을 인식했을 때 우파 후보자에서 좌파 후보자로 선택을 바꿀 가능성이 있다. 그러나, 우파 후보를 선택하는 대신 기권을 할 확률은 낮으며, 이를 고려했을 때 고용문제의 심각성에 직면한 투표자들이 기권을 선택하는 가능성은 낮은 것으로 나타났다.

VI. 결론

구조적 경제개혁의 시기 이후 치러진 2002년 한국 대통령 선거에서 중도좌파 집권당 후보인 노무현이 선거에서 승리했다. 1997년 금융위기 이후 한국의 맥락 속에서 당파적 현저성의 문제와 회고적 투표 이론에 대한 경험적 분석은 다음과 같은 결과를 보여준다.

증가하는 고용상황의 이슈 현저성의 정치적 결과는 정당들의 선거 운명과 연관된다. 과거 우파 투표자들은 고용문제에 직면했을 때 중도좌파 후보자로 전환한다. 국가의 핵심사안으로 고용문제의 심각성을 인식한 유권자들은 우파에서 중도좌파로 그들의 지지를 선회한다. 이러한 결과는 유권자들이 자신들의 고용안정과 사회보장에 대한 요구를 선거 지지의 철회를 통해 나타낸다는 것을 알 수 있다. 또한 더욱 흥미로운 것은 이 장을 통해 고용문제와 투표전환 사이에서 소득집단 이질성을 분석하였는데, 중간소득집단 투표자들은 다른 소득집단보다 고용문제의 심각성을 인식했을 때 중도좌파로 전환할 가능성이 높았다.

이 장의 결과들은 사회과학과 공공정책에 대한 여러 함의를 제시한다. 우선, 이 분석에서 나타난 투표 전환은 여러 국가에 걸쳐 나타나는 치열한 경제적 경쟁의 시대에서 확대된 복지국가의 지속적인 요구와 관련있다. 고용상황과 경제 불안정의 문제가 중요한 사안으로 떠오를 때 유권자들은 정부에 더욱 든든한 사회보호와 사회복지를 요구한다. 둘째, 이 장을 통해 중간소득계층의 특정한 정치성향을 발견할 수 있다. 중간소득집단은 뚜렷한 정치적 당파성을 보이지 않으며 덜 당파적이거나 독립적 투표 집단이다. 이러한 사실의 연장선에서 이 장의 분석을 통해 선거의 가장 핵심 문제에 따라 중간소득집단은 그들의 투표를 바꿀 가능성이 높다. 중간소득 투표자들은 다른 집단보다 빠르게 변화하는 고용상황에 더욱 민감한 것으로 나타난다. 에반스와 앤더슨(Evans and Andersen 2006)은 정치가 덜 당파적이고 정당일체감이 성립되지 않았을 때, 경제와 같은 문제들은 투표 선택에 중대한 영향을 미친다(p. 204). 소득집단 수준에서 이러한 논리는 중간계층에 해당한다. 중간소득집단의 투표자들이 선거경쟁에서 중요한 역할을 하는 스윙보터인 점을 고려했을 때, 고용문제의 이슈 현저성의 선거적 결과는 간과할 수 없다.

참고문헌

Alesina, Alberto and Nouriel Roubini. 1997. *Political Cycles and the Macroeconomy*. Cambridge, MA: The MIT Press.

Alvarez, R. Michael and Jonathan Nagler. 1995. "Economics, Issues and the Perot Candidacy: Voter Choice in the 1992 Presidential Election." *American Journal of Political Science* 39(3): 714-744.

Anderson, Christopher J. 1995. *Blaming the Government: Citizens and the Economy in Five European Democracies*. Armonk, NY: ME Sharpe.

Anderson, Christopher J. 2001. "Desperate Times Call for Desperate Measures? Unemployment and Citizen Behavior in Comparative Perspective." in Nancy Bermeo (ed.), *Unemployment in the New Europe*, pp.271-290. New York: Cambridge University Press.

Anderson, Christopher J., Silvia M. Mendes, and Yuliya V. Tverdova. 2004. "Endogenous Economic Voting: Evidence from the 1997 British Election." *Electoral Studies* 23: 683-708.

Bartels, Larry. 1986. "Issue Voting Under Uncertainty: An Empirical Test." *American Journal of Political Science* 30(4): 709-728.

Blount, Simon. 2002. "Unemployment and Economic Voting." *Electoral Studies* 21: 91-100.

Budge, Ian and D.J. Farlie. 1983. *Explaining and Predicting Elections: Issue Effects and Party Strategies in Twenty-Three Democracies*. London: Allen & Unwin.

Carimines, Edward and James Stimson. 1980. "The Two Faces of Issue Voting." *American Political Science Review* 74(1): 78-91.

Chapell, H. W. and William Keech. 1988. "The Unemployment Consequences of Partisan Monetary Policy." *Southern Economic Journal* 55: 107-122.

Dalton, Russell J. and A. Tanaka. 2007. "The Patterns of Party Polarization in East Asia." *Journal of East Asian Studies* 7(2): 203-224.

Duch, Raymond, Harvey Palmer and Christopher J. Anderson. 2000. "Heterogeneity in Perceptions of National Economic Conditions." *American Journal of Political Science* 44: 635-652.

Edlund, L. and R. Pande. 2002. "Why Have Women Become Left-Wing? The Political Gender Gap and the Decline in Marriage." *The Quarterly Journal of Economics* 117(3): 917-961.

Erikson, Robert S. 1989. "Economic Conditions and the Presidential Vote." *American Political Science Review* 83: 67-76.

Evans, Geoffrey, and Robert Andersen. 2006. "The Political Conditioning of Economic Perceptions." *The Journal of Politics* 68(1): 194-207.

Garrett, Geoffrey. 1998. *Partisan Politics in the Global Economy*. New York: Cambridge University Press.

Gill, I.S. and N. Ilahi. 2000. "Economic Insecurity, Individual Behavior, and Social Policy." unpublished manuscript, World Bank.

Grafstein, Robert. (2000). "Employment, Party Economic Performance, and the Formation of Partisan Preferences." *The Journal of Theoretical Politics* 12(3): 325-351.

Grafstein, Robert. 2005. "The Impact of Employment Status on Voting Behavior." *The Journal of Politics* 67(3): 804-824.

Hibbs, Douglas A. 1977. "Political Parties and Macroeconomic Policy." *American Political Science Review* 71: 467-487.

Hibbs, Douglas A. 1979. "The Mass Public and Macroeconomic Performance: The Dynamics of Public Opinion Toward Unemployment and Inflation." *American Journal of Political Science* 23: 705-731.

Hwang, Ah-Ran. 2000. "A Political Psychological Approach to Economic Voting: Evidence from the 1997 Korean Presidential Election." *Korean Political Science Review* 34(2): 193-212. [in Korean]

Jaung, Haun. 2000. "Electoral Politics and Political Parties." in Larry Diamond and D.C. Shin (eds.). *Institutional Reform and Democratic Consolidation in Korea*. Stanford: Hoover Institution Press.

Jhee, Byong-Kuen. 2006. "Ideology and Voter Choice in Korea: An Empirical Test of the Viability of Three Ideological Voting Models." *Korean Political Science Review* 40(4): 61-83.

Kang, Wontaek and Haun Jaung. 1999. "The 1997 Presidential Election in South Korea." *Electoral Studies* 18(4): 599-608.

Kang, Wontaek. 2003. *Electoral Politics in South Korea: Ideology, Region, Generation and Media*. Seoul: Pureungil. [in Korean]

Kim, Chae-Han. 1999. "Elections and Macroeconomic Policy: An Examination of Political Business Cycle Theory," in Jongryn Mo and Chung-In Moon (eds.). *Democracy and the Korean Economy*. Stanford: Hoover Institution Press.

Kim, Yoo-Sun. 2003. "The Causes of Increasing Irregular Workers." *Socio-Economic Review* 21: 289-326. [in Korean]

Kramer, G. 1971. "Short-term Fluctuations in US Voting Behavior, 1896-1964." *American Political Science Review* 65: 131-143.

Kwon, Hyeok Yong. 2008. "A Dynamic Analysis of Partisan Voting: The Issue Salience Effect of Unemployment in South Korea." *Electoral Studies* 27(3): 518-532.

Lee, Hyun-Chul. (2007). "The Ideological Disposition of Koreans." *Journal of Contemporary Asia* 37(4): 472-494.

Lee, Hyun-Woo. (1998). "Economic Voting in South Korea." in Namyoung Lee, (eds.),

Elections in Korea II. Pureungil, Seoul. [in Korean]

Lee, Kap-Yun. (1998). *Elections and Regionalism in South Korea*. Seoul: Orum. [in Korean]

Lewis-Beck, Michael S. and Mary Stegmaier. 2000. "Economic Determinants of Electoral Outcomes." *Annual Review of Political Science* 3: 183-219.

Lim, Hyun-Chin and Jun-Ho Jang. 2006. "Neo-Liberalism in Post-Crisis South Korea: Social Conditions and Outcomes." *Journal of Contemporary Asia* 36(4): 442-463.

Mebane, Walter R. Jr. and Jonathan Wand. 1997. "Markov Chain Models for Rolling Cross-Section Data: How Campaign Events and Political Awareness Affect Vote Intentions and Partisanship in the United States and Canada." unpublished manuscript. Cornell University.

Norpoth, Helmut, Michael S. Lewis-Beck and J-D. Lafay. (eds.) 1991. *Economics and Politics: The Calculus of Support*. Ann Arbor: University of Michigan Press.

Petrocik, J.R. 1996. "Issue Ownership in Presidential Elections, with a 1980 Case Study." *American Journal of Political Science* 40(3): 825-850.

Pontusson, Jonas. 2005. *Inequality and Prosperity: Social Europe vs. Liberal America*. Ithaca, NY: Cornell University Press.

Powell, G. Bingham and Guy Whitten. 1993. "A Cross-National Analysis of Economic Voting: Taking Account of the Political Context." *American Journal of Political Science* 37(2): 391-414.

Powell, G. Bingham. 2000. *Elections as Instruments of Democracy: Majoritarian and Proportional Visions*. New Haven: Yale University Press.

Rodrik, Dani. 2001. "Why Is There So Much Economic Insecurity in Latin America?" *CEPAL Review* 73(April): 7-30.

Scheve, Kenneth. 2004. "Public Inflation Aversion and the Political Economy of Macroeconomic Policymaking." *International Organization* 58(1): 1-34

Shin, Doh Chull. 1999. *Mass Politics and Culture in Democratizing Korea*. Cambridge: Cambridge University Press.

Wawro, Gregory. 2000. *Legislative Entrepreneurship in the US House of Representatives*. Ann Arbor: The University of Michigan Press.

Wlezien, Christopher. 2005. "On the Salience of Political Issues: The Problem with Most Important Problem." *Electoral Studies* 24: 555-579.

Wlezien, Christopher, Mark Franklin and D. Twiggs, D 1997. "Economic Perceptions and Vote Choice: Disentangling the Endogeneity." *Political Behavior* 19: 7-17.

8. 한국의 불평등과 정치선호 계층화

I. 서론

한국 유권자의 정치적 선호에 영향을 미치는 요인들은 무엇인가? 지역, 세대, 소득계층 등 한국 유권자의 정당지지와 투표선택에 미치는 중요한 변수들의 영향은 시기적으로 변화하는 추이를 보이는가? 한국사회의 사회경제적 변화와 유권자의 정치선호의 동인은 서로 연관되어 있는가? 그동안 한국 선거정치 연구에서는 대체로 소득과 같은 경제적 요인보다 이념, 지역, 세대와 같은 정치사회적 요인에 따른 정치균열이 강조되어 왔다. 특히 1987년 이후 한국정치의 주요한 균열로 지역요인이 등장한 이래로 여전히 영남-호남을 중심으로 한 지역기반의 정치경쟁이 지속되고 있다. 이와 같은 지역주의 투표는 정책중심의 정당경쟁 혹은 계층적 이익을 대변하는 선거경쟁을 저해하며, 유권자들이 출신 지역에 따라 특정 정당에 대해 무조건적인 지지를 보내는 것이 선거의 대표기능과 정당의 반응성을 왜곡시킨다는 문제가 지적되어 왔다(강원택 2000; 유재일 2004). 그런데 2000년대 이후 한국 선거정치에서 지역주의가 약화되고 있다는 주장을 제시하는 연구결과들이 보고되어왔다. 이에 따라 한국 유권자의 정치적 선호의 동인을 설명하려는 새로운 시도들이 최근 들어 등장하고 있다.

그 중 하나가 계층이다. 최근 정치학과 사회학에서 한국 유권자의 투표선택을 설명하는 요인으로 소득과 주관적 계층의식의 영향력에 주목하는 흐름이 나타났다(강원택 2013; 장승진 2013; 전병유 · 신진욱 2014). 계층에 따른 투표는 유권자들이 스스로의 계층적 이익을 표출하고 요구하는 의사표시를 한다는 것을 의미한다. 이를 통해 유권자의 출신지역에 따른 편향적 투표행태를 극복할 수 있는 새로운 가능성을 제기한다는 점에서 계층 영향력의 증대는 한국정치에 중요한 시사점을 갖는다. 소득이나 주관적 계층의식이 유권자의 정치적 선호에 미치는 영향에 관한 논의가 부각되는 것은 한국 사회의 불평등 문제와도 무관하지 않다. 한국 사회에는 외환위기를 기점으로 경제적 불평등의 증가 추세가 지속되어 오고 있으며, 임금소득이나 가구소득의 분배는 빠른 속도로 불균등해지는 양상을 보인다(신광영 2013). 이에 따라 이념, 지역 혹은 세대 간 격차보다는 계층 간 격차가 더욱 중요한 화두로 떠오르고 있다. 이러한 맥락에서 경제적 불평등의 심화와 다양한 사회경제적 격차의 고착화는 유권자들의 정치행태를 소득 중심으로 형성되게 만들고, 나아가 기존의 정치적 균열구조를 변화시킬 수도 있다는 이론적 예측을 제시할 수 있다.

이와 같은 이해를 바탕으로, 이 장에서는 '경제적 불평등의 추이에 따라 한국 유권자의 정치적 선호에 계층적 요인이 미치는 영향력이 어떻게 변화해왔는가'라는 질문을 던진다. 이 질문에 답하기 위해 2000년대 이후 한국 사회에서 경제적 불평등과 유권자의 정치적 선호를 이끈 요인들 간의 관계를 분석한다. 최근 12년 간 한국사회의 경제적 불평등의 변화 추이를 확인하고, 이를 한국 유권자의 정치적 선택에 영향을 미치는 요인들의 변화 추이와 비교한다. 구체적으로는 지역과 세대 요인이 유권자의 정치적 선호에 미치는 영향이 최근 12년간 어떠한 추이를 보이는지 분석하고, 소득계층의 영향력 변화와 비교한다. 이를 통해 2000년대 이후 한국 유권자의 정당지지와 투표선택에서 소득에 따른 계층화(income stratification)가 존재하는지를 분석한다. 이러한 분석을 통해 한국 유권자의 정치적 선택 논의에서 다양한 형태로 제시한 지역요인, 세대요인, 그리고 소득요인의 영향력 변화 추이를 비교할 수 있다. 분석을 위한 자료로는 성균관대학교 서베이리서치센터에서 수집한 한국종합사회조사(KGSS)를 활용한다. 분석 대상으로 삼는 시기는 조사가 시작된 2003년부터 2014년까지이다. 또한 같은 시기의 경제적 불평등의 변화 추이와 비교하기 위해, 통계청에서 제공하는 가구소득 자료도 함께 활용하였다.

이 연구가 한국 선거연구에 새롭게 기여하는 점은 다음과 같다. 첫째, 특정 시기 혹은 특정 선거 국면의 분석을 넘어 지난 12년간의 자료를 분석함으로써, 지역, 세대, 계층 변수가 한국 유권자의 정치적 선호에 미치는 영향이 시간에 따라 어떻게 변화하는지를 추적한다는 점에서 의의가 있다. 시계열적 추이 분석을 통해, 그간 각 변수들을 중심으로 분산되어있던 한국 유권자의 정치적 선호 결정요인에 대한 논의를 종합하여 그 변화 양상을 파악할 수 있다. 한국 선거정치 연구에서 전병유 · 신진욱의 연구(2014)가 한국종합사회조사 자료를 분석하여 시계열적 추이에 대해 살펴본 바 있는데, 이 논문은 경제적 불평등이라는 사회경제적 맥락에 따라 유권자들의 정치선호를 형성하는 요인이 다르게 작동하는지에 초점을 둔다는 점에서 그들의 연구와 차이가 있다. 둘째, 이 연구는 불평등의 심화와 미국정치의 양극화에 대한 맥카티 등(McCarty et al. 2006)의 정당지지계층화(party stratification)와 투표자계층화(voter stratification) 지수를 한국사회 자료 분석에 차용하여 지역, 세대, 그리고 소득계층과 정치적 선호의 관계를 하나의 지수로 제시한다는 점에서 새로운 시도이다. 한국 선거정치 연구에서 지역, 세대, 소득계층 등의 요인이 정치선호에 미치는 영향력을 하나의 지수로 나타내는 첫 번째 시도라 할 수 있다. 셋째, 한국사회의 사회경제적 변화, 특히 경제적 불평등의 증가를 하나의 맥락으로 설정하여 사회경제적 환경의 변화와 정치적 선호에 영향을 미치는 요인 간의 관계를 탐색한다는 점에서 불평등의 정치적 효과에 대한 새로운 논점을 제공한다.

이 논문은 크게 네 부분으로 구성된다. 먼저 2절에서는 소득계층과 정치선호, 그리고 한국 유권자의 정치행태에 대한 기존연구를 검토한다. 3절에서는 지난 12년 간 한국 유권자의 정치적 선택에 영향을 미친 변수들의 영향력이 시간이 지남에 따라 어떻게 변화해왔는지를 살펴보고, 이를 경제적 불평등의 변화 추이와 비교한다. 이 때, 주로 사용될 변수는 지역, 세대, 소득이다. 4절에서는 로지스틱 회귀분석을 통해 각 시기의 경제적 불평등 정도에 따라 소득계층 변수의 영향력이 구체적으로 어떻게 변화했는지를 분석한다. 마지막으로 5절에서는 분석결과를 요약하고 분석결과가 제시하는 함의에 대해 논의한다.

II. 이론적 논의

1. 소득계층과 정치적 선호

전통적으로 정치경제 이론에서는 유권자의 정치적 선호와 투표선택을 설명함에 있어 소득에 기반한 계층을 중요한 변수로 상정해왔다(Meltzer and Richard 1981; Iversen and Soskice 2006; Lupu and Pontusson 2011). 이러한 논의는 유권자가 스스로의 경제적 이익을 극대화하기 위해 합리적 선택을 하는 행위자라는 점을 전제로 하며, 유권자의 정치적 선택 역시 소득계층에 따라 달라질 것이라고 예측한다. 이러한 정치경제적 시각에서는 경제적 불평등이 증가하는 상황에서 소득이 유권자의 정치적 선택을 결정하는 더욱 중요한 변수가 될 것이라 예측할 수 있다. 예컨대, 멜처와 리차드(Meltzer and Richard 1981)는 소득불평등이 증가하면 중위소득은 이전보다 더 감소하게 될 것이고, 모든 사람이 투표한다는 전제하에, 중위투표자의 소득이 이전보다 더 감소하며 선거정치에서 결정적인 위치에 있는 중위투표자가 더 많은 재분배를 요구하게 될 것이라는 예측을 제시한 바 있다. 멜처-리차드 모델에 따르면 결국 불평등의 증가가 더 많은 재분배에 대한 요구로 이어지고, 선거승리를 위해 중위투표자의 요구와 이익을 반영할 선거정치적 인센티브가 있는 (집권)정당으로서는 더 많은 재분배 정책을 실시하게 된다는 것이다. 물론 경제적 불평등의 증가가 반이민정책 이슈와 같은 다양한 정체성 정치(identity politics)의 이슈현저성(issue salience)을 높이고, 유권자들이 경제적 이익에 반하여 다양한 형태의 사회적 정체성에 기반한 선택을 하게 만들기도 한다.

최근 들어 증가하는 경제적 불평등이 유권자의 정치적 선택에 미치는 영향에 관한 이론적, 경험적 논의가 비교정치경제 분야를 중심으로 확산되고 있다. 특히 미국의 경제적 불평등에 관한 연구들은 경제적 불평등이 정치에 미치는 영향을 체계적으로 보여주고 있다(Gilens 2005; McCarty et al. 2006; Bartels 2008). 맥카티와 그의 동료들(McCarty et al, 2006)에 따르면, 미국 사회에서 경제적 불평등의 증대는 곧 정당정치의 양극화로 이어지며, 나아가 유권자의 투표선택 역시 소득수준에 따라 계층화되는 양상이 나타난다. 상대적으로 저소득층일수록 민주당을 지지하는 반면에 고소득층일수록 공화당을 지지하는 현상이 나타나며, 이러한 소득계층에 따른 정치적 계층화는 소득불평등이 심화될수록 더욱 뚜렷해지는 양상을 보인다. 불평등이 증가하면서 유권자의 정당지지와 투표선택이 소득에 따라 계층화되는 현상은, 바텔스(Bartels 2008)와 질렌스(Gilens 2005)가 보여주듯이, 선출직 대표들이 저소득층의 요구와 이익에는 반응하지 않고 고소득층의 경제적 이익에 매우 민감하게 반응하는 불평등한 반응성(unequal responsiveness)과 맞물려 있다. 불평등의 증가가 정당의 불평등한 반응성과 연관되어 있고, 소득과 경제적 자원의 불균등성이 정치적 영향력의 불균등성과 맞물려서 작동하고 있는 것이 현시대 미국의 '불평등한 민주주의'(unequal democracy)의 단면이라는 것이다.

경제적 불평등은 정치적 선택에 영향을 미칠 뿐 아니라, 소득계층에 따른 정치적 반응성의 차별을 낳아 다시 경제적 불평등을 완화하기 어렵게 하는 일련의 순환고리를 형성할 수 있다(Bonica et al. 2013). 이는 한국에서 경제적 불평등과 사회경제적 격차가 중요한 이슈로 부상하는 상황에서 유권자의 정치적 선호를 설명함에 있어 소득계층 변수를 고려하는 것이 왜 중요한지를 보여준다. 앞선 논의들은 한국에서도 증가하는 경제적 불평등에 따라 소득이 정치적 선택에 미치는 영향력이 증가할 가능성을 시사한다. 그럼에도 불구하고 비교정치경제와 미국정치 연구에서 불평등의 정치적 효과에 대한 분석이 활발하게 진행되고 있는 것에 비해서, 한국 학계에서 소득불평등의 정치적 효과에 대한 연구는 많지 않은 것이 사실이다. 특히 불평등이 유권자의 정치행태에 미치는 영향에 대한 연구는 거의 부재하다고 할 수 있다.

2. 한국 유권자의 투표선택 결정요인

한국의 선거정치 연구에서 유권자의 정치적 선호는 어떻게 설명되고 있는가? 여기에서 우리는 한국 유권자의 정치적 선호에 관한 연구를 특정 시기 혹은 특정 선거 국면에 관한 연구와 시간에 따른 변화 추이에 관한 연구로 구분하여 논의를 전개한다.

먼저, 특정 시기 유권자의 투표행태를 분석한 연구에서는 시기별로 지역, 세대, 이념 등과 같은 서로 다른 요인들의 영향력을 강조해왔다. 민주화 이후 한국 유권자의 투표행태에서 가장 큰 특징으로 언급되어 온 것은 지역주의였다. 하지만 30여 년이 지난 현시점에도 여전히 지역주의의 영향력과 출신지역에 바탕한 투표행태가 계속해서 유지되는가라는 질문과 관련된 학계의 주장은 서로 엇갈리고 있다. 2010년 이후에도 지역이 한국 유권자의 이념 성향과 투표선택에 여전히 강한 영향력을 미치고 있다는 주장(이갑윤 · 박정석 2011; 김용철 · 조영호 2015; 김성모 · 이현우 2015)이 있는 반면에, 2000년대 이후 지역주의에 따른 정당편향적 투표가 완화되고 있다는 주장(윤종빈 2007; 강원택 2008)도 존재한다. 한국의 선거정치에서 지역주의의 영향이 약화된다는 주장과 함께, 상대적으로 연령 또는 세대 요인의 영향을 강조하는 연구(박명호 2009)도 나타났다. 최근에는 한국 유권자의 투표행태에 영향을 미치는 새로운 변수로서 소득과 계층, 그리고 재산의 중요성도 부각되기 시작했다(강원택 2013; 장승진 2013; 이갑윤 외 2014).

이처럼 한국 유권자의 정당지지 및 투표선택의 동인에 대한 연구들은 서로 다른 변수들의 중요성을 강조하며, 경쟁적으로 혹은 보완적으로 분석결과를 보고해왔다. 그렇다면 분석결과가 이처럼 차이 나는 이유는 무엇인가? 다양한 원인이 있을 수 있겠지만, 무엇보다도 위의 연구들이 특정 시기 혹은 특정 선거 국면에 제한된 분석이라는 점을 지적할 수 있다. 각 연구들은 연구 대상으로 삼는 특정한 시기에 국한된 분석을 하기 때문에 시기별로 서로 다른 변수의 영향력을 강조하는 모습을 보이고 있다. 이러한 분석들은 연구설계의 특성상 한국 유권자의 투표행태에서 발견되는 전반적인 집단적 변화의 추이를 포착하기 어려우며, 관련 논의를 한데 아우르지 못하고 파편화시킨다는 한계가 있다.

다른 한편, 역대 선거에서 나타난 유권자 투표행태의 변화 추이를 분석한 연구들이 있다. 하세헌(2005)은 1987년 이후부터 2000년대 초반까지 총선과 대선에서 지역주의의 변화 추이에 대한 분석을 통해, 시간이 지남에 따라 영남 지역에서 정당 간 득표율 차이가 줄어들고 지역주의적 투표행태가 완화되고 있음을 보여주었다. 강원택(2010)은 2002년 이후 네 차례의 선거에 대한 분석을 통해, 2000년대 이후 지역주의의 영향은 약화되는 반면에 이념과 세대의 영향이 증가하고 있음을 제시했다. 노환희 · 송정민 · 강원택(2013)은 1997년부터 2012년까지의 대통령 선거에 대한 분석을 통해 유권자의 투표선택에서 60대 이상 유권자의 보수화 경향과 386세대의 세대효과가 나타남을 확인하였고 '세대균열' 현상을 지적하였다. 2003년부터 2012년까지의 자료를 분석한 전병유 · 신진욱(2014)은 연령효과를 통제할 경우 소득계층과 주관적 계층의식이 새로운 정치균열을 만들어낼 가능성이 있음을 확인하였다.

특정 시기 중심의 연구들과는 달리, 시간에 따른 변화를 추적하는 연구들은 상대적으로 일관된 분석결과를 제시한다. 2000년대 이후 지역요인의 영향은 상대적으로 감소하였으며, 이념과 세대의 영향이 증가하고, 최근에는 계층의 영향력이 생겨나는 일련의 경향이 관찰된다는 것이다. 이러한 연구들은 기존에 각 변수들을 중심으로 흩어져 있었던 투표행태에 대한 논의를 종합하여 시간의 흐름에 따른 그 변화 양상을 보여준다는 점에서 의의가 있다. 그럼에도 이러한 변화의 추이를 한국의 사회경제적 변화와 연관시켜 설명하는 시도는 존재하지 않는다. 만약 최근 연구가 보여주는 것처럼 소득계층의 영향력이 증가했다면, 이는 한국의 경제적 불평등의 심화 추세와 연관된 것일 수도 있다. 앞서 미국사회를 중심으로 한 정당지지 및 투표행태 분석이 보여주듯이 경제적 불평등의 수준은 계층변수의 영향력을 증가시키는 조건이 될 수 있기 때문이다. 하지만 지금까지 한국 선거정치 연구에서 경제적 불평등은 하나의 배경적 요인으로 언급되는 데 그쳤을 뿐, 직접적으로 경제적 불평등과 유권자의 정치행태에 영향을 미치는 요인 간의 관계를 규명하려는 시도는 없었다. 이에 다음 절에서는 경제적 불평등의 맥락을 분석에 추가하여, 경제적 불평등의 추이와 유권자 정치행태에 영향을 미치는 변수들 간의 관계를 살펴본다.

III. 경제적 불평등과 정치적 선호의 계층화 추이

2000년대 이후 한국의 경제적 불평등은 어떻게 변화해왔는가? 〈그림 1〉은 2003년부터 2014년까지 한국의 경제적 불평등의 추이를 보여준다. 지표로는 통계청에서 제공하는 자료를 바탕으로, 전체 가구세전(pre-tax and pre-transfer) 소득 상위 20퍼센트의 소득과 하위 20퍼센트의 소득의 비율을 나

<그림 1> 80/20 비율의 변화 추이: 2003-2014

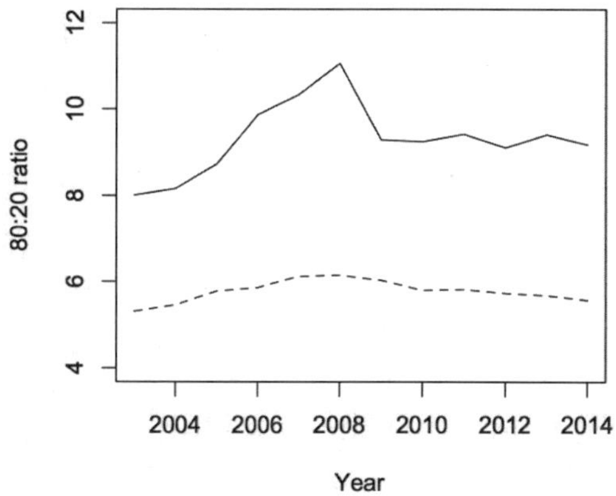

주: 실선은 가구근로소득의 80/20 비율, 점선은 가구소득의 80/20 비율을 나타냄.
출처: 통계청(2016).

타낸 80/20비율을 사용하였다. 실선은 가구 근로소득을 통해 측정한 80/20 비율이며, 점선은 근로소득을 포함한 가구 전체 소득을 통해 본 80/20비율이다.

두 그래프는 모두 유사한 추이를 보여준다. 2003년 이후 지속적으로 증가해온 소득불평등은 2008년에 정점을 맞게 된다. 이는 2007년부터 2008년에 걸쳐 나타난 금융위기와 대침체기(Great Recession)에 따른 영향으로 해석할 수 있다. 2008년에 가구 근로소득의 80/20비율은 11.06을 기록했고, 가구 소득의 80/20비율은 6.15를 나타냈다. 다시 말해, 상위 20% 가구가 하위 20% 가구에 비해 근로소득이 11배를 상회하고, 근로소득을 포함한 전체소득은 6배를 뛰어넘고 있다. 분석 대상이 되는 2003-2014년 시기에 기록된 가장 낮은 80/20비율 또한 2003년 8.01(가구 근로소득)과 5.31(가구 소득)로 매우 높은 수치를 보여주고 있다. 금융위기 이후 2009년부터 2014년까지 소득불평등은 다시 하향세를 보이며 다소 완화되는 경향이 나타난다. 하지만 금융위기 이후에도 2000년대 초반에 비해 여전히 더 높은 수준의 불평등이 지속되고 있다. 가장 최근 시기인 2014년 자료에 따르면, 하위

20% 가구 세전 근로소득이 637,906원인 반면에 상위 20% 가구 근로소득은 5,853,401원으로 나타났다(80/20비율=9.18). 세전 가구소득의 경우, 하위 20%는 1,460,535원인 반면에 상위 20%는 8,129,491원으로 조사되었다(80/20비율=5.57).

그렇다면 이와 같은 경제적 불평등 추이의 변화는 한국 유권자의 정치적 선호의 추이와 어떠한 연관성을 보일까? 맥카티와 그의 동료들(McCarty et al. 2006: 74)은 소득에 따른 정당지지 계층화 지수(index of party-income stratification)와 소득에 따른 투표선택 계층화 지수(index of voter-income stratification)를 사용하여 미국정치에서 유권자 당파성의 소득계층화 추이와 변화를 보여준다. 소득에 따른 정당지지 계층화 지수는 소득 상위 20% 계층 중 공화당 지지자 비율을 소득 하위 20% 계층 중 공화당 지지자 비율로 나눈 값을 의미하며, 소득에 따른 투표선택 계층화 지수는 소득 상위 20% 계층 중 대통령 선거에서 공화당 후보에게 투표한 사람의 비율을 소득 하위 20% 계층 중 공화당 후보에게 투표한 사람의 비율로 나눈 값이다. 이를 수식으로 표현하면 아래와 같다.

$$\text{소득에 따른 정당지지의 계층화지수} = \frac{\dfrac{\text{공화당 지지자}}{\text{소득 상위 20\% 계층}} \times 100}{\dfrac{\text{공화당 지지자}}{\text{소득 하위 20\% 계층}} \times 100}$$

$$\text{소득에 따른 투표선택의 계층화지수} = \frac{\dfrac{\text{공화당 후보 투표자}}{\text{소득 상위 20\% 계층}} \times 100}{\dfrac{\text{공화당 후보 투표자}}{\text{소득 하위 20\% 계층}} \times 100}$$

이때, 만약 지수가 1이라면 소득계층에 따른 공화당 지지 여부의 차이가 존재하지 않는 것으로 해석할 수 있다. 만약 1 이상이라면 고소득층일수록 더 공화당을 지지하는 것으로, 1 이하라면 저소득층일수록 공화당을 더 지지하는 것으로 해석할 수 있다. 이 지수는 유권자의 정치적 선호에 소득계층이 미치는 영향력이 어떻게 변화하는지를 관찰하기 쉽게 한다는 점에서 시간에 따른 변화를 포착하기에 유용하다.

여기에서 우리는 맥카티 등의 계층화 지수를 활용하여 한국 유권자의 정당지지와 투표선택에서도 계층화 현상이 발견되는지를 분석한다. 한국종합사회조사 자료를 기반으로 계층은 가구소득을 기준으로 분류하되, 중산층을 중위소득의 50%부터 150%까지의 소득을 가진 집단으로 정의하는 OECD의 기준을 따랐다. 매년 통계청이 발표하는 중위소득을 바탕으로 하여 중위소득의 50% 이하, 50~150%, 150% 이상의 세 집단으로 구분하고 각각 저소득층, 중간소득층, 고소득층으로 분류했다. 다음으로, 정당지지와 투표선택에서는 보수정당에 대한 지지를 기준으로 삼되, 한국의 거대 보수정당인 한나라당과 새누리당만을 고려했다. 투표선택에 사용된 자료는 2004년 총선, 2007년 대선, 2010년 지방선거, 2012년 총선, 2012년 대선, 2014년 지방선거 등 총 6회의 선거를 대상으로 했다. 소득에 따른 정당지지와 투표선택의 계층화 지수를 산출한 수식을 표현하면 다음과 같다.

$$\text{소득에 따른 정당지지의 계층화지수} = \frac{\dfrac{\text{보수정당(한나라당, 새누리당)지지자}}{\text{고소득층}} \times 100}{\dfrac{\text{보수정당(한나라당, 새누리당)지지자}}{\text{저소득층}} \times 100}$$

$$\text{소득에 따른 투표선택의 계층화지수} = \frac{\dfrac{\text{보수정당(한나라당, 새누리당)후보 투표자}}{\text{고소득층}} \times 100}{\dfrac{\text{보수정당(한나라당, 새누리당)후보 투표자}}{\text{저소득층}} \times 100}$$

이를 기반으로 소득계층에 따른 정당지지와 투표선택의 계층화 지수를 통해 시간에 따른 변화를 살펴보면 〈그림 2〉와 같다. 계층화 지수는 고소득층 중 보수정당 지지자의 비율을 저소득층 중 보수정당 지지자의 비율로 나눈 것이다. 만약 지수가 1이라면 소득계층에 따른 보수정당 지지 여부의 차이가 존재하지 않는 것이고, 1 이상이라면 고소득층일수록 보수정당을 더

〈그림 2〉 소득에 따른 정치적 선호의 계층화

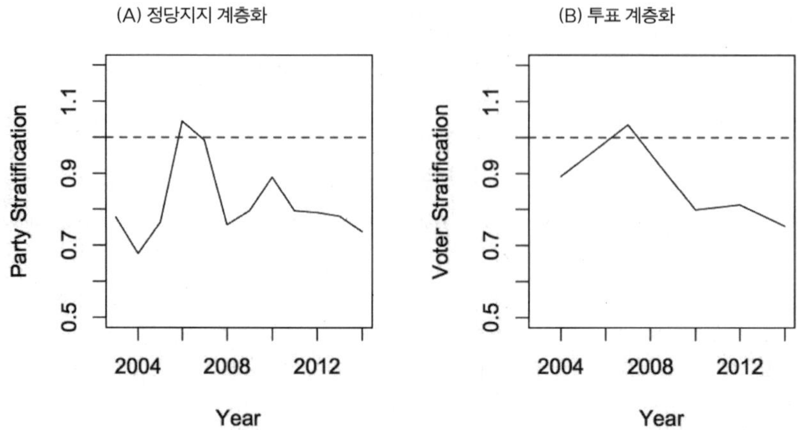

주: 저소득층과 고소득층의 보수정당 지지가 동일한 비율일 경우에 계층화 수치는 1이 된다. 그래프에 점선으로 표시한 선이 1이다. 1보다 작은 경우는 저소득층의 보수정당 지지비율이 고소득층보다 높다는 것을 나타낸다.

지지하는 것으로, 1 이하라면 저소득층일수록 보수정당을 더 지지하는 것으로 해석할 수 있다. 마찬가지로 투표선택에서도 고소득층 중 보수정당 후보 선택비율을 저소득층 중 보수정당 후보 선택비율로 나누어, 소득에 따른 투표선택의 계층화를 측정하였다.

〈그림 2〉가 보여주듯이, 정당지지와 투표선택 모두에서 전반적으로 1보다 낮은 수치가 나타난다. 이는 한국 유권자의 정당지지와 투표선택에 있어서 저소득층의 보수정당 지지비율이 고소득층의 그것보다 더 높은 경향을 보여준다. 그럼에도 불구하고 주목할 만한 점은 경제적 불평등이 증가했던 시기인 2006년에는 정당지지에서, 그리고 2007년에는 투표선택 모두에서 1보다 높은 수치가 나타난다는 점이다. 특히, 2007년 대선의 경우 유일하게 투표선택 계층화 지수가 1 이상을 기록한다. 2006년 한국종합사회조사 자료 분석에 따르면, 고소득층 중에서 보수정당 지지자가 60.3%를 차지하고, 저소득층 중에서 보수정당 지지자는 57.7%를 기록했다(정당지지 계층화 지수=1.05). 반대로 2004년의 경우에는, 고소득층 중 보수정당 지지가 29.3%

에 그친 반면에 저소득층 중에서 보수정당 지지가 43%를 기록하여, 정당지지 계층화 지수 0.68을 나타냈다. 2007년 대통령 선거에서 고소득층 중 이명박 후보에게 투표한 비율이 59%, 저소득층 중 이명박 후보 선택 비율이 57%를 기록하여 투표선택 계층화 지수 1.04를 나타냈다. 이 결과는 2012년 대통령 선거에서 고소득층 중 박근혜 후보 선택비율이 48%, 저소득층 중 박근혜 후보 선택비율이 67.9%를 나타냈던 것(후보선택 계층화 지수 0.71)과 비교하면 흥미롭다. 이에 따라 경제적 불평등이 증가하는 시기에는 저소득층 유권자의 보수정당에 대한 선호가 상대적으로 낮아진다는 점을 확인할 수 있다. 이는 소득계층이 유권자의 정치적 선호에 미치는 영향이 사회경제적 환경에 따라 달라질 수 있음을 시사한다. 경제적 불평등이 증가하는 상황에서는 유권자가 자신의 소득계층에 따라 정치적 선택을 하는 경향이 나타나는 것이다.

그렇다면 그동안 한국 유권자의 정치적 선호에 가장 큰 영향을 미치는 것으로 간주되었던 지역과 세대가 미치는 영향은 시간이 지남에 따라 어떠한 변화를 보였을까? 〈그림 3〉은 지역에 따른 정당지지와 투표선택의 변화 추이를 보여준다. 이 때, 지역이 정당지지와 투표선택에 미치는 영향은 한국의 지역갈등의 주요한 축인 영남과 호남을 기반으로 측정하였다. 영남지역 거주자 중 보수정당 지지자 비율을 호남지역 거주자 중 보수정당 지지자 비율을 나눈 값이 시간이 지남에 따라 어떻게 변화하는지를 살펴보았다. 그 결과 최소 6.7에서 최대 35까지의 분포를 보이며, 영남지역 거주자일수록 보수정당을 지지하는 경향이 뚜렷하게 관찰되었다. 많은 선행연구들이 보여주었듯이. 지역균열이 한국 정치지형에 매우 강하게 자리잡고 있다는 것을 알 수 있다. 다만 지역주의의 강력한 영향력은 시간이 지남에 따라 급격하게 감소하는 추세에 있으며, 이는 정당지지와 투표선택 모두에서 유사하게 나타났다. 2003-2007년 시기에 비해 2008년 이후부터 지역에 따른 정당지지 계층화와 투표선택 계층화 지수가 급격하게 감소하고 있다는 점을 확인할 수

〈그림 3〉 지역에 따른 정치적 선호의 변화 추이

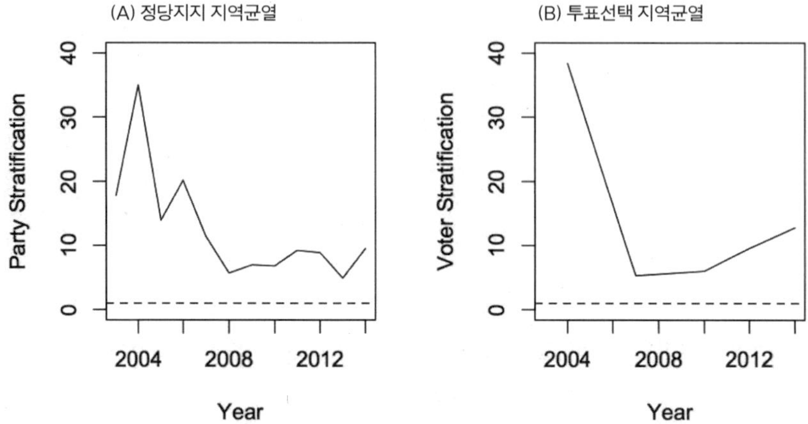

주: 호남유권자와 영남유권자의 보수정당 지지가 동일한 비율일 경우에 지역계층화 수치는 1이 된다. 그래프에 점선으로 표시한 선이 1이다. 1보다 큰 경우는 영남유권자의 보수정당 지지비율이 호남유권자의 보수정당 지지보다 높다는 것을 나타낸다.

있다. 예컨대, 지역에 따른 정당지지 계층화 지수가 최고점을 기록한 것은 2004년의 35인데, 영남지역 거주자 중 한나라당 지지가 56%를 나타낸 반면, 호남지역 거주자 중 한나라당 지지는 1.6%에 불과했다. 이 수치를 2013년과 비교하면, 영남지역 거주자 중 새누리당 지지가 70.7%, 호남지역 거주자 중 새누리당 지지가 14.4%로 지역에 따른 정당지지 계층화 지수 4.91을 기록하게 된다. 2004년 총선에서 영남지역 거주자 중 한나라당 후보선택 비율이 57.5%, 호남지역 거주자 중 한나라당 후보선택 비율 1.5%로 지역에 따른 투표선택 계층화 지수 38.3을 기록하였다. 반면에 2012년 대선에서는 영남지역 거주자 중 박근혜 후보 선택비율이 66.9%, 호남지역 거주자 14.4%로 지역에 따른 투표선택 계층화 지수 4.65를 나타내었다. 물론 여기에는 2004년의 탄핵정국에 따른 후폭풍과 2012년 대통령 선거에서 민주당 문재인 후보 패배 이후 호남민심의 이반이라는 맥락적 설명이 필요할 것이다. 그럼에도 불구하고, 이 분석의 연구질문에 비추어 볼 때, 여기에서는 유권자의 정당지지와 투표선택에 미치는 지역 요인의 영향력이 감소하는 추이라는

〈그림 4〉 세대에 따른 정치적 선호의 변화 추이

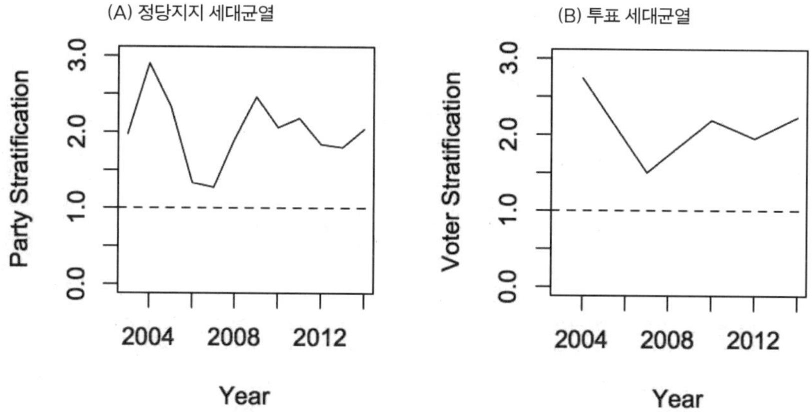

주: 청년층과 노년층의 보수정당 지지가 동일한 비율일 경우에 세대계층화 수치는 1이 된다. 그래프에 점선으로 표시한 선이 1이다. 1보다 큰 경우는 노년층의 보수정당 지지비율이 청년층의 보수정당 지지보다 높다는 것을 나타낸다.

점을 지적하는 것이 중요하다.

마지막으로, 2000년대 이후 한국의 정치균열을 설명하는 새로운 변수로 등장했던 세대의 영향력이 어떻게 변화했는지를 살펴보면 〈그림 4〉와 같다. 세대는 만 65세 이상의 노년층과 만 20-39세의 청년층으로 구분하였으며, 노년층 중 보수정당 지지자 비율을 청년층 중 보수정당 지지자 비율로 나누어 측정하였다. 그 결과, 세대가 정치적 선호에 미치는 영향은 지역보다는 작지만 계층보다는 크게 나타났다. 정당지지와 투표선택 모두에서 노년층일수록 보수정당을 지지하는 경향이 전 기간에 걸쳐 뚜렷하게 확인되었다. 2004년의 경우, 노년층중 보수정당 지지비율이 57.4%, 청년층중 보수정당 지지비율 19.8%로 세대에 따른 정당지지 계층화 지수 2.9를 기록한 반면에, 2007년에는 노년층 69.6%와 청년층 54.8%가 보수정당을 지지함으로써 1.27의 수치를 나타냈다. 2007년 대선에서 노년층 67.7%와 청년층 45.2%가 이명박 후보를 지지함으로써 세대에 따른 투표선택 계층화 지수 1.49를 기록하였다.

2006년과 2007년에는 세대요인의 영향력이 상대적으로 큰 폭으로 줄어드는 것이 확인된다. 같은 시기에 소득에 따른 정치적 선호의 계층화 경향이 증가했던 것을 고려하면 이는 흥미로운 발견이다. 한국 유권자의 정치적 선호를 결정짓는 데 있어서 지역, 세대, 소득 변수가 서로 상호작용하고 있으며, 각 변수의 영향력은 사회경제적 조건 특히, 소득불평등과 맞물려 나타나고 있을 것이라 추정해볼 수 있다. 이를 더 체계적으로 살펴보기 위해 다음 장에서는 로지스틱 회귀분석을 통해 지역, 세대, 소득변수가 정당지지 및 투표선택에 미치는 영향이 시기별로 어떻게 변화해왔는지를 분석한다.

IV. 불평등과 정치적 선호의 계층화

앞서 살펴본 경제적 불평등과 정치적 선호의 변화 추이의 비교를 통해, 소득불평등이 증가되었던 시기에는 정당지지와 투표선택에 있어서 상대적으로 지역, 세대 변수의 영향력이 감소한 반면에 소득계층 변수의 영향력이 증가했음을 확인할 수 있었다. 그렇다면 이러한 변화가 통계적으로 유의미한 것인지 확인하기 위해 체계적인 분석을 시행할 필요가 있다.

〈표 1〉은 한국 유권자의 정치적 선호에 영향을 미치는 것으로 알려진 지역, 세대 변수에 소득계층 변수를 추가하여 정당지지에 대한 로지스틱 회귀분석을 시행한 결과이다. 앞선 추이 분석에서 시기별 경제적 불평등의 정도에 따라 소득 변수의 영향이 변화할 수 있음을 확인하였다. 이러한 차이가 실제로 통계적으로 유의미한 것인지를 살펴보기 위해, 분석 대상으로 하는 시기 중 경제적 불평등의 정도가 낮게 나타난 2004년과 경제적 불평등의 정도가 높았던 2008년을 비교하였다. 성별과 지역 변수는 통제변수로 포함시켰으며, 세대 변수를 포함시킨 모형과 계층 변수를 포함시킨 모형 그리고 세대와 계층 변수를 모두 포함시킨 모형을 구분하여 각각 세 가지 모형으로 구

〈표 1〉 지역, 세대, 계층이 정당지지에 미치는 영향에 대한 로짓분석 결과

항목		2004			2008		
		모형1	모형2	모형3	모형4	모형5	모형6
상수		0.19 (.154)	-.552*** (.143)	.132 (.179)	.315*** (.119)	.027 (.120)	.282** (.140)
성별		-.476*** (.164)	-.286* (.158)	-.450*** (.170)	-.193 (.128)	-.192 (.126)	-.189 (.129)
지역	영남	.864*** (.169)	.832*** (.165)	.826*** (.176)	.281* (.143)	.332** (.141)	.275* (.145)
	호남	-3.640*** (.728)	-3.462*** (.721)	-3.632*** (.731)	-2.430*** (.305)	-2.190*** (.295)	-2.394*** (.305)
세대	청년층	-1.304*** (.178)		-1.338*** (.184)	-.639*** (.136)		-.637*** (.138)
	노년층	.583** (.252)		.797*** (.281)	1.051*** (.219)		1.007*** (.235)
계층	저소득층		.300 (.185)	-.290 (.217)		.536*** (.156)	.087 (.174)
	고소득층		-.256 (.209)	-.232 (.220)		-.009 (.149)	.018 (.152)
N		859	819	819	1146	1126	1126

* p〈.1, ** p〈.05, *** p〈.01
준거집단: 성별(여성), 연령(40~50대), 계층(중간소득층)
괄호 안은 표준오차

성했다. 종속변수는 보수정당(한나라당 혹은 새누리당) 지지를 1로 하는 더미변수이다.

2004년의 경우, 계층 변수는 세대 변수의 통제 여부와 상관없이 영향력이 없는 것으로 나타났다. 〈모형 3〉에서 확인할 수 있듯이, 이 시기에는 지역 변수와 세대 변수의 영향이 확인되는 반면에, 소득계층에 따른 차이는 통계적으로 유의미하지 않다. 하지만 2008년에는 성별과 지역을 통제할 경우, 계층변수의 추정계수가 통계적으로 유의미한 것으로 나타났다. 즉 〈모형 5〉에서 확인할 수 있듯이, 저소득층에서 추정회귀계수가 통계적으로 유의미한 것으로 나타났다. 저소득층일수록 다른 소득계층에 비해 보수정당을 지지할 확률이 높아지는 것으로 분석된 것이다. 하지만 〈모형 6〉과 같이 세대변수를 통제했을 경우에는 저소득층의 추정계수값이 크게 줄어들 뿐만 아

니라 통계적으로 유의미하지도 않게 나타난다. 이러한 분석결과는 한국사회 노년층의 대다수가 빈곤선에 허덕이는 저소득층이라는 점을 고려하여 세대 변수를 고려하고 나면 저소득층의 보수정당지지 패턴이 사라진다는 기존 연구들의 분석결과와 일맥상통하는 것이다(강원택 2013; 전병유, 신진식 2014).[1]

이러한 결과는 사회경제적 환경이 유권자의 정치적 선호에 미치는 영향을 암시한다. 경제적 불평등 수준이 낮았던 2004년에는 소득계층 요인이 유권자의 정치적 선호에 어떠한 영향력도 미치지 못하는 것으로 나타났던 반면에, 경제적 불평등이 가장 심했던 2008년에는 소득계층 요인의 영향이 부분적이나마 통계적으로 유의미한 것으로 나타났기 때문이다. 불평등이 심화된 시기에 소득계층이 정치행태에 미치는 영향이 두드러지게 나타난다는 점은 주관적 계층인식보다 상대적 계층 거리감이 정치행태에 커다란 영향을 미친다는 서복경 · 한영빈(2014)의 주장과도 맞닿아 있다. 소득불평등의 증가와 상대적 계층 거리감은 밀접하게 연관되어 있기 때문이다. 하지만 2008년의 결과는 세대 변수를 통제할 경우에는 사라지는 모습을 보이면서, 한국에서 저소득층의 보수정당 지지 성향이 노년층 세대의 보수정당 지지 성향과 맞물려 나타나는 것임을 알 수 있다. 즉, 경제적 불평등의 상황에서도 저소득층이 자신의 계층적 이익에 부합하는 정치적 선택을 하지 않으며, 세대효과를 통제했을 경우 계층은 여전히 한국 유권자의 정당지지 패턴에 큰 영향을 미치지 못하고 있다.

그렇다면 이와 같이 시기별로 다르게 나타나는 정당지지는 실제 투표선택으로도 이어지는가? 〈표 2〉는 한국 유권자의 투표선택에 지역, 세대, 계층

1 이러한 분석결과는 세대와 소득계층의 상호작용 효과에 대한 논리적 제시와 경험적 분석이 필요하다는 점을 나타내는 것이라 할 수 있다. 세대 간 계층이동성(intergenerational mobility)이 예전보다 현저하게 낮아진 한국 사회의 특성을 볼 때, 세대와 계층의 상호작용이 시민의 정치행태에 미치는 영향이 존재한다고 보는 것이 합당하다. 이 점을 지적해준 심사위원께 감사한다. 이 주제는 우리의 차후 연구에서 더 탐구할 것이다.

〈표 2〉 지역, 세대, 계층이 투표선택에 미치는 영향에 대한 로짓분석 결과

항목		2004 총선			2007 대선		
		모형1	모형2	모형3	모형4	모형5	모형6
상수		-.186 (.136)	-.696*** (.130)	-.136 (.161)	.391*** (.121)	.135 (.122)	.285** (.144)
성별		-.210 (.145)	-.079 (.142)	-.192 (.150)	-.046 (.127)	-.132 (.133)	-.124 (.136)
지역	영남	.857*** (.152)	.940*** (.150)	.892*** (.158)	.373** (.146)	.332** (.153)	.350** (.156)
	호남	-3.708*** (.723)	-3.468*** (.719)	-3.618*** (.724)	-2.417*** (.271)	-2.255*** (.275)	-2.419*** (.283)
세대	청년층	-1.084*** (.158)		-1.153*** (.165)	-.486*** (.140)		-.484*** (.149)
	노년층	.682*** (.218)		.907*** (.239)	.717*** (.186)		.990*** (.227)
계층	저소득층		.168 (.169)	-.423** (.196)		.450*** (.157)	-.066 (.183)
	고소득층		.092 (.183)	.046 (.192)		.453*** (.174)	.472*** (.177)
N		1035	986	986	1157	1035	1033

* p〈.1, ** p〈.05, *** p〈.01
준거집단: 성별(여성), 연령(40~50대), 계층(중간소득층)
괄호 안은 표준오차

요인이 미치는 영향을 파악하기 위하여 로지스틱 회귀분석을 시행한 결과이다. 분석은 2004년 총선과 2007년 대선을 대상으로 하였으며, 2004년 총선관련 문항은 2004년 한국종합사회조사를, 2007년 대선관련 문항은 2010년 한국종합사회조사를 각각 사용하였다. 정당지지 분석에서와 같이 경제적 불평등의 수준이 가장 높았던 2008년의 자료를 사용할 수 있다면 좋았겠지만, 2007년의 자료를 사용한 것은 한국종합사회조사가 2008년 총선 관련 문항을 포함하지 않고 있다는 현실적 제약 때문이다. 〈표 1〉에서와 마찬가지로 성별과 지역 변수는 통제변수로 포함시켰으며, 세대 변수, 계층 변수를 포함시킨 모형을 각각 세 가지 모형으로 구성했다. 종속변수는 지난 선거에서 보수정당(한나라당 혹은 새누리당) 후보선택을 1로 하는 더미변수이다.

〈모형 2〉가 보여주듯이, 2004년 총선의 경우 성별과 지역 변수를 통제한

상태에서 계층 변수의 투표선택에 대한 영향력은 없는 것으로 나타났다. 투표선택에서 지역 변수와 세대 변수는 대체로 통계적으로 유의미한 영향을 두 선거 시기 모두에서 보여주고 있다. 특이한 점은 2004년 총선에서 지역, 세대 변수를 통제한 이후에 저소득층일수록 한나라당 후보를 선택할 확률이 다른 계층에 비해 낮아지는 것으로 분석되었다는 점이다. 즉 소득계층의 경제적 이익에 조응하는 투표선택을 하는 것으로 나타난다는 것이다. 하지만 2007년 대선 시기에는 성별과 지역 변수를 통제한 후에도 저소득층과 고소득층 변수의 영향은 통계적으로 유의미한 것으로 확인되며, 저소득층과 고소득층은 모두 중간소득층에 비해 보수정당 후보를 선택하는 경향이 높은 것으로 나타난다. 그러나 〈모형 6〉과 같이 세대 변수까지 통제할 경우, 저소득층의 영향력은 사라지며 고소득층의 보수정당 후보 투표 경향만이 강하게 유지된다. 이러한 결과는 정당지지에서와 달리 투표선택에서는 고소득층만이 계층적 이익에 조응하는 선택을 하고 있다는 점을 보여준다.

지금까지 시기에 따라 계층이 유권자의 정치적 선호에 미치는 영향력이 상이하게 나타난다는 점을 확인하였다. 그렇다면 시간의 흐름에 따라 계층 변수의 영향력은 어떻게 변화하고 있는가? 〈그림 5〉는 보수정당지지 여부를 1로 하는 더미변수를 종속변수로 하여 2003-2014년 자료를 매 연도마다 개별적으로 로지스틱 회귀분석을 한 결과, 저소득층 계층변수의 회귀계수가 연도별로 어떻게 나타나는지를 정리한 것이다. 패널 (A)는 성별, 지역을 통제변수로 포함했을 때의 결과이고, 패널 (B)는 성별, 지역에 세대까지 통제변수로 포함했을 때의 결과이다.

먼저 세대를 통제하지 않은 패널 (A)를 살펴보면, 저소득층에 대한 회귀계수 값은 모두 양(+)의 값을 나타내면서, 저소득층이 보수정당을 지지하는 경향을 보여준다. 그러나 2004년, 2006년, 그리고 2007년의 추정계수는 95% 신뢰구간이 0을 포함하여 통계적으로 유의미하지 않은 것으로 나타났다. 2007년에는 그 영향력이 크게 줄어드는 모습을 보이지만, 그 이후에는 다시 보수정당 지지 경향이 꾸준히 증가하는 모습이 관찰된다. 패널 (A)의 추이를 보면, 한국의 저소득층은 자신의 계층적 이익을 대표하지 않는 투표를 한다는 기존의 지적(문우진 2011; 한귀영 2013)이 타당해 보인다. 하지만 세대를 통제한 분석결과를 보면, 패널 (B)의 그래프 추이에서 나타나듯이 2013년을 제외하고는 저소득층 계층 변수가 보수정당 지지에 미치는 영향력이 95% 신뢰수준에서 통계적으로 유의미하지 않은 것으로 분석되었다. 이를 통해 한국 저소득층의 보수정당 지지 성향은 세대효과와 맞물려 나타나고 있다는 점을 다시 한 번 확인할 수 있다. 일반적으로 저소득층은 보수정당을 지지하는 것처럼 보이지만, 이는 만 65세 이상 노년층의 강한 보수정당 지지 성향으로 인한 허위적 결과인 것으로 보인다. 세대효과를 통제할 경우에 저소득층의 보수정당 지지 성향은 크게 약화되며, 통계적으로 유의미하지도 않은 것으로 나타났다.

특히 주목할 만한 점은 2004년부터 2007년까지는 한국 사회의 소득불평등이 상승세를 보이는 시기였던 반면에, 2008년부터 2014년까지는 소득

〈그림 5〉 정당지지에 대한 저소득층 변수 회귀계수의 연도별 추이: 2003-2014

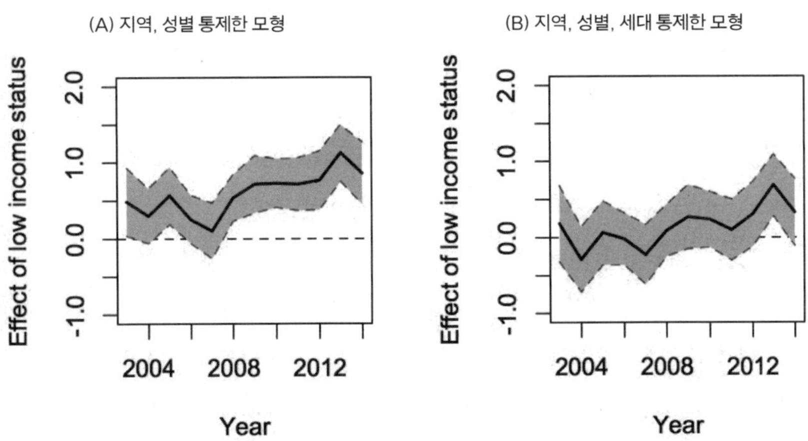

주: 패널 (A)는 세대를 통제하지 않은 모형분석에서 저소득층이 보수정당을 지지할 추정계수(실선)와 95% 신뢰구간을 나타내고, 패널 (B)는 세대를 통제한 모형에서 추정된 저소득층의 추정계수(실선)와 95% 신뢰구간을 나타낸다.

불평등 수치가 비교적 하향세를 보이는 시기였다는 점이다. 이를 고려하면, 경제적 불평등이 심화되는 시기에는 비록 통계적으로 유의미한 수준은 아니지만, 저소득층의 보수정당 지지 경향이 사라지는 반면에, 경제적 불평등이 완화되는 시기에는 저소득층의 보수정당 지지 경향이 강해지는 것을 확인할 수 있다. 즉, 한국 저소득층의 보수정당지지 성향은 세대효과와 맞물려 나타나고 있으며, 세대효과를 통제할 경우에는 경제적 불평등의 심화 추세가 또 다른 맥락(context)으로 작용하고 있는 것으로 해석할 수 있다.[2]

V. 결론

이 연구는 2003-2014년 최근 12년간의 한국종합사회조사 자료를 바탕으로 한국 유권자의 정치적 선호와 정치행태에 영향을 미치는 요인이 시간이 지남에 따라 어떻게 변화해왔는지를 분석하고 이를 경제적 불평등의 추이와 비교하였다. 맥카티 등(McCarty et al. 2006)의 정당지지계층화 지수와 투표자계층화 지수를 차용하여 지난 12년간 한국사회 자료를 분석하여 도출한 연도별, 선거시기별 지수를 분석한 결과, 지역 변수의 영향은 여전히 강하게 나타나지만 시간이 지남에 따라 크게 감소하는 추세에 있는 반면, 계층 변수와 세대 변수의 영향은 시기에 따라 등락을 거듭하고 있다는 점을 관찰할 수 있다. 이를 경제적 불평등의 추이와 비교했을 때, 경제적 불평등이 심화되는 시기에 유권자의 정당지지와 투표선택에 있어서 소득 계층 요인의 영향이 높아진다는 점을 확인할 수 있다. 경제적 불평등이 완화되는 시기에 저소득층은 보수정당을 지지하는 모습을 보이지만, 불평등이 심화되는 시기에 보수정당을 지지하지 않는 모습이 나타나면서 한국사회에서 소득

2 고소득층 계층변수가 보수정당 지지에 미치는 영향은 2010년에만 95% 신뢰수준에서 통계적으로 유의미한 것으로 분석되었다.

에 기반한 정치적 선호와 정치행태의 계층화가 경제적 불평등의 수준과 맞물려 나타난다는 사실을 발견할 수 있다. 이러한 결과는 기존 연구들이 한국 유권자의 정치적 선호와 투표행태에 대한 결정요인을 지역, 세대, 이념, 계층을 중심으로 설명했던 것에서 한발 더 나아가 시기별 경제적 불평등의 심화 양상이 중요한 맥락적 요인으로 대두될 수 있다는 점을 보여준다. 그간 한국 유권자의 정치적 선택에 관한 연구에서 경제적 불평등은 배경적 요인 정도로만 언급되었을 뿐, 경제적 불평등의 추이와 정치적 선택의 결정요인의 변화 사이에 존재하는 상호 연관성을 직접적으로 밝혀내려는 시도는 부재했다. 이 논문의 분석결과는 경제적 불평등의 수준에 따라 한국 유권자들도 소득계층에 따른 경제적 이익에 부합하는 정치적 선택을 할 가능성을 보여주었다.

그동안 한국 선거연구에서 왜 저소득층 유권자들이 보수정당과 후보를 지지하는가와 관련한 논의들이 진행되어 왔다(문우진 2011; 한귀영 2013). 저소득층 유권자의 보수적 정치선택 및 정책선호에 관한 연구는 그 자체로 앞으로 더 체계적으로 진행될 필요가 있다. 다만 여기에서 우리의 분석이 제시하는 바는, 한국 저소득층 유권자가 항상 보수정당 및 후보를 지지하는 것은 아니고, 불평등이 심화되고 사회경제적 격차 이슈가 현저한 선거이슈로 부상할 때 소득계층의 경제적 이익에 조응하는 정치행태를 보일 것이라는 점이다. 이와 마찬가지로, 한국 고소득층 유권자들이 상대적으로 진보적 정책선호와 이념을 나타내며 보수정당 및 후보에 대한 지지비율이 압도적으로 높지 않다는 점, 그럼에도 불구하고 특정 국면에서는 그들의 경제적 이익에 부합하는 투표선택을 한다는 점에서, 고소득층의 정치행태에 관한 연구도 필요하다. 미국에서 가장 중위소득이 높은 코네티컷주가 항상 민주당 차지인 점과 중위소득이 가장 낮은 미시시피주를 늘 공화당이 휩쓴다는 점은 잘 알려져 있다(Gelman 2009). 반대로 서울시에서 가장 주택 평균가격이 높은 강남구는 보수정당 대통령후보의 득표율이 가장 높게 나타나는 반면에, 주택 평균가격과 중위소득이 가장 낮은 금천구는 보수정당 후보의 득표율이 최저기록을 보인다. 물론 강남구에 사는 빈곤층과 금천구의 고소득층의 정치행태에 대한 분석이 함께 진행되어야 할 것이다.

유권자의 정치적 선호는 다양한 유형의 이익에 따라 다르게 나타난다. 이때, 유권자의 이익은 성별, 지역, 세대, 가치, 소득 등에 따라 복합적으로 구성된다. 한국의 정치지형에서 지역과 세대에 따른 균열이 강하게 자리잡음으로써 계층의 경제적 이익에 따른 정치적 선호는 상대적으로 간과되어왔다. 하지만 이 연구를 통해 저소득층의 정당지지와 투표선택에서 경제적 불평등의 추세에 따라 소득계층이 그들의 선호를 결정짓는 새로운 요인이 될 수 있음을 확인할 수 있었다, 불평등이 심화되고 사회경제적 격차가 중요한 이슈로 대두되면서 이러한 이슈에 대한 정치엘리트들의 언술이 유권자들에게 당파적 신호(partisan cue)를 보내게 되고 유권자들 스스로 자신의 경제적 이익에 부합하는 선택의 필요성을 인지하게 되면서, 소득계층에 조응하는 정책선호의 형성과 투표선택이 관찰될 가능성이 높아질 수 있다.

참고문헌

Bartels, Larry. 2008. *Unequal Democracy*. New York: Russell Sage Foundation.

Bonica, Adam, Nolan McCarty, Keith T. Poole, and Howard Rosenthal. 2013. "Why Hasn't Democracy Slowed Rising Inequality?" *Journal of Economic Perspective* 27(3): 103-124.

Gelman, Andrew. 2009. *Red State, Blue State, Rich State, Poor State: Why Americans Vote the Way They Do*. Princeton, NJ: Princeton University Press.

Gilens, Martin. 2005. "Inequality and Democratic Responsiveness." *Public Opinion Quarterly* 69(5): 778-796.

Iversen, Torben, and David Soskice. 2006. "Electoral Institutions and the Politics of Coalitions: Why Some Democracies Redistribute More than Others." *American Political Sci-*

ence Review 100(2): 165-182.

Lupu, Noam, and Jonas Pontusson. 2011. "The Structure of Inequality and the Politics of Redistribution." *American Political Science Review* 105(2): 316-336.

McCarty, Nolan, Keith T. Poole, and Howard Rosenthal. 2006. *Polarized America: The Dance of Ideology and Unequal Riches*. Cambridge, MA: The MIT Press.

Meltzer, Allan, and Scott Richard. 1981. "A Rational Theory of the Size of Government." *Journal of Political Economy* 89: 914-927.

강원택. 2000. 〈지역주의 투표와 합리적 선택: 비판적 고찰〉. 《한국정치학회보》 34(2): 51-67.

_____. 2008. 〈지역주의는 변화했을까〉. 이현우 · 권혁용 편. 《변화하는 한국유권자2》, 61-93. 서울: 동아시아연구원.

_____. 2010. 《한국 선거정치의 변화와 지속》. 서울: 나남.

_____. 2013. 〈한국 선거에서의 '계급배반 투표'와 사회계층〉. 《한국정당학회보》 12(3): 5-28.

김성모 · 이현우. 2015. 〈출신지 거주자와 비거주자의 지역주의 행태 비교분석〉. 《한국정치학회보》 49(5): 243-266.

김용철 · 조영호. 2015. 〈지역주의적 정치구도의 사회심리적 토대: '상징적 지역주의'로의 진화?〉. 《한국정당학회보》 14(1): 93-128.

김욱. 2011. 〈결론 및 시사점〉. 한국선거학회 편. 《한국 선거 60년, 이론과 실제》. 오름.

노환희 · 송정민 · 강원택. 2013. 〈한국 선거에서의 세대 효과: 1997년부터 2012년까지의 대선을 중심으로〉. 《한국정당학회보》 12(1): 113-140.

문우진. 2011. 〈정치의식과 불평등 투표〉. 《국가전략》 17(3): 73-93.

박명호. 2009. 〈2008 총선에서 나타난 세대 효과와 연령 효과에 관한 분석: 386세대를 중심으로〉. 《한국정당학회보》 8(1): 65-86.

서복경 · 한영빈. 2014. 〈계층의식이 정책 선호 및 투표 선택에 미치는 영향〉. 이갑윤 · 이현우 편. 《한국의 정치균열 구조: 지역, 계층, 세대 및 이념》. 오름. 139-170.

신광영. 2013. 《한국 사회 불평등 연구》. 후마니타스.

유재일. 2004. 〈지역주의 정치지형의 동태와 과제: 대전지역을 중심으로〉. 《정치정보연구》 7(2): 135-159.

윤종빈. 2007. 〈2007 대선과 수도권 투표 성향: 지역, 이념, 그리고 인물〉. 《한국정당학회보》 6(2): 65-95.

이갑윤 · 박정석. 2011. 〈지역민 호감도가 정당지지에 미치는 영향〉. 《한국과 국제정치》 27(3): 131-158.

이갑윤 · 이지호 · 김세걸. 2014. 〈재산이 계급의식과 투표에 미치는 영향〉. 이갑윤 · 이현우 편. 《한국의 정치균열 구조: 지역, 계층, 세대 및 이념》. 오름. 109-139.

장승진. 2013. 〈2012년 양대 선거에서 나타난 계층균열의 가능성과 한계〉. 《한국정치학회보》 47(4): 51-70.
전병유 · 신진욱. 2014. 〈저소득층일수록 보수정당을 지지하는가? 한국에서 계층별 정당지지와 정책 태도, 2003~2012〉. 《동향과 전망》 91: 9-51.
통계청 데이터베이스. 2016. www.kosis.kr (검색일: 2016년 5월 26일).
하세헌. 2005. 〈영남 지역주의의 변화〉. 《한국정치외교사논총》 27(1): 161-191.
한귀영. 2013. 〈2012년 대선, 가난한 이들은 왜 보수정당을 지지했는가?〉. 《동향과 전망》 89: 9-40.

9. 누가 집권하는가는 중요한가?

정부당파성, 복지국가, 그리고 자본주의의 다양성

I. 서론

복지국가의 정치경제에서 누가 집권하는가는 중요한가? 이 장은 서구선진 민주주의국가에서 정부당파성(government partisanship)이 복지지출에 미치는 영향을 분석한다. 비교정치경제연구에서 피어슨(Pierson 1996)과 휴버와 스티븐스(Huber and Stephens 2001)는 '복지국가 고객들'(welfare state clienteles; 복지국가로부터 상당한 소득을 획득하는 유권자들)의 확대 결과 또는 '영구적인 긴축'(permanent austerity)시대에 접어든 여파로 복지지출의 확대와 복지국가의 발전에 정부당파성이 미치는 영향력이 줄어들었다는 주장을 제기한 바 있다. 그러나 이에 반해 어느 정당이 집권하는가는 여전히 사회정책의 결과에 차이를 가져온다는 주장도 제기되었다. 특히 권력자원이론(power resource theory)의 틀에서 진행된 연구들에 의하면, 1980년대 이후에 나타난 극명한 사실은 우파정당이 집권하였을 때 복지국가의 축소 및 정부에 의한 복지노력의 삭감으로 이어진다는 것이다(Korpi and Palme 2003; Allan and Scruggs 2004). 많은 사람들이 지적해왔듯이, 좌파정당이 경제정책 및 사회정책에서 시장중심적 접근을 채택하게 되면서 전통적인 공적 복지공급에 대한 헌신을 철회해왔다고 생각할 근거는 충분히 많다. 그럼에도 불구하고, 1980년대 이후 우파정당들이 재정정책과 사회정책에서 이전보다 더 보수적으로 치우친 것 또한 사실이다. 이 시기 이후 복지국가가 정치적 쟁점의 한 대상이 되면서 좌파정당과 우파정당의 정책적 차이가 더 극명하게 나타났다고 볼 수 있다.

이러한 비교정치경제 연구에 자유시장경제(Liberal Market Economies)와 사회적 시장경제(Social Market Economies)의 구분을 도입하여 새로운 분석을 시도하는 것이 이 장의 하나의 기여이다. 자본주의의 다양성(Varieties-of-Capitalism) 분석틀에서 도출된 몇 연구들은 조정시장경제(Coordinated Market Economies)에 특징적인 생산체제가 다양한 형태의 사회보호와 공적 복지공급의 확대를 초래한다고 주장한다(Estebez-Abe et al. 2001; Hall and Soskice 2001). 조정시장경제에서는 고용주들(특히 대기업 고용주 및 정치적 영향력이 큰 고용주들)뿐만 아니라 노동자들(특히 기업특수적 또는 산업특수적 기술을 갖는 노동자들)이 이미 존재하는 사회보호체계를 유지하고자 하는 강한 인센티브를 갖고 있다. 이러한 주장이 제시하는 함의는 사회복지지출이 조정시장경제에서보다는 자유시장경제에서 더 정치적으로 쟁점이 되는 사안이라는 점이다. 다시 말해 좌파정당과 우파정당의 핵심지지층의 이익이 조정시장경제보다는 자유시장경제에서 더 분명하게 다르다는 것이다. 따라서 자본주의의 다양성의 논의를 따르면, 정부당파성 효과가 자유시장경제에서 더 강하게 나타날 것이라 예측할 수 있다.

이 장은 이러한 예측에 대한 체계적인 경험적 검증을 시도한다. 복지지출과 관련하여 일본사례의 예외성을 고려하여 이 분석은 일본을 다른 유럽 국가들과 함께 조정시장경제로 구분하기보다는 사회적 시장경제라는 유형분류를 사용한다(Rueda and Pontusson 2000; Pontusson 2005). 사회적 시장경제는 쉽게 말해 '일본을 제외한 조정시장경제'(CMEs without Japan)이다.[1]

1 일본을 조정시장경제/사회적 시장경제 유형에 포함하여 수행한 분석결과는 아래에 제시되는 분석결과와 질적으로 다른 결과로 이어지지 않는다.

OECD 17개 국가의 1962-1998년 기간의 데이터에 대한 경험적 분석은 정부당파성효과가 지속적으로 나타나기보다는 선거후 또는 새로운 연합정부 구성의 결과 좌파정당의 정부참여가 증가하면서 사회지출의 증가로 이어지는 것을 보여준다. 그러나 이러한 정부당파성 변화의 효과는, 자유시장경제에서는 좌파정당의 참여가 증가할수록 사회지출의 증가로 이어지는 반면에 사회적 시장경제에서는 우파정당의 참여가 증가할수록 사회지출증가의 억제로 나타난다.

이 장은 다음과 같이 구성된다. 다음 절은 정부당파성과 복지국가에 관한 연구들을 검토하고, 이어서 자본주의의 다양성 논의를 소개하면서 정부당파성의 효과가 서로 다른 정치경제체제 유형에서 어떻게 나타나는지에 대한 이론적 예측을 제시한다. 경험적 분석에 사용된 변수의 측정과 경험적 모델의 추정과 관련한 방법론적 논의에 이어 분석결과에 대한 해석을 제시한다. 마지막 절은 결론으로 분석결과를 요약하고 이로부터 도출되는 이론적 함의를 제시한다.

II. 정부당파성과 복지국가

복지국가 연구에서 정부의 정파적 구성이 정책결과에 영향을 미친다는 주장은 코르피(Korpi 1978, 1983)와 이후 몇몇 학자들(Stephens 1979; Esping-Andersen 1985; 1990)에 의해 제시된 권력자원이론(power resource theory)과 밀접하게 연관되어 있다. 코르피에 의하면, 권력자원이론은 노동조합과 좌파정당을 '민주적 계급투쟁'(democratic class struggle)에서 노동자계급의 이익을 대변하는 조직으로 간주한다. 사회복지의 공적 공급은 노동자의 이익에 부합하는데, 그 이유는 사회복지의 공적 공급이 특정의 고용주에 대한 의존도 혹은 더 일반적으로 고용에 의존하는 정도를 줄임으로써 시장의 부침과 변덕스러움으로부터 독립적으로 일정 정도의 소득을 보장하고, 소득과 소비기회의 재분배를 수행하기 때문이다(Kwon and Pontusson 2010: 254).

권력자원이론은 고용주 및 소득의 원천이 고용에 존재하지 않는 사회집단이 공공복지체계의 확대에 반대할 것이라 간주한다. 따라서 정부가 사회보호를 제공하고 재분배정책을 수행하는 정도는 무엇보다도 노동조합과 좌파정당이 노동자를 얼마나 정치적으로 동원화할 수 있는가에 달려 있다. 권력자원이론은 사회복지의 공적 공급의 국가간 편차는 계급 혹은 소득집단간 정치적 자원의 배분으로 설명될 수 있다고 제시한다. 결국 좌파정당 — 흔히 사회민주당 — 으로 구성된 정부가 더 많은 공적 복지노력과 연관된다고 예측할 수 있다.

한편으로 보면, 권력자원이론은 중위투표자모델(median voter model)과 정반대의 위치에 있다. 다운스의 시각(Downsian perspective)에서 보면(Downs 1957), 정당은 대체로 선거에서의 승리에 배타적인 관심을 갖고 있으며 선거는 정치적 스펙트럼의 중위에 있는 투표자의 지지를 받는 정당의 승리로 이어진다. 공공정책은 중위투표자의 이익에 따라 결정되기 때문에 만일 중위투표자가 더 많은 사회복지지출을 선호하면 득표극대화를 추구하는 모든 정당은 집권할 경우 더 많은 공적 복지를 제공할 것이다. 그런데, 개럿(Garrett 1998: 28-31)이 제시하듯이, 정부당파성과 선거정치의 동학이라는 이 두 시각은 사실 민주정치의 서로 다른 두 차원을 가리키는 것이라 볼 수 있다. 정당은 선거에서의 승리를 원하기도 하지만 동시에 핵심지지층의 이익을 실현하는 것을 목적으로 하기도 한다. 따라서 우리는 서로 다른 정파성을 갖는 집권정당들은 그들만의 특징적인 재분배관련 정책을 추구하지만 그것이 재선의 전망을 위협할 경우에는 그렇게 하지 않을 것이라 예상할 수 있다. 즉 집권정당은 재선가능성에 위협이 되지 않는 범위 내에서 그 정당의 정책프로그램에 따른 재분배정책을 추구하는 것이다(Kwon and Pontusson

2010: 254-255).

권력자원이론으로부터 도출되는 정부당파성의 중요성 논의에 반대되는, 당파성효과의 감소(decline-of-partisanship) 논의는 두 가지 차원에서 진행되어 왔다(Kwon and Pontusson 2010: 255-257). 피어슨(Pierson 1996)의 복지국가 축소의 정치에 관한 논의는 "권력자원이론이 2차 세계대전 이후 30년 동안 선진민주주의국가의 사회복지정책의 국가 간 편차를 설명하는데 상당한 성공을 거두었다"(p.150)는 관찰로부터 시작된다. 문제는 1970년대 말 이후의 복지국가 축소 시기를 권력자원이론이 설명할 수 없다는 데에 있다는 것이다. 피어슨의 주장의 핵심은 전후 복지국가의 확대가 복지국가의 유지 혹은 더 커다란 확대에 물질적 이해관계를 갖는 새로운 지지층을 만들어냈다는 것이다. 이 새로운 복지국가 지지층은 예컨대 복지 관련 공공서비스 일을 하는 공공부문 고용인, 연금수혜자, 그리고 실업수당 및 사회부조수혜자 등등을 포함한다. 이들은 다른 집단에 비해 정치적으로 더 잘 조직화되는 경향이 있으며 이들 모두 사회정책프로그램의 유지에 커다란 이해관계를 지니고 있다. 이러한 복지국가 고객들(welfare state clienteles)의 성장이 갖는 정치적 함의를 강조한 피어슨의 주장은 분명히 타당하다. 그러나 이러한 현상이 좌파정당과 우파정당의 사회정책 프로그램의 수렴으로 이어진다는 피어슨의 주장은 설득력이 약하다. 복지국가 고객집단들의 크기와 조직적 힘이 강할수록 우파정당의 사회정책 선호 및 프로그램을 이전보다 더 왼쪽으로 견인할 것이라는 그의 주장은 타당하다. 그러나 마찬가지로 좌파정당의 사회정책 선호 및 프로그램도 더 왼쪽으로 이동할 수 있다. 따라서 우리는 복지국가의 확대가 정당의 사회정책 프로그램 및 선호의 분기(divergence)로 이어지고 사회복지지출에 미치는 정부당파성의 영향력은 더 커질 것이라고 예측할 수 있다.

당파성효과의 감소 논의의 두 번째 차원은 경제성장의 지체와 재정긴축이 지난 20여 년간 좌파정당의 복지국가확대 노력을 제약해왔다는 주장이다(Huber and Stephens 2001). 그러나 경제적 및 재정적 제약이 왜 정당 간 정책의 수렴으로 이어져야 하는지는 불분명하다. 재정적 제약이 정당의 정책을 일괄적으로 보수적으로 움직이게 할 수는 있을지언정 정당 간 정책수렴으로 이어지리라 생각하는 것은 다소 무리가 있는 것으로 보인다. 특히 재정위기와 같이 경제적으로 어려운 시기에 우파정당으로서는 핵심 지지층의 이익에 봉사할 수 있는 과감한 복지국가 축소를 단행할 정당화를 프레임화할 수 있다. 따라서 경제적 난관 혹은 위기 시기가 좌파정당과 우파정당의 차이를 실상 더 부각시킬 수 있다.

이 장은 정부당파성의 효과와 정부당파성 변화의 효과를 구분한다. 정부당파성 변화가 사회복지지출 성장에 더 큰 영향을 미칠 것이라고 예측한다. 다시 말해 새롭게 구성된 정부가 이미 오랫동안 집권하고 있는 정부보다 그들의 핵심 지지층의 이익에 더 반응하여 그에 따른 정책을 추구할 것이다. 이러한 기대는 두 가지 논리에 근거한다. 첫째, 정당은 집권하자마자 초기에 핵심 지지층을 보상하는 정책을 추구하며 다음 선거가 다가오면서 점점 좌파정당이건 우파정당이건 정책의 온건화를 모색하면서 중위투표자의 지지를 획득하기 위하여 정치적 스펙트럼의 중앙으로 움직인다(cf. Alt 1985). 둘째, 통치행위 자체가 당파성을 온건화시킬 수도 있다. 집권 이후 집권정당은 경제적 상황의 제약에 정책프로그램을 맞추어 갈 수도 있고, 조직된 이익집단의 힘의 균형에 반응하기도 하며, 관료집단에 내장된 조직적 업무수행능력이나 정책 전통에 순응하기도 한다.

III. 자본주의의 다양성

자본주의가 다양한 형태와 내용을 갖는 체제로 구분될 수 있다는 아이디어는 1970년대 이후로 비교정치경제 연구를 활성화시켜 왔다. 이 장은 그 중에서 가장 정교화된 형태로 소스키스(David Soskice)에 의해 발전된 '자본주의의 다양성'(Varieties-of-Capitalism) 분석틀에서 도출되는 주장들을 반영한다. 이전 시기의 비교정치경제연구에 비해 자본주의의 다양성 접근은 기업(business)의 선호와 조정능력, 그리고 제도적 상보성(institutional complementarities), 즉 다양한 제도적 균형점들의 미시적 기초(microfoundations)에 대한 강조로 특징지어진다. 특히 이 장과 관련하여 이 접근법에 따른 연구는 복지체제(welfare regime)를 생산체제(production regime)와 체계적으로 연결시키려는 노력을 보여준다.

소스키스의 분석틀(Soskician framework)은 선진자본주의 정치경제가 서로 다른 두 유형으로 근본적으로 구분된다는 명제를 제시한다. 영국과 미국으로 대표되는 자유시장경제(LMEs)와 독일과 일본으로 대표되는 조정시장경제(CMEs)가 그것이다. 이 두 유형의 기본적인 제도적 차이는 국내정치경제 연구를 통해 많이 알려져 있다(강명세 2006; 권순미 2006; 안재흥 2005; 양재진 2004). 자유시장경제에서 기업은 재정을 외부의 주식시장이나 채권에 의존하는 반면에 조정시장경제에서는 은행이 장기적 산업투자를 통해 기업재정을 제공하는 데 결정적인 역할을 수행한다. 자유시장경제에서 기업의 소유권은 분산되어 있는 반면에 조정시장경제에서 그것은 집중되는 경향이 강하다. 조정시장경제에서 기업지배구조는 기업관리에 대한 은행과 다른 장기적 지분소유자들의 지속적인 모니터링을 특징으로 한다. 은행과 상호지분소유, 그리고 경영자협회를 통해 조정시장경제의 거대기업들은 그들의 경제적, 정치적 활동을 조정(coordinate)한다. 반면에, 자유시장경제에서는 시장이 기업들 간 조정의 메커니즘이며 개별 기업들의 로비가 주된 기업-정부의 상호작용의 패턴이다. 조정시장경제에서 비시장적 조정형태는 기업-하청기업의 관계에도 적용된다. 또한 조정시장경제에서 나타나는 임금협상의 조정 및 기업수준에서의 협력적 산업관계는 자유시장경제에서 보이는 노동자와 관리자 및 노동조합과 고용주단체의 적대적 관계와 대비된다. 이러한 두 가지 유형의 정치경제체제는 각각 특유의 제도적 균형점을 대표한다. 소스키스(Soskice 1999)는 하나의 유형이 다른 하나의 유형보다 전반적인 효율성이나 장기적 경제성장에 더 유리하다는 아이디어를 기각한다. 소스키스에게 있어 중요한 것은 제도적 배열이 기업들이 추구하는 생산-시장 전략 및 기술개혁 전략을 다르게 형성한다는 것이다.

자본주의의 다양성 접근법에 기반을 두어 에스테베즈-아베, 아이버슨과 소스키스(Estevez-Abe, Iversen, and Soskice 2001)는 사회보호와 공적 복지제공에 관한 새로운 분석적 시각을 제시한다. 이 시각은 조정시장경제의 기업이 많은 부분 기업특수적(firm-specific) 또는 산업특수적(industry-specific) 기술에 의존하는 반면에 자유시장경제의 기업은 일반 기술(general skills)에 주로 의존한다는 관찰로부터 시작한다. 자유시장경제에서 공공교육이 일반적 기술의 습득을 일정정도 보조하듯이 조정시장경제에서는 직업훈련교육과 직장 내 기술훈련이 기업특수적 또는 산업특수적 기술의 습득을 보조한다. 그런데 특정한 기술을 습득하는 것은 노동자의 입장에서 보면 상당한 정도의 투자를 하는 것이다(Soskice 1994). 특히 일반 기술에 투자하는 것보다 기업특수적 혹은 산업특수적 기술에 투자하는 것이 더 위험요소가 크다. 기업특수적 기술에 투자하는 경우 노동자들이 동일한 고용주를 위해 상당히 오랜 기간 동안 일하게 될 것이라는 보장이 필요하다. 산업특수적 기술에 투자하는 경우 또한 노동자들이 동일산업에서 오랜 기간 동안 일하게 되거나 혹은 실업상태에 놓이게 되는 경우라도 소득보전이 제공될 것이라는 보장이 필요하다. 따라서 에스테베즈-아베 등(Estevez-Abe et al. 2001)은 고용보호(고용주가 임의적으로 노동자를 해고하는 것에 대한 법적 제도적 제약)와 실업보호(실업자에 대한 소득보전)가 기업특수적 및 산업특수적 기술에 투자할 인센티브를 노동자에게 제공하는, 위험에 대한 보험(risk insurance)의 방식으로 이해되어야 한다고 주장한다.[2]

2 에스테베즈-아베 등(Estevez-Abe et al. 2001)은 또한 임금협착(wage compression)이 기업

사회보호와 기술에 대한 투자의 관계에 관한 이러한 주장의 함의는 기업특수적 또는 산업특수적 기술에 의존하는 고용주가 사회보호체계의 수립과 유지에 커다란 이해관계를 갖게 된다는 점이다. 스웬슨(Swenson 2002)의 전후 복지국가 형성과정에 나타난 초계급적 연합(cross-class coalitions)에 대한 강조와 비슷하게, 에스테베즈-아베 등(Estevez-Abe et al. 2001)은 유럽 조정시장경제체제에서 발견되는 복지국가의 확대를 "숙련노동과 그들의 고용주들의 사회보호체계를 위한 강력한 동맹"(p.147)으로 설명한다. 복지국가연구와 관련하여 자본주의의 다양성 논의는 정치적-경제적 행위자들의 힘의 관계의 국가 간 편차보다는 국가군 별로 상이한 생산체제에 내장된 행위자 간 공통의 이익을 강조한다.

홀과 소스키스(Hall and Soskice 2001: 57-58)는 세계화와 관련한 정치적 동학을 다음과 같이 표현한다.

"국제경쟁의 압력에 직면하여 자유시장경제의 기업이익은 정부에 대하여 각종 탈규제를 요구하게 될 것이다. 왜냐하면 시장기제에 의해 조정하는 기업들은 그들의 국제경쟁력을 탈규제를 통해 더 신장시킬 수 있기 때문이다. 세계화시대에 자유시장경제에서 전체경제의 비교우위는 시장기제의 효율성에 달려 있다 […] 따라서 자유시장경제에서는 온건한 형태의 계급갈등으로 이어질 것이다 […] 그러나 조정시장경제에서 정부는 탈규제에 덜 동조적일 것이다. 왜냐하면 탈규제가 그 나라의 비교제도우위를 위협할 것이기 때문이다. 또한 기업들 역시 탈규제정책을 지지하지 않을 가능성이 높다 […] 따라서 조정시장경제는 세계화로부터 촉발되는 정치적 동학이 덜 계급갈등적이며 계급 간 연합의 형태를 중심으로 진행될 가능성이 높다 […]"

물론 홀과 소스키스의 정치적 동학에 관한 논의가 반드시 복지국가의 축소와 관련한 내용은 아니다. 그러나 다른 한편 홀과 소스키스가 언급한 탈규

특수적 및 산업특수적 기술에 노동자들이 투자할 인센티브를 제공하는 임금보호의 형태를 갖는다고 주장한다.

제 의제의 중요한 한 축이 복지국가의 축소문제이며, 에스테베즈-아베 등의 연구도 그들의 분석이 복지국가의 이해를 위한 폭넓은 의미를 함축한다고 주장한다(Estevez-Abe et al. 2001: 182). 따라서 자본주의의 다양성 논의로부터 복지국가에 미치는 정부당파성의 영향력의 차이에 대한 이론적 기대를 도출하는 것이 지나친 논의의 확대는 아닐 것이다.

자본주의의 다양성 논의에서 강조하듯이 조정시장경제의 고용주들이 존재하는 복지국가로부터 이익을 도출하는 점과 사회보호체계에 대한 계급연합적인 정치적 지지는 정부의 당파성이 미치는 영향이 조정시장경제에서 작을 것이라는 점을 제시한다. 좌파정당이 노동자나 저소득계층을 대표하고 우파정당이 기업과 고소득계층을 대변하는 한 정부의 당파적 성격이 갖는 효과는 자유시장경제에서 더 현저하게 나타날 것이다.

이러한 이론적 예측의 경험적 검증을 하기 위하여 이 분석은 자본주의의 다양성 논의가 제시하는 국가유형분류를 대체로 따른다. 하나의 예외적 사례가 일본이다. 일본은 1998년 사회지출이 전체 GDP의 14.4%를 차지함으로써 선진민주주의국가 중 미국 다음으로 낮다. 또한 일본 정당들의 좌-우 이념적 스펙트럼상 위치가 다른 선진민주주의 국가들의 정당의 이념적 스펙트럼과 동일하다고 할 수 있는지 의문이기 때문에 일본을 프랑스, 이탈리아와 마찬가지로 '혼합유형'(hybrid type)으로 분류한다. 루에다-폰투손(Rueda and Pontusson 2000)의 유형분류를 따라 이 장은 '일본을 제외한 유럽의 조정시장경제'를 사회적 시장경제(SMEs)로 지칭한다. 이 분석에서 자유시장경제는 오스트레일리아, 캐나다, 아일랜드, 뉴질랜드, 영국, 그리고 미국을 포함하며, 사회적 시장경제는 오스트리아, 벨지움, 덴마크, 핀란드, 독일, 네덜란드, 노르웨이, 그리고 스웨덴을 포함한다.

IV. 변수측정과 추정방법

앞에서 도출된 이론적 예측을 경험적으로 검증하기 위하여 이 분석은 서구 선진민주주의 17개 국가의 1962-1998년 시기의 집합자료를 사용한다. 이 절은 검증에 사용된 변수의 측정과 모델추정에 관하여 소개한다.

1. 변수측정

1) 복지국가 측정

비교복지국가 연구에서 지난 시기동안 복지국가의 크기 또는 정부의 복지 노력(welfare effort)을 측정하기 위해 사용한 자료는 총정부지출(government expenditures), 민간정부소비(civilian government consumption), 또는 사회보장이전지출(social security transfers)이었다(Garrett 1998; Iversen and Cusack 2000; Huber and Stephens 2001). 그러나 이러한 측정지표들은 우리가 '복지국가'라고 지칭하는 것을 정확히 나타내지 못한다. 사회보장지출은 너무 좁은 지표인 반면에, 총정부지출이나 민간정부소비는 지나치게 광범위하다. 최근 들어 OECD가 총사회지출 연간자료를 1980년 자료부터 출간하기 시작하였다. 이 분석은 스왱크(Swank 2002)가 이전 OECD 자료들로부터 계산한 사회지출 자료를 1961-79년 시기 데이터로 사용하고 1980-98년 시기는 OECD 데이터를 사용한다.[3]

이 분석은 일인당 사회지출의 증가율(growth rates of social spending per capita)을 종속변수로 한다. 이 측정지표는 흔히 사용되는 GDP 대비 사회지

3 두 데이터셋의 차이를 최소화하고 국가 간 사회지출 데이터의 비교가능성을 최대화하기 위하여 1980-98년 사회지출 자료에서 적극적 노동시장정책(ALMP) 지출은 제외하였다. 또한 1980년을 비롯하여 몇몇 확인된 데이터 시리즈절단(series break)이 존재한다. 이러한 데이터 문제를 고려하고 또 이후에 밝혀지듯이 방법론적 이슈들을 고려하여 이 장의 경험적 분석은 국가별 더미변수 및 연도별 더미변수를 모델에 포함하며, 그리고 로버스트 추정을 선택한다.

〈그림 1〉 17개 선진민주주의 국가의 사회지출, 1962-1998

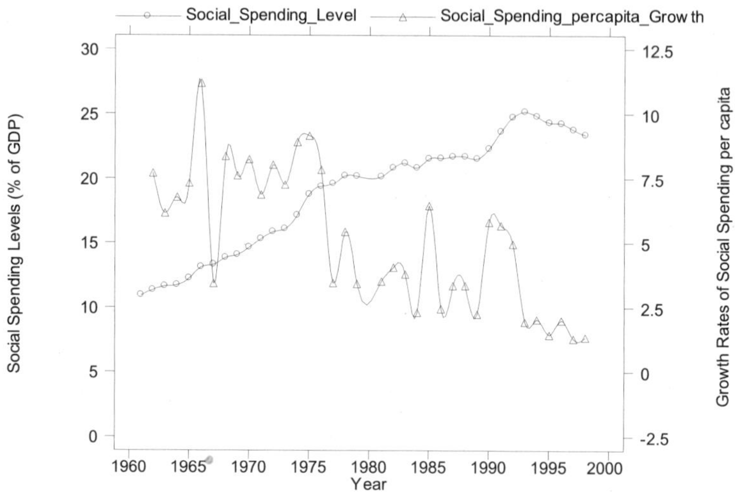

주: 좌측 y-축은 GDP대비 사회지출 비율을, 우측 y-축은 일인당 사회지출의 연간증가율을 나타낸다.

출 비율에 비해, 이 연구의 목적과 관련하여, 다음의 두 가지 장점을 갖는다. 첫째, 이 분석이 설명하고 싶은 현상은 복지국가(사회지출로 측정된)의 변화이다. GDP 대비 사회지출 비율은 국가 간 복지노력의 차이를 측정하는 데 적절하지만, 어떤 나라가 다른 나라보다 더 경제성장률이 높았을 때 이것이 지표의 분모에 포함됨으로써 실제 정부의 복지노력의 증감을 포착하는 데 한계가 있다. 둘째, GDP 대비 사회지출 비율 데이터는 단위근(unit root) 문제를 가질 가능성이 높다. 다시 말해 스웨덴의 1998년 사회지출비율은 1961년의 사회지출비율의 연속선상에 위치할 가능성이 높은 것이다. 즉 출발점에서의 사회지출비율이 이후 시기의 그것을 제약하는 것이다. 반대로 일인당 사회지출의 증가율은 단위근 문제로부터 자유롭다.

〈그림 1〉은 1962-98년 시기 17개 선진민주주의 국가의 평균 GDP 대비 사회지출비율과 일인당 사회지출의 연간증가율을 나타낸 것이다. GDP 대비 사회지출비율은 꾸준히 평균적으로 증가하다가 1990년대 중반 이후 감

소하는 추세를 보이지만, 일인당 사회지출의 증가율은 부침현상을 나타낸다. 비록 평균적으로(on average) 마이너스 성장은 보이지 않지만, 〈그림 1〉에서 두드러지게 나타나는 추이는 1970년 중반 이전과 이후에 선진민주주의 국가에서 일인당 사회지출의 증가율은 현격한 차이를 보인다는 점이다. 즉 1970년대 중반 이후 평균적으로 이들 국가들의 사회지출 증가율은 그 이전 시기에 비해 훨씬 줄어든 패턴을 보인다.

2) 정부당파성 측정

이 분석은 세 가지 다른 정부당파성 측정지표를 사용한다. 이 세 지표는 내각각료의 출신 정당의 이념적 위치에 근거한다는 공통점이 있다. 또한 이 세 지표는 캐슬과 마이어(Castles and Mair 1984)가 발표한 전문가 평가로부터 도출된 각 정당의 좌우 이념 위치의 수치를 바탕으로 한다.[4] 특정 연도의 정부당파성 지수는 해당 연도 각료들의 출신정당의 이념위치를 각 각료의 재임기간을 비중을 두어 합한 수치이다.

이 분석이 사용하는 첫 번째 지표는 쿠삭(Cusack 1997)에 의해 개발된 내각무게중심(cabinet-center-of-gravity) 지수이다. 이 지수는 특정정당의 이념수치를 바탕으로 하여 내각각료들의 출신정당 비율로 계산한 수치이다. 프란체세(Franzese 2002)가 대통령제의 제도적 차이를 고려하여 새롭게 개발한 내각무게중심 지수를 이 분석에서 사용한다. 이 분석은 프란체세의 수치를 전도시켜 0은 극우정부, 10은 극좌정부를 나타내는 것으로 재코딩한다.

다른 두 지표는 스왱크의 '내각점유율 데이터'(cabinet share dataset)를 사용한다. 우선, 스왱크(Swank 2002)와 휴버와 스티븐스(Huber and Stephens

4 대안적으로 정당 매니페스토(Party Manifesto)에 근거하여 선거주기별로 각 정당의 이념적 위치가 변화하는 데이터를 사용하여 정부당파성을 측정할 수도 있다. 그러나 이는 선거캠페인 시기동안 어느 정당이 무슨 공약을 하였느냐에 기초한 지수이다. 무엇을 공약하였는가보다 그 정당이 집권하였을 때 어떤 정책적 결과를 초래하였느냐가 더 중요하다고 볼 수 있다.

2001)를 따라, 이 분석은 좌파정당의 내각점유율 자료와 기독교민주당의 내각점유율을 함께 고려하여 진행한다. 이것은 세속적 중도우파 정당에 비해 기독교민주당이 갖는 특이성을 포착하기 위한 장치이다. 또한 알란과 스크럭스(Allan and Scruggs 2004)를 따라, 우파정당의 내각점유율을 정부당파성의 지표로 사용한다. 이 접근은 중도정당들(기독교민주당을 포함하여)이 사회민주당의 복지국가지향을 어느 정도 공유한다는 점에서 복지국가 컨센서스에 반하는 특이성을 담지하는 우파 보수정당의 효과를 분석하기 위한 고려이다. 이 분석은 이 세 가지 정부당파성 지표를 사용하여 경험적 분석을 진행한다. 경험적 결과의 비교를 위하여 내각점유율 지수를 [0, 10]의 스케일로 전환하였다.[5]

3) 통제변수

정부당파성과 독립적으로 사회지출의 증감에 영향을 미칠 것이라 예상할 수 있는 변수들을 모델에 포함시킨다. 이론적 적실성을 고려하여 통제변수들의 일부는 전년도의 지표(t-1)를 사용하였고, 다른 일부는 전년도 대비 변화지표(t-(t-1))를 사용하였다. 통제변수들은 기존의 복지국가 연구들로부터 도출하였다.

사회지출수준(t-1)

기존연구들은 복지국가의 크기(GDP대비 사회지출수준)와 사회지출의 증가율 사이의 관계에 대하여 상반되는 예측을 제시한다. 한편으로 복지국가의 확대가 그것의 유지에 지대한 물질적 이해관계를 갖는 유권자집단을 창출함으로써 복지정치에 영향을 미친다는 피어슨의 주장은 커다란 복지국가가

5 분석의 대상이 되는 모든 17개 국가들의 자료가 스왱크 데이터셋의 경우 1998년, 프란체세 자료의 경우 1995년 이후 자료의 업데이트가 체계적으로 이루어지지 않아 분석 시기의 제약이 존재한다.

더 빨리 성장할 것(또는 더 천천히 축소될 것)이라는 예측을 가능케 한다. 다른 한편 캐슬(Castles n.d.)은 커다란 복지국가에서 더 심각한 조세저항에 부닥칠 것이고 강력한 조세저항은 사회지출의 성장에 제약을 가할 것이라고 주장한다.

GDP성장률(t-1)

캐슬(Castles n.d.)에 의하면, 경제성장이 사회지출의 증가에 긍정적 영향을 미칠 것이다. 빠른 경제성장은 주어진 조세율에서 정부재원을 증가시킨다. 따라서 사회지출과 세후소득을 동시에 증가시키게 된다. 경제성장이 저조해지면서 사회지출 성장을 유지하기 위해 조세율을 증가시키면 세후소득의 증가에 부정적 영향을 끼치게 된다. 재정적자를 감수하기 이전에는 저조한 경제성장에 직면한 정부는 정부지출을 감축할 것이라 예상할 수 있다. 이는 공급측면의 이야기이다. 수요 측면에서 바라보면, 경제침체가 이어지면서 실업이 증가하게 되면 실업수당이나 다른 형태의 공적 소득보전 수혜계층이 증가하게 된다. 이러한 측면을 포착하기 위하여 이 분석은 실업률을 동시에 모델에 포함시킨다.

공공부채(t-1)

공공부채는 사회지출을 포함한 정부지출을 증가시키려고 하는 정부의 의도를 제약하는 요소이다. 적절한 측정지표는 공공부채의 변화이기보다는 부채수준이다. 공공부채 수준이 높을수록 사회지출의 증가는 감소하게 될 것이다.

인플레이션율(t-1)

대부분의 국가에서 복지혜택은 생활비용에 결부되어 지급된다. 따라서 인플레이션율(소비자물가지수)이 일인당 사회지출의 증가와 정(+)의 관계에 있다고 예상할 수 있다. 복지혜택의 수준은 대부분 전년도 소비자물가지수에 대비하여 책정되기 때문에 적절한 측정지표는 전년도 인플레이션율이다.

투표율(이전선거)

투표율이 증가하면 계급 간 또는 소득집단 간 투표율의 차이가 감소한다. 왜냐하면, 잘 알려져 있듯이 투표참여에는 계급편향(class bias)이 존재하기 때문이다. 즉 고소득층과 노령층일수록 더 꾸준하게 더 많이 투표한다. 따라서 투표율이 증가할수록 중위투표자의 소득과 평균소득의 차이는 더 벌어지게 된다. 투표율이 증가할수록 중위투표자는 더 재분배적인 정책을 지지할 것이다. 이러한 측면에서 투표율이 사회지출 증가와 정(+)의 관계에 있을 것이라 예상할 수 있다(cf. Meltzer and Richard 1981; Iversen and Cusack 2000).

복지의존층 비율(t-(t-1))

노년층을 위한 사회지출은 모든 OECD국가에서 사회지출의 상당한 부분을 차지하며 많은 복지국가가 유아 및 청소년층을 지원하기도 한다. 복지국가의 관대성(welfare state generosity)을 상수로 놓는다면, 전체 인구 대비 복지의존층의 증가는 자동적으로 더 많은 사회지출로 이어지게 된다. 복지의존층(전체인구대비 15세 이하 및 64세 이상 인구의 비율)의 증가는 더 높은 사회지출의 증가로 이어질 것이다.

실업률(t-(t-1))

실업자는 사회지출의 명확한 수혜집단이다. 이 집단의 크기의 변화(전체 노동인구 대비)는 사회지출에 대체로 자동적으로 영향을 미칠 것이다. 실업률의 증가는 더 높은 사회지출의 증가로 이어진다고 예측할 수 있다.

무역의존도(t-(t-1)) / 자본이동자유화(t-(t-1))

세계화에 대한 많은 연구들은 무역개방과 자본이동의 자유화가 사회지출 성장을 감소시킬 것이라 주장한다. 그러나 대부분의 비교정치경제 연구들은 공공복지지출이 국제경쟁력을 반드시 감소시키는 것은 아니며 오히려 세계화가 유권자의 경제 불안을 심화시켜 복지국가 확대의 정치적 지지를 증가시킬 것이라 주장하기까지 한다(Garrett 1998).

탈산업화(t-(t-1))

아이버슨과 쿠삭(Iversen and Cusack 2000)의 연구에 따르면, 세계화가 아니라 탈산업화(deindustrialization)가 지난 30-40년 간 서구선진산업국가에서 유권자의 경제 불안을 초래하고 그럼으로써 복지국가의 확대를 지지하게 한 요인이다. 탈산업화는 산업부문과 농수산업 부문에 종사하지 않는 경제활동인구로 측정된다.

2. 추정방법

17개 선진민주주의 국가의 1962-1998년 기간의 데이터를 사용하여 다음과 같은 회귀분석모델을 추정한다.

$$y_{i,t} = \sum(\beta_k X_{i,t-1}) + \sum(\gamma_l \Delta X_{i,t}) + \alpha_i + \eta_t + \epsilon_{i,t} \qquad (1)$$

여기에서 y 는 일인당 사회지출의 증가율, $X_{i,t}$ 는 국가 i 의 연도 t 의 독립변수 X, $\Delta X_{i,t}$ 는 국가 i 의 전년도 대비 독립변수 X의 증가율(t-(t-1))을 가리킨다. β 와 γ 는 추정해야 할 계수이다. α_i 는 각 국가에 고유한, 분석기간 동안 변하지 않았을 것이라 간주되는(예컨대 정치문화, 규범, 전통 등등), 요소들의 효과를 포착하는 국가별 더미변수이며 η_t 는 각 연도별로 17개 국가에 공통적으로 영향을 미친 요인(예컨대 1973년 오일쇼크 등)의 효과를 포착하는 연도별 더미변수이다. 이는 이러한 국가 특유의 또는 연도 특유의 효과에 관심이 있다기보다는 이러한 고정효과(fixed effects)를 패널데이터 분석 모델에 포함하지 않았을 경우에 발생할지도 모르는 누락변수편향(omitted variable bias)을 고려한 것이다(Hsiao 1986). $\epsilon_{i,t}$는 오차항이다.

정부당파성이 자본주의의 다양성 유형에 따라 다르게 나타나는지 또는 어떻게 다르게 나타나는지를 검토하기 위하여 이 분석은 위의 공식 (1)을 자유시장경제와 사회적 시장경제 각각 따로 분석한다. 대안적으로 모든 독립변수를 자유시장경제와 사회적 시장경제를 나타내는 더미변수와 상호작용시키는 모델(interactive model)이 있다(cf. Rueda and Pontusson 2000). 원칙적으로 그러한 상호작용모델은 이 분석결과와 동일한 결과를 추정하게 될 것이다. 그러나 여기에서는 상호작용모델을 추정하지 않는데 그 이유는 바텔스(Bartels 1996)가 지적했듯이, 임의적 오차의 분산-공분산 구조가 관찰데이터 군집별로 다르다고 생각할 근거가 존재할 때(이 경우는 자유시장경제와 사회적 시장경제 사이에), 관찰데이터를 결합하는 것은 적절하지 않기 때문이다.

위 공식 (1)의 추정은 로버스트 회귀분석을 사용하여 이루어진다. 로버스트 추정은 예외적인 사례가 전체 추정결과의 편향을 초래할 가능성에 대해 OLS보다 훨씬 더 견고하다(Rousseeuw and Leroy 1987; Western 1995; Mebane and Sekhon 2004). 이 분석의 경험적 추정은 절대잔차의 중위수를 최소화함으로써 스케일화된 잔차를 추정하는 로버스트 M-추정량을 사용하는데, 로버스트 M-추정량은 스케일화된 잔차가 커다란 데이터 포인트(특정 국가의 특정연도의 사회지출 증가율)에 대해 낮은 비중(weight)을 부여한다(Venables and Ripley 1996). 이러한 원리에 따라 예외적 사례들(outlying and influential observations)이 낮은 비중을 부여받게 되어 추정된 계수는 데이터 대부분의 패턴을 반영하게 된다.

국가-연도로 구성된 시계열 횡단면(time series cross-section) 데이터 구조이기 때문에 이 분석은 시계열상관관계(serial correlation)와 패널이분산성(panel heteroskedasticity)을 고려해야 한다. 종속변수가 수준이 아니라 성장률로 측정되었기 때문에 단위근의 문제를 갖게 될 가능성은 매우 낮다. 패널이분산성을 고려하기 위하여 벡과 캐츠(Beck and Katz 1995)가 제안한 패널교정표준오차(panel-corrected standard errors)를 추정한다. 따라서 아래에서 제시될 분석결과는 로버스트 추정계수와 패널교정표준오차를 나타낸다.

V. 사회지출의 결정요인

정부당파성은 정부의 복지노력에 영향을 미치는가? 정부당파성의 효과는 자본주의의 다양성 유형에 따라 다르게 나타나는가? 이 절은 이러한 질문에 답하기 위하여 수행한 경험적 분석의 결과를 제시한다. 〈표 1〉은 쿠삭-프란체세의 정부당파성 지표를 사용한 분석결과를 보여준다. 모델 [1]은 17개 선진민주주의국가를 대상으로 분석한 것이며 모델 [2]는 자유시장경제와 사회적 시장경제를 따로 분석한 것이다.

정부당파성 효과에 대한 17개 국가 사례의 분석결과를 보면 좌파적인 정부라고 해서 더 많은 사회지출을 추구하지 않는다. 그러나 전년도에 비해 더 좌파적인 정부로의 변화가 더 높은 사회지출 증가와 연관되어 있다. 즉 새로운 연합정부의 구성 또는 새로운 선거결과 정부의 당파성이 더 좌파적으로 변화할 때 사회지출의 증가가 이루어지는 것이다. 모델 [1]의 추정계수를 보면 극우정부에서 극좌정부로 변화하게 되면 일인당 사회지출이 약 4.6% 증가하는 것으로 추정되었다. 이러한 정부당파성 변화의 효과는 자유시장경제와 조정시장경제 모두에 일관되게 나타나는데 그 영향력의 정도는 자유시장경제에서 더 크다. 자유시장경제에서 극우정부에서 극좌정부로 변화

〈표 1〉 일인당 사회지출 증가의 결정요인과 자본주의의 다양성
(1962-95; 쿠삭-프란체세 정부당파성)

변수	[1] 17개 국가	[2]	
		자유시장경제	사회적 시장경제
좌파정부	0.125 (0.122)	0.080 (0.209)	0.348** (0.178)
Δ좌파정부	0.461** (0.197)	0.880** (0.359)	0.552** (0.238)
사회지출수준(t-1)	-0.422*** (0.079)	-0.719*** (0.205)	-0.250*** (0.086)
경제성장률	0.278*** (0.083)	0.594*** (0.125)	-0.099 (0.134)
공공부채	-0.078*** (0.011)	-0.068*** (0.019)	-0.068*** (0.015)
인플레이션	0.165*** (0.056)	0.136 (0.094)	0.277*** (0.093)
투표율	0.130*** (0.039)	0.276*** (0.099)	0.120** (0.056)
Δ복지의존층 비율	-0.415 (0.553)	-1.071 (1.095)	-2.126** (0.098)
Δ실업률	0.919*** (0.252)	1.329*** (0.442)	0.525 (0.358)
Δ무역의존도	-0.113*** (0.051)	-0.311*** (0.088)	-0.036 (0.067)
Δ자본이동자유화	-0.107 (0.263)	-0.168 (0.446)	-0.179 (0.385)
Δ탈산업화	-0.099 (0.263)	-0.035 (0.355)	-0.458 (0.330)
Sum of Squared Residuals	11554.6	14432.9	13405.3
N	578	204	272

주: 로버스트 추정계수와 괄호안은 패널교정표준오차. 국가특유 및 연도특유의 고정효과를 추정하였으나 여기에서 발표하지 않는다. * $p<0.10$, ** $p<0.05$, *** $p<0.01$.

하는 경우 일인당 사회지출이 약 9% 증가하는 반면에 똑같은 가상의 상황이 사회적 시장경제에서 발생한다면 일인당 사회지출이 약 5.5% 증가하는 것으로 추정되었다. 흥미롭게도 사회적 시장경제에서 전년도 정부당파성의 수준이 사회지출의 증가와 연관되어 있다는 점이 발견된다. 정부당파성 효과는 자유시장경제에서 보다는 사회적 시장경제에서 더 지속적인(enduring) 것으로 보인다.

통제변수들의 효과를 보면 대체로 이 분석의 예측과 일관된다. 경제성장률, 인플레이션율, 실업률의 증가는 사회지출 증가를 촉진하는 반면에 공공부채는 사회지출의 증가를 억제하는 효과를 갖는다. 또한 높은 투표율이 사회지출 증가와 연관되어 있는 것으로 나타났다. 세계화에 대한 연구들에서 나타난 것처럼 무역의존도의 증가가 저조한 사회지출 성장과 연관된 것으로 분석되었으며 자본이동의 자유화는 통계적으로 유의미하지 않은 것으로 나타났다. 전년도 GDP 대비 사회지출 수준은 일인당 사회지출 증가에 부(-)의 효과를 갖는다. 다시 말해 1962-95년 기간 작은 복지국가들이 큰 복지국가들보다 더 빨리 성장한 경향이 있다는 것이다. 이 발견은 복지국가의 크기가 선진민주주의 국가들 사이에 일정 정도(완전한 수렴은 불가능하겠지만) 수렴하는 경향을 나타내는 것이라 볼 수 있다. 사회지출의 수준과 성장률의 부(-)의 관계는 경제성장률과 세계경제에의 노출 등을 고려한 모델의 추정결과이다. 그러나 이 분석결과는 높은 사회지출이 경제성장을 억제한다든가 또는 세계화가 사회지출 수준의 수렴을 초래한다든가 하는 가설들을 검증한 것이 아니다. 높은 사회지출 수준이 사회지출의 증가율에 부(-)의 영향을 미치는 데에는 특정의 정치적 메커니즘이 작동할 가능성이 높다. 예컨대, 커다란 복지국가를 유지하기 위한 재정기반이 되어온 높은 조세율에 대한 정치적 저항이 그것이다. 정치적으로 용인될 만한 조세율의 수준은 국가마다 편차가 있는 것이 분명하지만, 다른 모든 조건이 같다면, 조세부담이 높을수록 조세저항의 가능성은 더 커지게 마련이다.

자유시장경제와 사회적 시장경제에서 나타난 통제변수들의 효과를 비교하면, 공공부채의 효과는 두 정치경제유형에서 대체로 동일하게 나타난다. 그런데 몇몇 변수들의 효과는 두 정치경제유형에서 차이를 보이기도 한다. 사회지출의 수준과 투표율의 추정계수는 자유시장경제와 사회적 시장경제 모두에서 통계적으로 유의미하고 그 효과도 동일한 방향으로 나타나

〈표 2〉 일인당 사회지출 증가의 결정요인과 자본주의의 다양성
(1962–98; 좌파 내각점유율)

변수	[1] 17개 국가	[2]	
		자유시장경제	사회적 시장경제
좌파내각점유율	0.005 (0.056)	0.017 (0.087)	0.006 (0.076)
Δ좌파내각점유율	0.198** (0.080)	0.226* (0.132)	0.070 (0.105)
기독교민주당 내각점유율	-0.081 (0.110)		-0.008 (0.118)
Δ기독교민주당 내각점유율	0.187 (0.220)		-0.037 (0.214)
사회지출수준(t-1)	-0.392*** (0.070)	-0.725*** (0.185)	-0.223*** (0.075)
경제성장률	0.244*** (0.080)	0.581*** (0.125)	-0.112 (0.132)
공공부채	-0.065*** (0.010)	-0.058*** (0.018)	-0.052*** (0.014)
인플레이션	0.172*** (0.054)	0.110 (0.091)	0.240*** (0.091)
투표율	0.128*** (0.037)	0.327*** (0.095)	0.109** (0.051)
Δ복지의존층 비율	-0.077 (0.603)	-0.187 (1.074)	-2.334** (0.945)
Δ실업률	1.040*** (0.236)	1.643*** (0.433)	0.615* (0.333)
Δ무역의존도	-0.113*** (0.051)	-0.329*** (0.084)	-0.071 (0.063)
Δ자본이동자유화	-0.057 (0.263)	-0.272 (0.451)	-0.167 (0.391)
Δ탈산업화	-0.189 (0.248)	-0.176 (0.363)	-0.518 (0.302)
Sum of Squared Residuals	11879.3	16559.1	13148.4
N	629	222	296

주: 로버스트 추정계수와 괄호안은 패널교정표준오차. 국가특유 및 연도특유의 고정효과를 추정하였으나 여기에서 발표하지 않는다. * p〈0.10, ** p〈0.05, *** p〈0.01.

지만, 그 영향력의 정도는 자유시장경제에서 더 큰 것으로 분석되었다. 경제성장률의 효과는 자유시장경제에서만 더 높은 사회지출의 증가율과 연관된 것으로 나타났다. 이는 자유시장경제에서 사회지출의 증가는 경기순환적(pro-cyclical) 패턴을 보이는 반면에 사회적 시장경제에서 사회지출의 증가

는 경기순환에 그다지 크게 영향받지 않는다는 점을 함의한다. 분석결과는 또한 자유시장경제의 사회지출이 실업률의 증감에 더 민감하게 반응한다는 점을 보여준다. 무역의존도의 증가가 사회지출에 대하여 갖는 부(-)의 효과 역시 전적으로 자유시장경제에 속하는 국가들에서 보이는 패턴인 것으로 나타났다. 이 발견은 자유주의적 복지국가가 보수주의적 또는 사회민주주의적 복지국가보다 더 세계화의 압력에 취약하다고 주장한 스왱크(Swank 2002)의 발견과 동일한 것이다. 인플레이션율은 사회적 시장경제에서만 통계적으로 유의미한 것으로 나타났는데, 이는 복지수혜액의 책정에 소비자물가지수를 반영하는 것(indexation)이 이 유형에서 더 효과적으로 이루어지고 있다는 점을 보여준다.

〈표 2〉는 좌파정당과 기독교민주당이 내각에서 차지하는 각료비율로 측정한 정부당파성의 효과를 1962-98년 기간을 대상으로 분석한 결과이며, 〈표 3〉은 같은 기간 동안 우파정당이 내각에서 차지하는 비율로 측정한 정부당파성 효과를 분석한 결과이다.

〈표 2〉와 〈표 3〉에 나타난 통제변수들의 효과는 〈표 1〉의 그것과 거의 동일하기 때문에 더 이상의 논의를 필요로 하지 않는다. 정부당파성의 효과는 다음과 같다. 기독교민주당이 내각에서 차지하는 점유율을 함께 고려할 때 좌파정당의 내각참여율이 사회지출의 증가에 미치는 지속적인 영향력은 발견되지 않는다. 또한 우파정당의 내각참여율도 사회지출의 증가에 지속적인 영향력이 없는 것으로 분석되었다. 그러나 정부당파성의 변화가 사회지출의 증가에 미치는 유의미한 영향력이 발견된다. 좌파정당의 내각참여율이 전년도에 비해 증가할수록 사회지출의 증가는 가속화되는 경향이 있다. 이는 사회적 시장경제에서는 발견되지 않지만 자유시장경제에서 나타난다. 이는 사회적 시장경제보다 자유시장경제에서 사회정책과 관련하여 정부당파성의 효과가 더 현저하게(salient) 나타날 것이라는 홀과 소스키스의 명제를 뒷받침하는 경험적 증거로 볼 수도 있다. 그러나 우파정당의 내각참여율

〈표 3〉 일인당 사회지출 증가의 결정요인과 자본주의의 다양성
(1962-98: 우파 내각점유율)

변수	[1] 17개 국가	[2]	
		자유시장경제	사회적 시장경제
우파 내각점유율	-0.034 (0.047)	-0.021 (0.062)	-0.052 (0.085)
Δ우파 내각점유율	-0.156** (0.071)	-0.103 (0.094)	-0.257** (0.124)
사회지출수준(t-1)	-0.387*** (0.071)	-0.778*** (0.181)	-0.240*** (0.075)
경제성장률	0.248*** (0.080)	0.575*** (0.126)	-0.132 (0.126)
공공부채	-0.064*** (0.010)	-0.058*** (0.018)	-0.055*** (0.014)
인플레이션	0.164*** (0.055)	0.104 (0.092)	0.249*** (0.093)
투표율	0.131*** (0.037)	0.355*** (0.093)	0.101** (0.054)
Δ복지의존층 비율	-0.147 (0.575)	-0.264 (1.084)	-2.520** (0.925)
Δ실업률	1.044*** (0.237)	1.706*** (0.435)	0.568* (0.328)
Δ무역의존도	-0.121** (0.051)	-0.356*** (0.085)	-0.058 (0.063)
Δ자본이동자유화	-0.084 (0.264)	-0.355 (0.452)	-0.185 (0.380)
Δ탈산업화	-0.173 (0.248)	-0.206 (0.361)	-0.577* (0.295)
Sum of Squared Residuals	11927.9	17320.1	13193.7
N	629	222	296

주: 로버스트 추정계수와 괄호 안은 패널교정표준오차. 국가특유 및 연도특유의 고정효과를 추정하였으나 여기에서 발표하지 않는다. * p<0.10, ** p<0.05, *** p<0.01.

의 효과를 분석한 〈표 3〉을 보면 그러한 결론이 성급한 것임을 알 수 있다. 내각 중에서 우파정당출신 각료의 증가는 사회적 시장경제에서 낮은 사회지출의 증가와 연관되어 있는 것으로 분석되었다. 자유시장경제에서 발견되는 좌파정당의 사회지출증가 효과와 사회적 시장경제에서 나타나는 우파정당의 사회지출억제 효과는 두 정치경제유형에서 복지국가이슈와 관련한 정당배열이 근본적으로 차이가 있음을 보여준다. 다시 말해, 자유시장경제

에서 중도-우파정당에 비해 좌파정당은 분명하게 '친복지'(pro-welfare)의 이슈위치를 점하지만 사회적 시장경제에서는 그렇지 않다. 다른 한편, 사회적 시장경제에서 우파정당은 분명하게 '반복지'(anti-welfare)로 특징지어진다.

기독교민주당의 효과는 통계적으로 유의미하지 않은 것으로 나타나는데, 휴버와 스티븐스(Huber and Stephens 2001)가 보여준 기독교민주당과 큰 복지국가의 상관관계는 아마도 그들이 분석 시기가 이 장의 분석 시기보다 훨씬 앞서 있기 때문이거나 아니면 그 둘의 상관관계가 허위의 것(spurious)일 수도 있다. 1960년대에 이미 제도화되어 확대된 복지국가를 갖게 된 나라들에서 기독교민주당은 강력한 정당이었다.

VI. 결론

이 장은 정부당파성이 사회지출의 증가에 미치는 영향을 분석하고 정부당파성 효과가 두 자본주의의 다양성 유형에 따라 어떻게 다르게 나타나는지를 고찰하였다. 정부당파성효과는 지속적으로 나타나기보다는 선거 후 또는 새로운 연합정부 구성의 결과 좌파정당의 정부참여가 증가하면서 사회지출의 증가로 이어지는 것으로 분석되었다. 그러나 이러한 정부당파성 변화의 효과는 자유시장경제에서는 좌파정당의 참여가 증가할수록 사회지출의 증가로 이어지는 반면에 사회적 시장경제에서는 우파정당의 참여가 증가할수록 사회지출증가의 억제로 나타났다.

이러한 경험적 발견은 복지국가의 정치경제에 대하여 '자본주의의 다양성' 접근법이 갖는 한계를 노정하는 것이라 할 수 있다. 첫째, 자본주의의 다양성 접근법이 제시하듯이 조정시장경제/사회적 시장경제에 특징적인 생산체제가 거대기업 고용주들과 숙련노동자들에게 공통적인 복지정책관련

선호를 형성하도록 하는지에 대해 의문점을 제기할 수 있다(Korpi 2006). 또는 이러한 생산자집단의 이익과 선호가 과연 정치적으로 영향력이 있는 것인지의 문제를 제기할 수 있다. 둘째, 자본주의의 다양성 접근법이 사회보호와 기술과 관련하여 복지국가의 정치경제를 언급한 것의 이론적, 정책적 범위가 실은 매우 제한적이라는 점이다. 조정시장경제에 특징적인 생산체제가 고용보호와 실업보호를 위한 강력한 계급연합을 창출하는 것이 사실이라 하더라도, 그 계급연합이 초점을 두는 것은 전체 사회정책의 매우 협소한 부분인 것이다. 결국 고용보호는 재분배의 이슈가 아니라 규제의 이슈영역이고, 실업보호가 전체 사회지출에서 차지하는 비중은 매우 미미하다. 또한 유럽 조정시장경제에서 고용보호와 실업보호의 사회보호체계가 오늘날까지 거대기업 고용주와 숙련노동 및 조직노동으로부터 광범위한 지지를 받는지 그리고 그러한 사회보호체계가 여전히 손상되지 않고 유지되고 있는지에 대해서도 의문을 제기할 수 있다.

이 경험적 분석의 결과는 조정시장경제/사회적 시장경제의 제도적 맥락이 사회정책과 관련한 정부당파성의 효과를 감소하거나 무효화할 것이라는 자본주의의 다양성 접근법의 주장을 경험적으로 확증할 수 없다는 점을 보여주었다. 반대로 이 정치경제체제에서 발견되는 우파정당의 사회지출 억제효과는 정부당파성이 중요하다는 점을 가리킨다. 왜 그러한가? 여기에서 제시할 수 있는 하나의 가설은 선거제도(electoral systems) 효과이다(cf. Iversen and Soskice 2006). 자유시장경제와 조정시장경제/사회적 시장경제의 국가분류는 대체로 다수제(majoritarian)와 비례대표제(PR)의 선거제도에 따른 국가구분과 조응한다. 논의의 여지가 있기는 하지만, 중위투표자의 지지를 얻기 위한 경쟁이 정당의 행태를 결정하는 정도가 비례대표제에서 보다 다수제 하에서 더 강하다면, 복지국가에 대한 정치적 쟁점화와 정파적 갈등은 자유시장경제보다 조정시장경제에서 더 분명하게 나타날 수 있다. 또 다른 하나의 가설은 이미 존재하는 복지국가의 운영 메커니즘이 얼마나 시장 순응적(market-conforming)인가의 문제이다. 자본주의의 다양성 접근법이 지적하는 '외부환경'의 변화(격화되는 국제경쟁, 자본이동, 기술변화)가 덜 시장순응적인 복지국가체계를 갖는 나라들에서 더 심한 정파적 갈등을 초래할 수 있는 것이다. 이 가설은 자본주의의 다양성과 반대로 '시장순응성'(market conformity)을 유지하기 위한 고용주 전체의 공통이익을 가정하는 것이다. 이 두 가설은 자본주의의 다양성에 전적으로 배치되는 것이라기보다는 자본주의의 다양성 접근법에서 제시된 '조정시장경제성'(CME-ness)이라는 것을 선거제도나 시장순응성 정도 등 다른 변수의 대체변수(proxy)로 볼 수도 있다는 점을 제시한 것이다.

참고문헌

강명세. 2006.《한국의 노동시장과 정치시장》. 서울: 백산서당.

권순미. 2006. 〈금융체제, 기업지배구조, 그리고 고용체제: 한국과 일본의 비교〉.《한국정치학회보》40집 5호: 251-277쪽.

안재흥. 2005. 〈생산레짐과 정책레짐의 연계, 복지개혁의 정치, 그리고 노사정 관계의 변화:스웨덴, 덴마크, 네덜란드, 오스트리아 비교〉.《국제정치논총》45집 4호.

양재진. 2004. 〈노동시장 유연화와 한국복지국가의 선택: 노동시장과 복지제도의 비정합성 극복을 위하여〉.《한국정치학회보》37집 3호: 403-428쪽.

Allan, James, and Lyle Scruggs. 2004. "Political Partisanship and Welfare State Reform in Advanced Industrial Societies." *American Journal of Political Science* 48(3): 496-512.

Alt, James. 1985. "Political Parties, World Demand, and Unemployment." *American Political Science Review* 79(4): 1016-40.

Bartels, Larry. 1996. "Pooling Disparate Observations." *American Journal of Political Science* 40(3): 905-928.

Beck, Nathaniel, and Jonathan Katz. 1995. "What to Do (and Not to Do) with Time Series Cross-Section Data." *American Political Science Review* 89: 634-647.

Castles, Francis. N.d. "When Politics Matters: Public Expenditure Development in an Era of Economic and Institutional Constraints." Unpublished manuscript, Australian National University.

Castles, Francis, and Peter Mair. 1984. "Left-Right Political Scales." *European Journal of Political Research* 12: 73-88.

Cusack, Thomas. 1997. "Partisan Politics and Public Finance." *Public Choice* 91: 375-395.

Downs, Anthony. 1957. *An Economic Theory of Democracy*. New York: Harper Collins.

Esping-Andersen, Gøsta. 1985. *Politics against Markets*. Princeton: Princeton University Press.

Esping-Andersen, Gøsta. 1990. *The Three Worlds of Welfare Capitalism*. Princeton: Princeton University Press.

Estevez-Abe, Margarita, Torben Iversen, and David Soskice. 2001. "Social Protection and the Formation of Skills: A Reinterpretation of the Welfare State." In Peter A. Hall and David Soskice eds., *Varieties of Capitalism: The Institutional Foundations of Comparative Advantage*. New York: Oxford University Press.

Franzese, Robert. 2002. *Macroeconomic Policies in Developed Democracies*. New York: Cambridge University Press.

Garrett, Geoffrey. 1998. *Partisan Politics in the Global Economy*. New York: Cambridge University Press.

Hall, Peter A., and David Soskice. 2001. "An Introduction to Varieties of Capitalism." In Peter A. Hall and David Soskice eds., *Varieties of Capitalism: The Institutional Foundations of Comparative Advantage*. New York: Oxford University Press.

Hsiao, Cheng. 1986. *Analysis of Panel Data*. New York: Cambridge University Press.

Huber, Evelyne, and John Stephens. 2001. *Development and Crisis of the Welfare State*. Chicago: University of Chicago Press.

Iversen, Torben, and Thomas Cusack. 2000. "The Causes of Welfare State Expansion." *World Politics* 52(April): 313-349.

Iversen, Torben, and David Soskice. 2006. "Electoral Institutions and the Politics of Coalitions: Why Some Countries Redistribute More than Others." *American Political Science Review* 100(2): 165-181.

Korpi, Walter. 1978. *The Working Class in Welfare Capitalism*. London: Routledge and Kegan Paul.

Korpi, Walter. 1983. *The Democratic Class Struggle*. London: Routledge and Kegan Paul.

Korpi, Walter, and Joakim Palme. 2003. "New Politics and Class Politics in the Context of Austerity and Globalization." *American Political Science Review* 97(3): 425-446.

Korpi, Walter. 2006. "Power Resources and Employer-Centered Approaches in Explanations of Welfare States and Varieties of Capitalism." *World Politics* 58(April): 167-206.

Kwon, Hyeok Yong, and Jonas Pontusson. 2010. "Globalization, Labour Power and Partisan Politics Revisited." *Socio-Economic Review* 8(2): 251-281.

Mebane, Walter R. Jr., and Jasjeet Sekhon. 2004. "Robust Estimation and Outlier Detection for Overdispersed Multinomial Models of Count Data." *American Journal of Political Science* 48(2): 392-411.

Meltzer, Alan, and Scott Richard. 1981. "A Rational Theory of the Size of the Government." *Journal of Political Economy* 89(5): 914-27.

Pierson, Paul. 1996. "The New Politics of the Welfare State." *World Politics* 48(2): 143-179.

Pierson, Paul. 2001. "Coping with Permanent Austerity." In Paul Pierson ed., *The New Politics of the Welfare State*. Oxford: Oxford University Press.

Pontusson, Jonas. 2005. *Inequality and Prosperity: Liberal America vs. Social Europe*. Ithaca, NY: Cornell University Press.

Rousseeuw, Peter J., and Annick Leroy. 1987. *Robust Regression and Outlier Detection*. New York: Wiley.

Rueda, David, and Jonas Pontusson. 2000. "Wage Inequality and Varieties of Capitalism." *World Politics* 52(April): 350-383.

Soskice, David. 1994. "Reconciling Markets and Institutions: The German Apprenticeship System." In Lisa M. Lynch ed., *Training and the Private Sector: International Comparisons*. Chicago: University of Chicago Press.

Soskice, David. 1999. "Divergent Production Regimes." In Herbert Kitschelt et al., eds., *Continuity and Change in Contemporary Capitalism*. New York: Cambridge University Press.

Stephens, John. 1979. *The Transition from Capitalism to Socialism*. London: MacMillan.

Swank, Duane. 2002. *Global Capital, Political Institutions, and Policy Change in Developed Welfare States*. New York: Cambridge University Press.

Swenson, Peter. 2002. *Capitalists against Markets: The Making of Labor Markets and Welfare States in the United States and Sweden*. New York: Oxford University Press.

Venables, William N., and Brian D. Ripley. 1996. *Modern Applied Statistics with S-Plus*. New York: Springer.

Western, Bruce. 1995. "Concepts and Suggestions for Robust Regression Analysis." *American Journal of Political Science* 39(3): 786-817.

찾아보기

가계부채 100
개럿, 프리(Geoffrey Garrett) 24
게임이론 22
겐트(Ghent) 시스템 24
경제개방 21
경제성장 24
경제수행업적 15
경제적 불안 24
계급정체성 32
계급타협 18
고용 21
고용주 22
공공여론 72
교육 40
구르비치, 피터(Peter Gourevitch) 20
국가정체성 32
권력자원이론(power resource theory) 28
기업 26

내생성(endogeneity) 93
노동시장 15
노동시장개혁 24
노동시장 분절화 34
노동시장 이중화 27
노동시장제도 15
노동조합 27
노동조합조직률 24

달, 로버트(Robert Dahl) 36
당파성 23
당파적 투표 이론(partisan theories of voting) 184

랭, 피터(Peter Lange) 20
레비, 마가렛(Margaret Levi) 42
렘, 필립(Phillip Rehm) 38
로가우스키, 로날드(Ronald Rogowski) 37
로빈슨, 제임스(James Robinson) 42
로젠블러스, 프란세스(Frances Rosenbluth) 41
루에다, 다비드(David Rueda) 30
루푸, 노암(Noam Lupu) 36
린드발, 요하네스(Johannes Lindvall) 39

메커니즘 43
멜처-리차드 모델(Meltzer-Richard) 31
무어, 배링턴(Barrington Moore) 42
미시적 기초(microfoundations) 25
민주주의 34

바텔스, 래리(Larry Bartels) 33
발전국가 137
보슈, 카를레스(Carles Boix) 41
복지국가 15
복지선호 27
부동산 101
부제마이어, 마리우스(Marius Busemeyer) 40
분배 29
불평등 15

불평등한 민주주의(unequal democracy) 211
불평등한 반응성(unequal responsiveness) 211
비교정치경제 13
비례대표제 선거제도 15
비정규직 24

사회균열 77
사회보호 24
사회연합 20
사회적 보상 18
사회적 연대감 134
사회정책 34
생산레짐(production regime) 26
선거정치 33
세계화 23
소득분배 21
소득불평등 29
소스키스, 데이비드(David Soskice) 25
숀필드, 앤드류(Andrew Shonfield) 17
쉬비, 케네스(Kenneth Scheve) 40
스타새비지, 데이비드(David Stasavage) 40
신뢰 15
신자유주의 20
실업률 24

아세모글루, 대런(Daron Acemoglu) 42
아이버슨, 토븐(Torben Iversen) 27
앤더슨, 크리스토퍼(Christopher Anderson) 37
앤젤, 벤(Ben Ansell) 39
에스핑-앤더슨, 요스타(Gosta Esping-Andersen) 27
월러스틴, 마이클(Michael Wallerstein) 30
이슈 소유권 이론(the issue ownership theory of voting) 185
인과추론 44
인종적 이질성 130
인플레이션 83
일반기술(general skill) 26
임금불평등 30
임금협상체계 21

자본주의의 다양성 17
자산 100
자산가격 100
자유시장경제(Liberal Market Economies, LMEs) 25
자이스만, 존(John Zysman) 20
재분배정책 15
전략적 상호작용(strategic interaction) 164
전략적 선택 22
정규직 30
정부당파성 29
정책무드(policy mood) 72
정책환류효과 34
정치경제 15
정치신뢰 31
정치적 경기순환 22
정치적 대표 35
정치제도 15
정치참여 35
정치행태 15
제도 19
제도변화 23
제도적 상보성 26
조세정책 78
조정 25
조정시장경제(Coordinated Market Economies,

CMEs) 25
좌파정당 15
주택시장 40
중앙은행 22
중위투표자(median voter) 32
지니계수 193

체벨리스, 조지(George Tsebelis) 37

카첸슈타인, 피터(Peter Katzenstein) 18
코르피, 월터(Walter Korpi) 28
코포라티즘 21

타벨리니, 귀도(Guido Tabellini) 42
탈상품화 27
투표 15
투표선택 15
특정기술(specific skill) 26

퍼슨, 토스턴(Torsten Persson) 42
폰투손, 요나스(Jonas Pontusson) 30

홀, 피터(Peter Hall) 20
회고적 경제성과 투표(retrospective economic performance voting) 184

선거와 복지국가

초판 발행 2017년 6월 30일
초판 2쇄 2019년 1월 7일

지은이 권혁용
펴낸곳 고려대학교출판문화원
www.kupress.com
kupress@korea.ac.kr
02841 서울특별시 성북구 안암로 145
02-3290-4230, 4232
Fax 923-6311

찍은곳 한국컴퓨터인쇄정보

ISBN 978-89-7641-935-4 93340

값 16,000원